Dans la même collection

Dyslexie, Dyslexies. Dépistage, remédiation et intégration.
M. Habib, V. Rey (éds). ISBN – 2-85399-466-X. 112 p. 2000

PUBLICATIONS DE L'UNIVERSITÉ DE PROVENCE

29, avenue Robert Schuman - F - 13621 Aix-en-Provence cedex 1
Tél. + 33 (0) 4 42 95 31 91 – Fax + 33 (0) 4 42 20 28 04
Courrier électronique pup@up.univ-aix.fr
Catalogue complet sur internet www.up.univ-mrs.fr/wpup

LANGUES ET ÉCRITURES

Jean Léonce
DONEUX

L'écriture du français
Prédictibilité et Aléa

Texte présenté par
Véronique REY

2001

PUBLICATIONS DE L'UNIVERSITÉ DE PROVENCE

Dépôt légal 4e trimestre 2001
ISBN 2-85399-497-X
ISSN en cours

Préambule

Jean Léonce Doneux nous quittait brutalement en novembre 1999. Linguiste atypique, il préférait définir sa vie comme celle d'un parcours et non d'une carrière. Oui, mais quel parcours !

Maîtrisant le latin, le grec et l'arabe, mais aussi l'espagnol, l'anglais, l'allemand, le flamand bien sûr, le français toujours, il découvre les langues africaines. Le swahili et le wolof deviennent ses nouvelles langues d'adoption. Sa rencontre avec M.Meussen sera décisive. Auprès de ce maître en linguistique africaine, il se passionne pour la description des langues à tradition orale, n'oubliant jamais les langues européennes. La linguistique comparée trouvera ainsi un excellent avocat.

Cependant c'est son humanité et son humour, à travers les différentes palettes de ses activités qui ont marqué, façonné les relations avec ses collègues, amis et disciples. Il n'a pas créé d'école, mais une façon d'appréhender les faits de langues. Avec le départ de Jean, beaucoup d'entre nous ont perdu l'ami et le maître.

C'est en découvrant chez lui de nombreux manuscrits, et encouragé par sa femme Agnès, que nous avons voulu continuer le chemin avec lui, en publiant ses recherches.

Ce premier ouvrage traite de l'orthographe du français et des liens entre la langue française et son enregistrement écrit. Il ne s'agissait pas d'un travail achevé, et Jean l'aurait certainement encore et encore modifiée, car, pour lui, l'écriture d'un ouvrage n'était qu'une étape toujours enrichie des discussions et des partages de point de vue. Néanmoins, les idées fortes qui traversent ce travail devaient être connues non seulement des autres linguistes, mais aussi de tous ceux qui s'intéressent à l'écriture du français.

Communiquer ce texte était pour nous une façon de lui rendre hommage et de transmettre ses idées pour continuer le débat. Mais laissons lui la parole.

Véronique Rey

Introduction

Linguiste, j'ai écrit ce livre de fin 1984 à début 1986. J'avais pris depuis plusieurs années des notes sur l'écriture du français ("l'orthographe"), peu satisfait de l'image qu'en présentaient les manuels scolaires ou parascolaires. Mes travaux au Centre de Linguistique Appliquée de Dakar m'avaient habitué, dans l'apprentissage des langues étrangères, à vérifier attentivement les processus qui se mettent en place chez l'apprenant, et qui sont d'abord fonction du système même de l'objet. Cette perspective m'a paru applicable aussi bien à l'écriture d'une langue qu'à la langue elle-même.

Je me suis décidé à écrire le livre lorsque mes propres enfants sont entrés à l'école primaire. Peu de choses, en effet, avaient changé. On continuait à ne pas donner à l'enfant de règles là où elles existent, on y substituait des moyens mnémotechniques peu opératoires ou même dangereux, on mélangeait les "explicationjs" diachroniques (ça vient du latin, c'est un mot grec) aux conventions réelles de l'écriture.

Après avoir écrit le livre pour l'essentiel, et après seulement, j'ai lu l'ensemble de ce qui avait été écrit (N.Catach, V.Gak,...). J'étais décidé à ne pas chercher à publier mes recherches si j'estimais qu'elles ne faisaient que recouper des acquis que l'on trouvait ailleurs.

Or, il se fait que ce n'est pas le cas. La prédictibilité, la prédiction, l'aléa ne sont pas des concepts centraux dans les autres ouvrages; la phonologie structurelle de la langue n'est pas prise en compte, ou très peu; la réalité pluriphonologique de la langue française est passée sous silence ou à peine évoquée; les types de règles et les mécanismes qu'elles requièrent chez l'apprenant ne sont pas distingués...

Le développement ci-dessous ne se comprend que dans un cadre d'analyse qui n'accorde aucune valeur à des théories qui font appel dans l'écriture du français, à des principes dits idéographiques apparaissant ailleurs que dans l'écriture des chiffres et de la mathématique (« + », « = », « - », « : ») ou dans des symboles d'imprimerie comme « & ». Il s'agit donc d'une alternative à des stratégies actuellement développées qui se basent fortement sur des aspects qu'on croit idéographiques ou morphématiques (des signes spéciaux pour des marques grammaticales). Comme il ne s'agit pas de vérité, mais d'analyses divergentes sur un système, le jugement final est laissé à ceux qui pourront confronter la valeur de l'une et de l'autre dans l'apprentissage et le résultat final.

Chapitre 1

Les fondements d'une écriture cohérente

1.1 La source première est la phonologie

Si l'on excepte les écritures entièrement ou partiellement idéographiques pour s'en tenir aux systèmes dits alphabétiques, la valeur de la graphie d'une langue donnée se mesure d'abord à sa soumission aux réalités phonologiques, à la manière plus ou moins cohérente dont elle en rend compte.

L'échelle de la cohérence fonde l'échelle de la sécurité d'inscription et de lecture chez les apprenants. On peut imaginer une écriture bricolée, parce que les conventions sur la manière d'inscrire les unités phoniques de la langue n'y ont aucune fermeté. Une unité /p/ du parler, par exemple, s'inscrit tantôt par une lettre, tantôt par une autre, tantôt encore par deux lettres qui se suivent, la distribution entre les mots se faisant comme par une loterie. Et on peut imaginer, en face, une écriture qui ait une règle sans exceptions, disant : « tout élément phonologique /p/ est toujours inscrit +p ».

Dans le premier cas, la sécurité de celui qui écrit est tributaire de sa mémorisation de chacun des mots écrits qui comporte un /p/. La mémorisation ne peut se faire que terme à terme ; chaque mot à /p/ a une inscription aléatoire. Dans le second cas, la sécurité de l'apprenant dépend de sa connaissance de la règle unique de correspondance biunivoque entre un élément phonologique /p/ et la lettre p ; pour tout mot comportant /p/, la prédictibilité d'inscription est entière et directe. La mémoire de l'apprenant intervient de toute façon mais, dans une situation, elle est éparpillée sur la totalité des mots, tandis que, dans l'autre, elle est ramassée sur une seule règle. Séparer, dans l'écriture instituée d'une langue, ce qui est prédictible de ce qui est aléatoire apparaît ainsi comme une des opérations les plus importantes dans la psycholinguistique d'apprentissage de l'écrit.

Ainsi présentée, la notion d'une écriture cohérente, simple et prédictible semble mener tout droit à ce qui sera désormais nommé ici une «écriture de sortie phonématique ». C'est un système où il est décidé que la graphie rend compte d'une manière biunivoque de chaque phonème de la langue. A partir du phonème /p/ qui est toujours inscrit +p, comme dit plus haut, chaque phonème reçoit à son tour une inscription unique et toujours différente de celle d'un autre phonème, jusqu'à ce que l'ensemble des unités écrites sature l'ensemble des phonèmes de la langue.

Il faut peut-être préciser, à l'intention de certains lecteurs qu'il s'agit bien des phonèmes et non des sons. Certains auteurs, en effet, principalement chez les scolaires, utilisent encore le terme d'écriture phonétique, lorsqu'ils évoquent cette question. Mais s'il existe un « alphabet phonétique », qui fut un code entre professionnels et s'utilise aussi désormais dans les dictionnaires et dans l'apprentissage des langues étrangères, l'écriture phonétique est tout simplement, elle, une impossibilité. Dans le mot français « planche », le /l/ est le plus souvent une sourde, et dans le mot « blanche », une sonore. Les variations phoniques contextuelles (suivant la position dans le mot, comme dans le contraste ci-dessus), mais aussi régionales, individuelles, de sexe sont infinies, et l'on ne peut décrire ou écrire l'infini.

Les linguistes qui travaillent sur des langues orales peu connues le savent bien. Lorsqu'ils commencent leur enquête, ils notent –au moyen de l'alphabet phonétique- le maximum de traits phoniques qu'ils relèvent : brièveté ou longueur des voyelles, hauteur tonale de la syllabe, légère « aspiration » d'une consonne, implosion ou explosion d'une occlusive...mais ils le font, en réalité, pour dépister d'éventuelles particularités phoniques qui, dans cette langue, joueraient un rôle distinctif. Ils savent bien que chaque voyelle entendue est plus ou moins brève, plus ou moins longue. Que seul un appareil pourrait donner de chacune de ces voyelles prononcées une mesure exacte. Ils savent aussi que l'important n'est pas là, que le premier intérêt final est de trouver si, oui ou non, la langue étudiée distingue, par exemple, un mot /-hira/ « poser » d'un mot /hiira/ « brûler », par un unique contraste de longueur dans la voyelle /i/.

Ce qui peut et doit être porté dans l'écriture, c'est donc le phonème, cette réalité distincte et distinctive, qui fait que le /l/ sourd de planche est l'équivalent du /l/ sonore de blanche, et s'oppose dans ce contexte, au phonème /r/ de branche.

C'est là le fondement principal d'une écriture de sortie phonématique.

1.2. Le niveau structurel de la phonologie et la sortie phonématique

A mieux examiner l'objet que sont les langues, on s'aperçoit que la situation qui vient d'être décrite est plus idéale que réelle. Les principes fondant une écriture phonématique s'appliqueraient parfaitement dans une langue dont les unités phoniques ne subiraient pas certaines modifications dues au contexte. Or, ce n'est que très rarement le cas. C'est le lot commun des langues que leurs éléments phoniques, dans la formation des séquences diverses où ils entrent, sont soumis à des altérations diverses. L'assimilation et la dissimilation, l'harmonisation, l'élision des voyelles et la troncation des consonnes, l'épenthèse, les alternances vocaliques ou consonantiques y jouent un rôle souvent important.

A partir de quoi, la sécurité que paraissait apporter l'écriture phonématique devient moins assurée. On en donnera ici un exemple en français, celui d'une consonne sonore se présentant devant une sourde. La question est de savoir si elle est totalement harmonisée à la sourde ou non. Les linguistes en discutent. Certains admettent cette harmonisation totale, d'autres la rejettent estimant qu'une sonore est douce, même lorsqu'elle devient sourde (la sourde étant toujours dure). Si l'on suit les premiers, le /b/ que l'on trouve dans abroger, devient bien un /p/ dans absorber. En écriture de sortie phonématique, il faudrait donc inscrire quelque chose comme apsorbé. Si l'on se sent d'accord avec l'autre analyse, on a seulement un /b/ assourdi, et l'on se doit d'écrire absorbé.

On aura l'occasion d'examiner la situation de l'écriture reçue du français sur ce point, et de montrer comment les deux vues concurrentes du phénomène se manifestent dans la graphie du même mot absorption. Ce qu'il importe maintenant de relever, c'est que le jugement qu'on peut porter sur l'altération subie par /b/ est variable et qu'ainsi, quelle que soit la solution retenue, on dicte toujours de l'extérieur la convention voulue à une partie des locuteurs ; pour eux, la règle écrire ne vient pas de leurs propres prédictions.

Dans une écriture phonématique, aucun argument interne, découlant de ses propres principes, n'a de prise sur ce type de réalité. On pourrait multiplier les exemples montrant que la référence phonématique n'est pas un gage absolu de ce que l'écriture en résultant sera et entièrement prédictible, et uniformément partagée par chaque usager de la langue.

C'est ceci qui détermine la nécessité d'examiner l'existence d'un niveau de la phonologie qui sera ici dénommé le plus souvent le niveau structurel[1]. La perception parfois explicite et le plus souvent implicite, que se fait le locuteur du système phonique de sa langue ne résulte pas seulement de ce qu'il entend ou prononce, et va aussi plus loin qu'un classement qu'il opérerait entre les sons pour établir les unités pertinentes abstraites que sont les phonèmes. Par ces manipulations, dans des contextes divers de ces morphèmes et de ces mots, le sujet parlant induit un système qui peut aussi inclure des unités qui sont là même lorsqu'elles ne sont pas entendues ; d'autres unités qui sont attribuables à la structure comme étant ceci, alors qu'elles sont prononcées comme cela ; des réalités qui sont audibles, mais qui n'ont pas d'existence au niveau structurel (c'est tout la question des épenthèses).

Déjà, les failles décelées dans la capacité de l'écriture phonématique à assurer toutes les prédictibilités menaient à ce niveau structurel de la phonologie. En français, c'est un problème structurel de savoir s'il y a un élément °t à affecter à la troisième personne du singulier du verbe. C'est encore un problème structurel que de décider s'il y a un °s de pluriel, même dans les mots où aucun /z/ final ne s'entend. C'en est un troisième de trancher si les préfixes sont °ab- (abroger, absoudre) et °ob- (obliger, obtenir) ou, au contraire °ap- et °op-.

Mais plutôt que de collecter une à une les impasses de l'approche phonématique, il est possible, à travers toutes les manipulations que l'on peut faire sur les morphèmes de la langue, de s'installer d'emblée à ce niveau structurel, et de considérer ce qui se passe oralement dans le discours comme étant tout simplement une sortie, une représentation, une figuration de ce qui a lieu entre les éléments phoniques structurels et leurs enchaînements. On n'est certes pas obligé de le faire, et certains linguistes, dont surtout les fonctionnalistes français, estiment que la phonologie se réduit à la seule phonématique. Ce qui peut être objet de discussion

[1] Bien avant que se développe la phonologie générative, E.Sapir avait écrit un texte intitulé « la réalité psychologique du phonème ». Rappelons-en brièvement le contenu. Son informateur indien lui présentait deux mots homophones : prononciation semblable, mais sens différent. Ils se terminaient par une voyelle. A la question du linguiste « prononces-tu vraiment les deux mots de la même manière ? », l'informateur répondit « non, dans celui-ci, à la fin, il y a un « t ». Mais en sortie phonématique, il n'y avait pas de /t/. Sapir devait découvrir qu'il y avait un /t/ dans ce radical lorsqu'il apparaissait autrement que comme un mot isolé ; mais il découvrait du même coup comment se formait l'image mentale d'un radical structurel.

lorsqu'il s'agit de l'analyse de la langue - ou des langues en général- a pourtant des conséquences dans l'écriture, et c'est ce qui nous importe dans cette étude.

On vient de voir que si l'écriture prend sa source, largement, au niveau phonématique de la langue, la référence n'y suffit pas toujours à assurer les prédictibilités. On vient de suggérer que l'écriture pourrait s'inspirer d'un niveau de phonologie appelé structurel. Il reste précisément à dire que c'est justement le cas de l'écriture reçue du français, et on le verra mieux tout au long des pages qui suivront. Ce qui devra nous guider alors sera le fil conducteur suivant : sur ce point, la graphie française prend-elle ses conventions au niveau structurel ou dans la sortie phonématique, et, ce faisant, la convention donne-t-elle ou non une bonne prédictibilité d'inscription et de lecture à l'apprenant ?

Sur cette voie, il faut sortir d'un double piège dans lequel se sont enfermés trop de spécialistes scolaires ou académiques de l'écriture du français.

Le premier a consisté à tenter d'établir une ligne de démarcation entre l'orthographe d'usage et l'orthographe grammaticale. On ne sait trop ce que peut être l'orthographe d'usage. S'agit-il de la graphie des mots quand n'y intervient aucun dérivationnel, aucun flexionnel. Alors, *travail* relève de l'orthographe d'usage, mais *travaux* de l'orthographe grammatical. Ou bien veut-on dire que tout ce qui est au dictionnaire relève de l'orthographe d'usage, et signifier par là qu'il n'y a qu'à apprendre la graphie des mots par cœur, que c'est « l'usage », qu'on n'y peut rien, qu'on s'interdit de regarder s'il y a plus de prédictibilité dans l'inscription de bocal que dans celle de kyste ?

Quand à l'orthographe grammaticale, on peut sereinement affirmer ceci : toute unité signifiante de la langue est impliquée à la fois dans la réalité phonologique et dans la réalité grammaticale. Dans nos écritures, la valeur grammaticale est assurée par la jonction des morphèmes en mots, par la séparation des mots au moyen de blancs, par les marques de ponctuation. Tout le reste est nécessairement la transcription (ou la transgression) du phonologique, sauf quand, par une convention spéciale, il est décidé de marquer dans l'écriture un élément phonologique d'une manière particulière parce qu'on veut marquer aussi l'appartenance du mot à telle ou telle catégorie ou fonction grammaticale.

Ce qui trompe souvent les analystes scolaires, c'est que la référence grammaticale leur vient à l'esprit alors même que le problème qu'ils traitent est d'essence phonologique. Ils raisonnent, par exemple, sur le °s du pluriel. Ils admettent l'entendre dans certains mots, en liaison, et ils en concluent qu'il est bon d'inscrire un +s de pluriel, même lorsque la sortie phonématique est nulle. Ils appellent ce qui a résulté de cette décision une « orthographe grammaticale » (puisqu'il s'agit du pluriel).

Mais ils oublient qu'un même élément °s, donc une réalité phonologique, fonctionne de la même manière à la deuxième personne du singulier des verbes : manges-en, prends-en, vas-y. Ils ne pensent pas qu'il y a peu de raisons d'accorder une marque de pluriel à deux, trois, six (voir les autres numéraux : quatre , cinq, sept…) et que pourtant les °s à la fin de des morphèmes réagissent comme un °s du pluriel : deux enfants, trois occasions, six épisodes. Et enfin, ils négligent le fait qu'on peut dire aussi doux agneau, faux appel, en faisant la liaison, ce qui nous renvoie toujours à un °s final, réalité phonologique et non morphème grammatical. Le °s du pluriel se comporte comme d'autres °s (apparaissant ou disparaissant dans la sortie phonématique) et non parce que « c'est le pluriel ».

Le second piège est celui de la confusion entre l'histoire de la langue et le rapport qui existe entre les éléments structurels de la phonologie et leur représentation phonématique. Si les linguistes ne s'y laissent pas prendre, les auteurs scolaires maintiennent une tradition déjà ancienne de vouloir expliquer par l'histoire des faits graphiques dont une petite partie seulement relève de ce que jadis « chaque lettre de ce mot a été prononcée ainsi », tandis qu'une part plus importante provient d'inscriptions volontaristes destinées à « mieux rétablir l'origine latine », et qu'une autre part encore se laisse analyser synchroniquement comme étant le produit d'une graphie s'inspirant de la phonologie structurelle du français.

En temps voulu, cette manière de voir les choses chez les auteurs de manuels sera rappelée, en particulier quand il sera traité de la troncation d'une consonne finale en français. En attendant, pour illustrer le propos, disons simplement qu'on ne gagne rien à croire ou à faire croire que *chameau* s'écrit comme il vient de l'être, au lieu de *chamo*, parce qu'il y aurait eu une époque où les Français prononçaient cham-é-ou. Mais on a tout à gagner à examiner si une graphie +eau comme représentant de /o/ est prédictible comme valant pour un /o/ qui a une alternance /e/, ce qui est le cas dans le couple *chameau, chamelle.*

Le but de cet ouvrage étant de mesurer la part respective de la prédictibilité et de l'aléa dans l'écriture instituée du français, il n'est pas évident qu'il soit nécessaire de proposer au lecteur une vaste description de toutes les possibilités qui existent d'écrire les langues en s'articulant soit sur la sortie phonématique, soit sur le niveau structurel de la phonologie, soit encore sur les deux ou sur des strates intermédiaires entre les deux (le cas existe, même en français).

Il faut cependant faire quelques remarques, pour que les choses soient claires tout au long de l'inventaire qui sera présenté ultérieurement.

1. Même si l'on recourt au niveau structurel pour fonder une graphie, la sortie phonématique n'est pas exclue pour autant. Il y a, en quelque sorte, complémentarité entre les deux niveaux. On peut assurer que, dans la langue française, aucun élément phonologique structurel n'a de sortie phonématique unique, lorsque l'on fait le total de tous les contextes où peuvent se trouver ces éléments (et c'est un peu une particularité de notre langue). Par contre, position par position, on détermine très bien des environnements dans lesquels l'unité structurelle a une sortie phonématique directe. Un élément °b initial a toujours en français une représentation /b/, et il en est de même de la plupart des consonnes initiales. De sorte que dans ces contextes-là,

dire que la graphie s'appuie sur le niveau phonématique ou sur le structurel est strictement équivalent.

2. Pour la suite de nos analyses, il faut aussi noter que, lorsque le niveau phonématique sert de référent, la prédictibilité est toujours directe. C'est ce qui a été indiqué plus haut sous la forme « ce qui est entendu comme /b/ s'écrit +b ». Par contre, si le référent est structurel, la prédictibilité est indirecte, ou médiate. Elle est soumise à une condition qui elle-même se vérifie par des manipulations. Dans la psychologie de l'apprentissage, il faut donc admettre qu'un élément supplémentaire intervient, surchargeant quelque part la mémoire de celui qui doit écrire[2].

3. Enfin, les conventions graphiques tirées du niveau structurel, contrairement à celles qui procèdent directement de la sortie phonématique, peuvent à l'occasion provoquer des complications et même des aléas de lecture. Si l'on examine les deux mots *nous étions* et *sujétions*, on peut reconnaître qu'il n'y a pas aléa d'inscription à *sujétions*, une fois admise une convention indiquant que °t structurel (sujet, sujette, sujétion) est inscrit °t devant –ion, bien qu'il ait une sortie phonématique /s/. Mais pour l'apprenant, il y a complication et peut-être même aléa de lecture, dans la mesure où la masse phonique qui suit le +t inscrit est la même (-ion) et permet mal de décider lequel de ces +t se prononcera /t/, lequel sera /s/.

1.3. L'acceptabilité de conventions à fondement grammatical

On ne penserait peut-être pas à traiter de cette possibilité si l'écriture actuelle du français ne contenait justement quelques beaux cas de ce genre de conventions.

Rappelons que le grammatical intervient essentiellement dans le graphique par l'assemblement en mots, la séparation entre ces derniers et les divers signes dits de ponctuation. Il n'intervient pas dans l'inscription des éléments phoniques, malgré l'impression que peuvent avoir beaucoup d'entre nous qu'il existe des principes d'orthographe grammaticale.

Mais ce qui peut se passer, et se passe en fait en français, est qu'une convention d'inscription peut différer pour les mêmes éléments phoniques selon qu'ils entrent dans des morphèmes ou des mots qui appartiennent à une catégorie ou à une fonction grammaticale ou à une autre. Lorsqu'on examine la graphie de *tu sors* et *tu mords*, on s'aperçoit aisément que les deux verbes n'obéissent pas aux mêmes conventions, prises au niveau structurel de la langue. Dans *tu sors*, le °t final du radical structurel, qu'on retrouve dans *sortons*, *sortir* ne reçoit pas de marque graphique. A l'inverse, dans *tu mords*, le °d de *mordons*, *mordre* est bel et bien inscrit. La convention d'écriture est différente selon qu'il s'agit d'un verbe à l'infinitif –ir ou d'un verbe à infinitif –re (et remarquons qu'il s'agit d'une

[2] Pour illustrer la démarche que fait alors l'apprenant, on peut prendre le cas des mots le hareng, le hasard, la hache chez les nombreux locuteurs qui n'ont pas aujourd'hui de /h/ articulé. Pour savoir s'ils doivent inscrire un +h, ils doivent vérifier que les mots en cause commencent phonématiquement par une voyelle, mais que cette voyelle ne permet pas l'élision dans l'article qui précède ; ce qui leur fait inférer qu'elle est précédée d'un °h, cette consonne qui est, pour eux, à sortie phonématique nulle.

convention qui trace une délimitation sous-catégorielle, à l'intérieur du verbe, et non entre verbes et substantifs).

Ce genre de conventions, qu'on retrouvera à plusieurs reprises, pose plusieurs problèmes.

On peut d'abord estimer qu'il doit y avoir peu de raisons de les introduire dans une écriture nouvelle. Quel intérêt réel y a-t-il, pour le francophone qui écrit, de « marquer » que tu sors n'est pas de la même conjugaison que tu mords ? Ces conventions à fondement grammatical détruisent-elles ou non la prédictibilité ? Elles la compliquent en tout cas, puisqu'il faut ajouter une condition d'ordre grammatical pour décider de ce que l'on va inscrire. Une fois ceci fait, on peut indiquer dès maintenant que ces conventions ne mettent pas en jeu les prédictibilités si 1) l'ensemble grammatical est clairement clôturé ; 2) la graphie choisie n'est pas susceptible de confusion avec celle d'un autre élément ; 3) la convention est ferme, non sujette à nombre d' exceptions. Mais ce sont ces points qu'il faudra discuter chaque fois que nous nous trouverons devant une apparence ou une réalité de convention à fondement grammatical, dans cette évaluation de l'écriture du français.

1.4. Des conventions graphiques arbitraires qui ne mettent pas la prédictibilité en péril

On prendra d'emblée en espagnol un exemple destiné à illustrer ce que l'on entend par là. La situation est en effet simple à comprendre et pratiquement sans exceptions.

En Espagne même, la langue comporte les trois phonèmes /k/, /g/ et /θ/. Beaucoup de lecteurs savent qu'en Amérique latine /θ/ a fusionné avec /s/, mais ce fait n'intervient pas dans la démonstration.

Devant les trois voyelles antérieures /a/, /o/, et /u/, le phonème /k/ est inscrit +c, le phonème /g/ est inscrit +g et le phonème /θ/ est représenté par +z (ainsi qu'en finale, pour ce dernier : voz « voix »). Devant les voyelles antérieures /i/ et /e/, les représentations graphiques des phonèmes sont respectivement +qu pour /k/, +gu pour /g/ et +c pour /θ/.

Il faut bien remarquer que la distribution complémentaire graphique de ces phonèmes consonantiques a lieu devant les voyelles et non devant les lettres qui les marqueraient. Ceci est important, car les locuteurs ont une référence phonique pour trancher leurs hésitations éventuelles.

On a donc le tableau suivant :

	Devant /i/ et /e/	Devant /a/, /o/, /u/
/k/	qu (quedar)	c (comprar)
/g/	gu (guia)	g (gallo)
/θ/	c (cerca)	z (zafra)

En termes de prédictibilités d'inscription, le système se laisse juger de la manière suivante :

Il n'est pas économique. Aucun linguiste ayant à mettre en écriture une langue orale ne l'utiliserait. Il rompt en effet avec le principe de biunivocité entre les sons pertinents et les lettres, au profit d'une convention arbitraire (le mot arbitraire étant étendu ici comme signifiant gratuit, inutile, sans fondement.

La prédictibilité en découle cependant. Car, une fois acquis le mécanisme un peu coûteux des inscriptions, l'usager se trouve en présence d'une instruction qui vaudra chaque fois qu'il aura à écrire un mot comportant un /k/, un /g/ ou un /θ/.

Comme les inscriptions résultant d'un recours au niveau structurel, celles-ci n'auront pas une prédictibilité directe, mais bien une prédictibilité médiate, car elles sont soumises à une condition de distribution complémentaire d'ordre phonique : « on inscrira ceci pour /k/ devant une voyelle antérieure, mais cela devant une voyelle non antérieure ».

Il n'est peut-être pas prouvé que les locuteurs aient, à l'instar des linguistes, une conscience explicite des classes de voyelles, définies comme antérieures et non antérieures. Mais s'ils ne l'ont pas, la prédictibilité de leur écriture reste acquise, car ils savent au moins ce qu'est un /i/, puis un /e/, etc....Leur construction se fait alors élément par élément, au lieu d'opposer une classe à une autre.

Il est donc démontré, pensons-nous, qu'une convention arbitraire du type de ci-dessus ne renvoie pas l'écriture à l'aléatoire. Mais il faut préciser deux conditions pour qu'il en soit ainsi :

La distribution complémentaire graphique doit être établie sur un contexte phonologique très strict, comme c'est le cas en espagnol : inscription 1 devant telles voyelles, inscription 2 devant telles autres.

On ne peut pas multiplier les conventions arbitraires de ce genre sans risque de déconstruire les prédictibilités. En particulier, il est extrêmement dangereux de le faire pour deux sons ou séries de sons qui peuvent être en contact direct dans la chaîne parlée. C'est très exactement ce qui est arrivé en français. Avec la même convention graphique que l'espagnol pour ce qui est du /k/, mais en y ajoutant des inscriptions complémentaires dans les voyelles, le français aboutit à *quête* et *caisse* pour lesquels - dans la plupart des dialectes - la prédictibilité est barrée par la circularité : il faut décider d'abord si l'on écrit +e ou +ai, avant de conclure qu'on doit inscrire à l'initiale +qu ou +c (sans compter le fait, sur lequel on reviendra plus longuement en temps voulu, que +ai marque une voyelle antérieure, mais que c'est le +a qui y détermine le choix de +c).

Ajoutons, pour la précision des choses, et parce que des cas se présentent en français, que ces conventions arbitraires peuvent se conjuguer à des conventions à caractère grammatical.

1.5. Conclusions

Certains des points abordés pourront paraître au lecteur purement théoriques, et parfois difficiles à comprendre, même si l'on a tenu à les illustrer.

Il était cependant nécessaire de donner des fondations fermes aux concepts de prédictibilité et d'aléa, appliqués aux écritures. On a pu voir, ainsi, que si la prédictibilité joue à plein dans la biunivocité entre le phonème et la lettre, elle ne peut être toujours assurée par ce seul biais, et qu'elle s'accommode en outre de distorsions contrôlées. Soit que les principes d'inscription soient cherchés au niveau structurel de la phonologie, ce qui peut être hautement souhaitable, parce que susceptible d'apporter des prédictibilités qui manquent à partir de la seule sortie phonématique. Soit qu'on ait introduit des conventions à fondement grammatical, ou même des conventions arbitraires, mais acceptables.

C'est ici qu'il est important de ne pas tenter de recouper la notion de prédictibilité par celle d'optimalité. On a eu l'occasion déjà de montrer qu'il n'y a rien d'optimal dans l'introduction artificielle d'une distribution entre +qu et +c pour assurer un unique /k/. On a dit que s'il s'agissait d'écrire pour la première fois des langues orales, tous les linguistes s'abstiendraient de proposer de pareilles conventions arbitraires. On a, enfin, insisté sur le fait que certaines instructions rendent indirectes des prédictibilités qui auraient pu s'assurer très directement, et que cette pratique oblige l'apprenant à faire appel à des processus mentaux supplémentaires.

Mais l'objet de cet ouvrage est de mesurer, à l'intention des apprenants étrangers et des élèves francophones de naissance, ce qui dans l'écriture reçue du français procède de conventions applicables à des ensembles, et ce qui, définitivement, y échappe. L'objet est de délimiter ce qu'un enseignant pourra livrer aux apprenants par l'énonciation de règles ou, au contraire, ce qu'il ne pourra communiquer qu'en faisant apprendre « par cœur » la graphie de certains mots. L'objet est enfin de voir, d'une part, quel type de règle est en jeu, quel degré de prédictibilité en résulte, et quelles exceptions sont à prévoir. Comme ce ne sont pas les mêmes mécanismes mentaux qui sont à mettre en place quand les types de règles changent, ceci paraît d'une grande importance dans le processus d'apprentissage.

Le lecteur s'apercevra plus loin qu'en évaluant la validité de certaines conventions d'inscriptions en français, on en viendra parfois à discuter de ce qui se passerait si on les changeait. Mais une réforme de l'écriture n'est pas l'objectif de ces pages. Comme d'autres linguistes, des enseignants, et bon nombre d'usagers, l'auteur ne cache pas qu'il serait favorable à une réforme bien structurée de ce que l'on appelle l'orthographe. Il est d'ailleurs possible que certaines analyses contribuent à clarifier les choses sur tel ou tel point ; on en doute cependant, car des équipes solides ont déjà travaillé sur ces questions et n'ont plus grand chose à apprendre.

Tout cela doit servir à ce que le lecteur cerne mieux où sont les prédictibilités dans l'écriture, de quelle nature elles sont, et où résident les aléas.

Chapitre 2

Le caractère pluriphonologique du français

Tout ce qui a été écrit dans le chapitre précédent suppose une condition préliminaire : que la phonologie de la langue soit la même pour l'ensemble des locuteurs.

Ce n'est pas le cas du français. Il s'agit d'une langue dont les variations dialectales atteignent à la fois le lexique, la grammaire et la phonie. Et, en phonie, si certaines variations sont sans incidence sur la phonologie, d'autres créent des divergences à ce niveau. On peut deviner, d'après ce qui a été déjà écrit, qu'à partir de deux phonologies distinctes on ne peut avoir les mêmes prédictibilités sur l'écriture. Reprenons l'exemple, qui nous a déjà servi, de l'espagnol. En Amérique latine, donc, il y a fusion complète des deux phonèmes /s/ et /θ/, maintenus distincts dans la péninsule ibérique. L'écriture de la langue que pratiquent les latino-américains est la même qu'en Espagne. Il en résulte tout simplement que chaque mot comportant un +s ou un +c devant voyelle antérieure (sito « situé », cito « je cite »), un +s ou un +z devant voyelle postérieure (basa « base », baza « levée ») est prédictible à Madrid et aléatoire à Buesnos-Aires.

Pour examiner ces problèmes, il faut d'abord avoir une vue claire sur certaines réalités sociolinguistiques.

D'abord, il faut bien s'entendre sur les notions de langue et de dialecte. A l'entrée du mot wallon, le Petit Robert, considéré comme un bon dictionnaire, indique ceci : « N.m. Dialecte français parlé dans la région de … ». D'emblée, c'est la confusion à éviter. Le wallon est une langue romane parlée dans la région indiquée. Les Wallons parlent aussi le français depuis des siècles, et beaucoup d'entre eux ne parlent plus que le français. Lorsque les Wallons parlent en wallon, leurs amis français ne les comprennent pas plus que s'ils parlaient espagnol ou roumain. Quand les Wallons parlent français, leurs voisins proches ou plus lointains francophones les comprennent, mais ils repèrent des particularités dans les mots employés, dans la syntaxe et dans la « prononciation ». Là est la réalité dialectale d'une langue.

Pour compléter la notion, il n'est pas inutile d'ajouter que ces particularités ne sont pas entendues de la même manière par tous et chacun des interlocuteurs éventuels d'un francophone de Wallonie. Tout dépend de leur propre dialecte, et des points sur lesquels il diverge de celui de l'habitant de Liège. Pour faire bonne mesure, il faut encore ajouter que les différences ne sont pas nécessairement fonction de la proximité ou de l'éloignement géographiques. Un Wallon peut partager avec un savoyard une caractéristique phonologique qui les oppose tous les deux à un natif de l'Ile-de-France.

Ainsi une langue n'est-elle souvent rien d'autre qu'un vaste ensemble interdialectal.

Il en est peu tenu compte lorsque l'on traite de la langue française, et moins encore s'il s'agit de son écriture. Dans les dictionnaires et les instruments scolaires, les auteurs se placent en général du point de vue abstrait d'une langue standardisée. Ceci les amène à des notations, des indications qui ne sont valables que pour les locuteurs qui, sur le point abordé, ont une phonologie conforme à l'expression décrétée commune, mais qui ne l'est pas.

Il semble qu'il y ait des conceptions du parler standardisé véhiculées par les manuels scolaires, d'autres par les dictionnaires, et certaines encore par les linguistes.

Cette réalité pluriphonologique du français résulte des situations différentes des sujets parlants face à une écriture qui est la même pour tous. C'est là le fait que ne devrait occulter aucun manuel, aucun pédagogue de la langue écrite. Ce qui peut apparaître comme bien réglé au niveau phonématique pour certains, demande le recours au niveau structurel pour d'autres, et devient éventuellement totalement aléatoire pour un troisième groupe de population. C'est seulement si l'on veut imposer un parler standard que l'on peut décrire un champ unique du prédictible et de l'aléatoire dans une écriture déjà existante, ou un champ totalement prédictible dans une écriture à créer. Face à une pluriphonologie, l'opération est pratiquement impossible. Et ajoutons que si l'on veut rapprocher alors au maximum une écriture de la prédictibilité totale, il faudra le plus souvent miser sur le niveau structurel que sur la sortie phonématique : l'exemple de *parfum* et *chagrin* montre que le niveau structurel des uns est encore le niveau phonématique des autres, ces derniers entendant la différence entre /œ~/ et /ɛ~/ ; en partant du structurel, l'inscription reste prédictible à chacun (*parfum* alterne avec parfumer, mais *chagrin* avec *chagriner*).

En attendant, dans la situation pluridialectale qui est la nôtre, le modèle abstrait que constituent les références standardisées a surtout comme résultat de créer un confusionnisme dans lequel il devient impossible, en particulier, d'élaborer des progressions pédagogiques qui donnent prise sur les règles de la langue et de son écriture.

Nous nous trouvons dans un domaine dialectale nordique du français, où il existe une opposition phonologique au degré du /a/ : elle n'est pas entre avant et arrière, mais entre brève et longue : patte [pat] ; pâte [pa:t].

Mais l'opposition entre /a/ antérieur et postérieur se trouve dans le manuel. Voici donc une institutrice de Bruxelles s'efforçant d'expliquer « il y a deux /a/ » et elle prononce les mots qui illustrent la « règle ». Pour rendre compte du /a/ d'avant, elle articule *patte* et *date* avec un /a/ central bref ; pour révéler le /a/ d'arrière, elle prononce *pâte* avec un /a/ central long…et *basse* avec un /a/ central bref !

Si cette enseignante a un tant soit peu de perception auditive, elle se demande quelles acrobaties son manuel est en train de lui faire exécuter devant ses élèves. Comment prononcer le /a/ de *basse* autrement que celui de *patte* ? Et cet /a/ de *pâte* qui, lui, est vraiment différent de celui de *patte* ? Est-ce là, dans cette longueur, qu'il faut voir une « articulation postérieure » ? Oui, mais alors *basse* ? comme *pâte* ? Mais qui a jamais prononcé [ba:s] ?

Enseignant troublé et élève totalement dépassé, voilà le seul résultat obtenu par cette exposition standardisée des faits du français. Alors qu'un manuel, ou un enseignant, connaissant à la fois son dialecte et d'autres expressions possibles du français, aurait pu obtenir des résultats beaucoup plus significatifs, tant sur le versant de la langue que sur celui de son écriture[3].

Il paraît utile de dresser un premier inventaire des variations dialectales qui ont une incidence en phonologie, et placent donc les usagers dans des positions différentes face à l'écriture. Pour donner tout d'abord un exemple de variation qui n'a pas que cette incidence phonologique, rappelons le cas du /r/ dans le domaine du français : qu'il soit uvulaire ici, apical ailleurs, toujours réalisé sonore ou parfois contextuellement sourd, il n'a jamais une sortie phonématique qui serait partagée par un autre élément structurel. Un autre cas de variation qui reste sous-phonologique est la réalisation affriquée des occlusives dentales devant voyelle antérieure qu'ont de nombreux francophones du Canada : /sort^{h}ir/, /bɔd^{h}ir/.

Il ne sera pas possible, au long de ces pages, de traiter de toutes les variations dialectales qui ont une résonance dans les problèmes de l'écrit. On s'efforcera cependant de les analyser plus souvent et d'une manière plus approfondie qu'il n'est coutume dans les milieux préoccupés de l'orthographe française.

C'est important, car, devant une écriture instituée comme face à toute proposition de la modifier, il est essentiel de bien assurer les principes suivants :

- Le caractère pluriphonologique d'une langue a comme résultat qu'on ne peut espérer fournir à tous ses locuteurs une écriture entièrement prédictible au niveau de la sortie phonématique. Par contre, il vaut la peine d'examiner si la communauté linguistique bénéficie encore de la même phonologie structurelle. Si tel est le fait, une écriture à base structurelle peut sauver toutes les prédictibilités, lesquelles seront directes pour une partie des locuteurs et indirectes pour les autres, et selon les traits phonologiques en cause. Lorsque ce n'est plus le cas, aucun système d'écriture valant pour toute la communauté linguistique ne donne ses prédictibilité à chacun. Dans l'espagnol tel qu'il est écrit, dans un système unique adressé à la fois aux ibériques et aux latino-américains, ces derniers doivent accepter l'imprédictibilité totale des symboles +s et +c devant voyelle antérieure, car ils ont fusionné définitivement les deux phonèmes espagnols /s/ et /θ/.
- Lorsqu'on analyse une écriture instituée, il ne s'agit pas seulement de voir ce qui est prédictible pour tous ou aléatoire pour tous. Il faut encore

3 On rêve à un manuel -ou un enseignant- qui, sur le point soulevé, dirait à Liège ou à Bruxelles (mais non à Carcassonne ou à Angers) :

« Nous possédons deux /a/. Un /a/ bref comme dans patte et basse et un /a/ long comme dans pâte. Cette différence entre brève et longue se retrouve également pour /ɛ/ dans maître et mettre.

« Sachez cependant que cette opposition n'existe pas partout en français ; il y a des régions de France où les deux /a/ sont confondus , où l'on prononce de la même manière patte et pâte.

pouvoir montrer ce qui est prédictible par les uns d'une manière directe et par les autres d'une manière indirecte. Il faut enfin désigner ce qui reste prédictible dans certains dialectes et ne l'est plus dans d'autres.

Tout ceci a des conséquences importantes dans la stratégie de l'apprentissage. Il faut savoir, en effet, quel dialecte parlent les enseignés lorsqu'ils sont francophones natifs et quel dialecte parlent les enseignants. On agit trop souvent comme si les maîtres possédaient un français standard, alors que des milliers de gens apprennent aujourd'hui à lire et écrire le français au Québec, en Suisse, en Belgique ou en Afrique.

Chapitre 3

L’aléatoire institué de l’écriture française

Si nous voulons évaluer, dans la graphie du français qui nous est imposée par notre écolage et la pression des instituteurs, la part des principes qui mènent à une sécurité d'inscription, et la part de l'aléa, il faut peut-être commencer par nous demander s'il n'existe pas là, d'abord, de vastes zones où nul fondement n'est à chercher, parce qu'il n'y en a pas.

Ces zones, que nous nommerons ici « l'aléatoire institué de l'écriture française » existent effectivement, et on peut les recenser au nombre de quatre.

3.1. Les marques historiques de l'origine latine

Déterminer la part abusive et la part normale de son héritage latin, dans l'écriture du français, n'est pas une entreprise facile. Elle l'est d'autant moins que, continûment, les discours tenus à ce sujet échappent largement aux évidences linguistiques, pour se situer aux confins flous de l'idéologie, des idées reçues, des convictions abruptes. L'observateur impartial surprendrait fort son interlocuteur passionné en lui démontrant qu'il y a quelque chose de circulaire à affirmer d'abord « il faut apprendre le latin parce que c'est le meilleur moyen d'écrire correctement le français », pour continuer ensuite en proclamant que « l'on ne doit pas toucher à l'orthographe française, parce qu'elle nous aide à voir ce qu'était le latin ». Il le surprendrait, mais ne le convaincrait sans doute pas, tellement est puissant l'élément irrationnel dans ce débat.

Il est évident que le français « vient du latin », bien que cette simple affirmation exigerait pas mal de nuances sur la notion de latin et sur celle de « venir de ». Il est tout aussi évident que notre écriture a largement repris l'alphabet latin, et qu'en conjuguant les deux faits avec ce que nous savons du lent processus de mutation phonétique au long des siècles, nous pouvons découvrir - avec ou sans surprise, cela dépend de notre formation intellectuelle, avec ou sans admiration, cela relève de nos référents culturels- que le mot os, de l'Os à Moëlle, se retrouve dans la même graphie et le même sens dans un texte latin ancien. On évite généralement de nous dire que la même découverte nous sera à jamais refusée pour le mot petit, que nous utilisons tous les jours, parce qu'il ne vient pas du latin[4].

Le premier mouvement, que les historiens de la langue et de l'écrit périodisent désormais assez facilement, a procédé à des réinjections volontaristes de « marques d'origine » latines dans l'écriture, pour bien imprimer dans l'héritier les traits de l'ancêtre. Et, ajouterons-nous dans la perspective propre à cet ouvrage, ils l'ont fait fût-ce aux dépens des prédictibilités dans le système. Dans ce cas-là, le résultat est que certaines personnes sont toutes fières d'avoir hérité de la culture latine, tandis

[4] Mais ce qui est encore évident, et ceci nous rapproche déjà d'une analyse plus objective, est que le français, n'étant pas le latin, a dû être l'objet de conventions particulières et successives destinées à rendre compte, dans l'écriture, de l'évolution de la langue. Ceci s'est passé, d'une manière similaire, pour l'espagnol, le portugais et d'autres langues romanes écrites. Singulier au français est pourtant le fait qu'il y eut, au long des siècles, un double mouvement dans les interventions sur la graphie.

que d'autres constatent amèrement qu'elles ont surtout hérité d'inscriptions totalement aléatoires.

L'autre mouvement était celui qui visait à accorder l'écriture au système de la langue, et il a dû se répéter à intervalles plus ou moins réguliers, parce que la langue changeait dans la suite des siècles. Ce serait cependant une erreur de croire que les interventions qui ont été pratiquées dans cette visée ont toutes voulu aligner les conventions graphiques sur la sortie phonématique. Des signes non équivoques montrent que certains réformateurs du passé avaient une conscience assez aiguë de ce qu'est le niveau structurel de la phonologie, et que c'est là qu'ils puisaient éventuellement leurs solutions à des problèmes concrets d'écriture.

Il est sans doute devenu impossible aujourd'hui - sauf témoignage d'eux-mêmes- de séparer, dans l'intention de ceux qui ont façonné jadis notre écriture, la volonté de marquer arbitrairement un héritage du latin ou, à l'inverse, celle de noter une règle vivante de phonologie structurelle. Par contre, dans les résultats qui se trouvent sous nos yeux, la ligne de partage est claire : toute inscription qui n'a plus de fondement, ni en sortie phonématique, ni en phonologie structurelle, appartient définitivement au domaine de l'aléatoire. On pourrait faire une typologie des différents cas, mais sans guère d'intérêt, car le classement de l'aléatoire n'apporterait rien de recevable pour nos objectifs.

Prenons le cas du +h dit « non aspiré » à l'initiale. En typologie, on peut relever qu'il s'agit d'une lettre qui marque un phonème disparu. En histoire, on sait qu'il était présent en latin. Mais l'essentiel n'est pas là. L'essentiel est que tout +h ainsi inscrit est définitivement aléatoire dans notre écriture. Il ne peut qu'être objet d'une effort mémoriel brut, morphème par morphème, mot par mot, seule la dérivation apportant un peu de sécurité (homme, humanité, humaniser). Homme, heure, humeur sont des mots dont il faut apprendre l'initiale par cœur, au moins tant qu'on ne changera pas l'inscription de ces mots et de centaines d'autres similaires.

Prenons un autre exemple : second. Il ne s'agit pas d'un phonème disparu. Il s'agit d'une lettre qui a été mise à la place d'une autre, pour rappeler que le latin avait secundus. Il n'existe plus aucune attestation en français pour que le +c de second puisse être attribué à un élément structurel °k, dissimulé derrière /g/ phonématique : second, secondement, secondaire, seconder, secondairement s'énoncent tous avec un /g/. L'écriture second au lieu de segond est aléatoire définitivement.

On pourrait multiplier les exemples, mais notre but n'est pas de répertorier tous les mots dont l'écriture est ainsi aléatoire parce qu'on a préféré le latin au français. Il suffisait d'indiquer qu'il y a là une source institutionnalisée de l'aléa en français écrit ; pour le reste, si nous la retrouvons en cours de route, on en discutera point par point.

Bien que ce soit extralinguistique pour un grande part, on peut cependant répondre aux personnes qui, de bonne foi, estiment qu'une proximité, même artificielle, entre les deux écritures de la langue-mère et de sa descendante présente en tout cas un avantage certain pour ceux qui auraient pratiqué le latin. On voit qu'on est hors de la linguistique, hors de celle du français en tout cas, puisqu'il est dit qu'il faut bien connaître le latin pour bien écrire le français. S'il faut passer par le système B pour avoir prise sur le système A, admettons en tout cas que ce n'est pas très économique.

Mais il y a plus. L'espoir placé dans le latin est largement illusoire. Pour qu'il se réalise, il faudrait que tout mot français d'origine latine (et que faire des autres ?) puisse se voir assigner – par des règles de similitude ou de transformation graphiques fermes – une graphie prédictible par le latin. On est loin du compte. Qu'ils soient issus d'une finale latine –ant, -ent ou –ient, tous les participes présents du français ont reçu à un moment une finale +ant en valeur gérondive (marchant, lisant, finissant) ; par contre, en valeur adjectivale, certains ont +ent (fréquent) tandis que d'autres ont +ant (convaincant). Comment prédire ces différences à partir du latin ? Ou encore, dans le domaine lexical, comment rendre compte, venant de la langue-mère, que *digit ait laissé un +g dans doigt, mais que *frigid ne l'ait pas provoqué dans froid ?

3.2. les marques culturelles d'origine grecque

Le français est la seule des langues romanes où l'on ait voulu inscrire contrastivement à la graphie d'origine latine plusieurs sons présents dans la phonologie du grec antique. Le portugais et l'espagnol se sont limités à inscrire comme +h initial l'esprit rude et, pour le reste, ont inséré les emprunts au grec dans leur graphie. Quand à l'italien, il n'a même pas retenu l'esprit rude, peut-être parce qu'il avait déjà évacué le +h venu du latin.

+h

français	hémostatique
portugais	hemostatico
espagnol	hemostatico
italien	emostatico

autres éléments
français : sympathique, physiologie, chélidoine
portugais : simpatico, fisiologia, quelidonia
espagnol : simpatico, fisiologia, celidonia

Par contre, le français partage cette pratique avec certaines langues germaniques :

français : physiologie
anglais : physiology
allemand : physiologie
mais néerlandais : fisiologie

Encore faut-il remarquer que l'anglais pouvait accueillir le +th, pour un phonème grec qui s'alignait sur son /θ/, et non sur /t/.

Pour tout locuteur français qui n'a pas fait de grec, l'inscription de ces mots est forcément aléatoire, puisque aucun des sons particuliers du grec n'est entré dans la langue, à l'exception du /z/. Le +h initial représente un fantôme (sauf dans de rares mots comme la hiérarchie, où il a une valeur de °h), le +ph est un /f/, le +th est un /t/, le +y est un /i/, le +ch est soit un /k/ soit un /ʃ/ et les +rr ou +rh sont tout simplement des /r/. Chacune de ces inscriptions ne fait donc que doubler celles qui viennent de l'alphabet latin originel et trouble la prédictibilité de l'apprenant.

On utilise deux sortes d'arguments pour justifier cette graphie spéciale. La première argumentation consiste à mettre en valeur l'intérêt qu'il y a pour un locuteur français à pouvoir ainsi désigner les mots comme étant d'origine grecque. Au delà de sa valeur d'usage, l'orthographe du français acquerrait ainsi une valeur symbolique d'ordre culturel, qui manque à nos voisins des autres langues romanes.

Commençons par remarquer que cette vision symbolique de la langue – qui, somme toute, a peut-être présidé à l'introduction de ces signes du grec – semble particulièrement injuste pour le francique. S'il fallait que la graphie de notre langue marque la diversité de ses origines, il eût été convenable de verser au francique le même tribut culturel qu'on a voulu rendre au grec. Après tout, le français, lexicalement, est la plus germanique des langues romanes. On pense, par exemple, qu'il aurait été juste de rendre par +k, et non par +c, toutes les occlusives vélaires sourdes venues du francique : les guerriers franks, un mannekin. A l'heure actuelle, nous nous contentons du +h de hareng (qui est d'ailleurs phonologique) et du +w de wallon. C'est peu.

Quant au grec, si l'intention était vraiment de désigner dans notre dictionnaire les mots qui en proviennent, on peut dire que l'opération a échoué. Car on n'a retenu que certaines inscriptions (h, k, ph, rh, th, y, ch). Il en aurait fallu beaucoup d'autres pour donner aux lecteurs français une leçon extensive sur le lexique d'origine grecque. Certains mots sont « signés », comme orthographe (deux fois : par +th puis par +ph) mais des centaines d'autres ne le sont pas. Tous les mots qui suivent viennent du grec, mais rien dans leur phonologie ni dans leur graphie ne peut l'indiquer : abîme, astérisque, agronomie, apraxie, axiome, acrobate, aéronaute, automobile, biologie, bromure, cimaise, cinéma, calme, décamètre, dermique, géronte, idée, isocèle, iconoclaste, macrobiotique, mégalomane, mélodie, nécropole, prologue, onirique, pleurésie, ploutocrate, saurien, télescope.

La seconde articulation reprend celle que nous avons déjà examinée pour le latin. Elle dit que la connaissance de la langue grecque classique est précieuse pour déterminer l'orthographe des mots grecs empruntés par le français.

Mais l'argument est circulaire, ce qui n'était pas vraiment le cas pour le latin. L'écriture d'un mot comme orthographe n'est prédictible par un hellénisant que parce qu'on a décidé de +th et +ph. Si on avait choisi d'écrire *ortographe*, le problème ne se poserait même pas. La seule chose qui est vraie dans l'écriture reçue est qu'elle donne un certain avantage à ceux qui ont fait des études approfondies de grec. N'en déplaise à quelques-uns qui poussent de hauts cris lorsqu'on ose aujourd'hui seulement avancer l'idée que l'orthographe joue un rôle de discrimination sociale, c'est bien de cela qu'il s'agit : dans la répartition des fonctions, tout le monde n'aura pas eu la chance d'apprendre le grec.

Comme pour le latin, et heureusement –oserait-on dire- cette compétence de l'hellénisant reste limitée. Il serait faux de croire qu'il puisse prédire à coup sûr la forme graphique que va prendre son mot grec devenu français. Pour trois raisons :

Il ne peut savoir si ce mot a été emprunté directement au grec, ou s'il est venu au français en passant par le latin. Car les mots qui ont suivi ce dernier chemin ne s'écrivent pas toujours comme ceux d'emprunt direct. Et si l'on réplique que l'hellénisant peut parfaitement le savoir, à condition qu'il soit aussi très bon latiniste, on ne fait qu'invoquer une contrainte culturelle supplémentaire et extérieure à la langue française.

La deuxième raison est que l'étalement dans le temps et dans l'espace des emprunts au grec a provoqué des solutions différentes pour l'écriture des mots en français.

La troisième est que, même pour des emprunts à peu près synchronisés, les conventions n'ont pas toujours été très fermes.

Voici quelques exemples des aléas qui pèsent sur l'inscription d'emprunts au grec (il s'agit d'aléas internes aux conventions) :

Le khi grec, prononcé /k/, est inscrit tantôt par +ch (chœur, chrome, chlore, technique, chiasme, chélidoine), tantôt par +k (kilo), tantôt encore par +c (chicorée, mécanique).

Le kappa devant voyelle postérieure ou consonne, écrit par +c dans calligraphie, crypte, cube (par le latin) l'est par +k dans kaléidoscope (avec une fois un +k, une fois un +c !), kleptomane (ou cleptomane).

Faisons le bilan là où il doit être fait, c'est-à-dire non pas du côté des hellénisants et des « avantages » que l'irruption d'une graphie grecque en français leur apporte, mais du côté de l'apprenant et de ses difficultés à trouver les bonnes prédictions sur les mots qu'il a à écrire. Le bilan, le voici :

Du côté de la prédictibilité d'inscription, les mots d'origine grecque empêchent, à un certain moment de l'apprentissage, les lettres suivantes d'être entièrement prédictibles :

Le +f, car il est concurrencé par +ph (filature, philatélie)

Le +t, car il est concurrencé par +th (torrent, thorax)

Le +i, car il est concurrencé par +y (cible, cycle)

Le +qu devant +i,e qui est concurrencé par +ch (quérir, chélidoine) et par le +k (quille, kilo, kinésiste).

Le +r initial, car il est concurrencé par +rh (rétamer, rhétorique)

Du côté de la prédictibilité de lecture, des évolutions différentes (mais inscrites de la même manière) du khi en français produisent l'incertitude sur la lecture de +ch. Il vaut pour /ʃ/ dans chirurgie, chicorée, cachexie, à l'instar des mots d'origine latine, chien, chant, etc. Mais il renvoie à /k/ dans chiasme, chœur, chélidoine, chlore (à comparer à l'argotique chlague ou à chleu).

Du côté de la double prédictibilité, le +h. Comme il n'est pas prononcé, on ne sait si on doit l'écrire (iota, mais hiatus). Et lorsqu'on le lit, on ne sait pas toujours s'il doit être ou non considéré comme un °h structurel. On peut faire le test : les hiérarchies, les hiéroglyphes. Dans quel cas la liaison entre l'article et le substantif est-elle à faire ? La réponse du Petit Robert est la suivante : dans les hiéroglyphes. Pour hiérarchie, le dictionnaire pose un °h structurel, celui qui empêche la liaison. Mais un hellénisant doit bien admettre que le même radical *hier- se trouve dans les deux mots.

En définitive, un seul élément d'écriture venu du grec ne pose aucun problème de prédictibilité. Il s'agit du +z, et uniquement à l'initiale, car dans cette position il s'est imposé comme un nouveau phonème du français : zoo, zone, zygomatique. A l'intervocalique, il concurrence le +s : schizophrène face à prison.

Le constat peut paraître sévère. On peut en atténuer la rigueur en introduisant la composante pédagogique. Il est vrai que beaucoup de mots de la langue courante ne sont pas empruntés au grec (mais : photo, cycliste...) et que de ce fait les lettres +f,+t,+i,+c,+qu sont enseignées bien avant leurs concurrentes venues du grec. Il est vrai aussi que les manuels scolaires écartent longtemps du premier apprentissage ces substituts au système central du français. Il en résulte, généralement, que nous sommes peu tentés d'écrire des mots historiquement issus du latin avec une graphie grecque (d'écrire, par exemple, philature), encore que cette tentation ne soit pas à exclure. L'aléa principal porte donc sur l'emploi des substituts d'origine grecque : pour quels mots ne doit-on pas utiliser +f, +t, +i, +c ou +qu mais leur substituer +ph, +th, +y, +ch, +k ?

Si l'on ajoute que tout mot venu du grec ne comporte pas nécessairement un +th pour transcrire /t/, puisque l'origine peut être le tau et non le thêta (technique mais thérapie), qu'il ne comporte pas nécessairement non plus un +y pour inscrire /i/, puisque l'origine peut être un iota et non un upsilon (philosophe, mais phylloxéra), alors nous restons devant le fait, incontournable, que tous ces mots grecs d'origine devenus français n'ont pas une graphie prédictible. Et l'on envie un peu nos sœurs latines d'avoir réussi à se débarrasser au maximum, dans leurs écritures, de ce piège culturel.

3.3. Les marques exotiques des mots d'origine étrangère

On sera bref. Il est rare de trouver une écriture aussi accueillante à l'exotisme que ne l'est le français. On a l'impression que les responsables de nos dictionnaires, de notre graphie en général, ayant déjà un bon entraînement à marquer nos mots de leur latinité, puis de leur hellénité, se soient fait un point d'honneur d'inscrire comme étrange tout ce qui était étranger.

D'autres auteurs ont jugé ce phénomène sous divers angles. Ils ont fait remarquer, à raison, que plus nous sommes pointilleux pour refuser toute variante graphique dans nos mots d'origine, et plus nous sommes tolérants face aux mots venus d'ailleurs; l'empereur d'Iran entrait dans nos dictionnaires indifféremment comme chah, comme shah, comme chā ou comme shāh. Par les deux dernières graphies, il s'offrait même le luxe impérial d'introduire des signes diacritiques jusqu'alors inconnus et que lui ravissent aujourd'hui les shōgun (shōguns ?) du Japon.

Peut-être l'avenir des écritures occidentales, dans un monde d'échanges généralisés, est-il à ce prix. La barre suscrite, pour une voyelle longue, n'est pas moins bonne que l'accent circonflexe. Et la libéralisation de la graphie dans les mots étrangers pourrait donner quelques idées fécondes aux audacieux (savants et garnements réunis) qui la revendiquent aussi pour de vieux mots bien français. Si l'on a trois graphies admises concurrentes de chah (mais, à ce jour, pas cha, qui fait vraiment trop simple), il sera peut-être difficile d'en imposer longtemps une seule pour le mois d'août.

Tout ce qu'on peut dire, pour l'avenir, c'est qu'il vaudrait mieux sans doute, si l'on se veut accueillant, qu'on ait au moins une politique d'accueil. Les signes diacritiques ont toute leur raison d'être dans une transposition en caractères latins, par des spécialistes, de l'écriture arabe. Ce n'est pas pour autant qu'ils doivent apparaître dans nos dictionnaires généraux.

Quant au présent, et vu sous l'angle particulier à cet ouvrage, il est plusieurs remarques qu'il faut formuler.

D'abord celle-ci : que nul enfant francophone, nul apprenant étranger de la langue n'est censé savoir a priori d'où vient, en français, un mot comme képi ou comme kiosque. Dès lors, la lettre initiale de ces deux mots est imprédictible, et à deux titres. Elle rompt avec la convention qui produit quitter, quille, quel, quérir, question, etc. ; ensuite, la convention rompue, il n'y a pas de certitude sur le choix de +k, car il existe aux dictionnaires, pour la même prononciation, khédive, chélidoine, et même désormais qoran.

A supposer pourtant qu'un apprenant étranger soit dans une situation privilégiée, parce qu'étant polyglotte, il peut savoir d'où vient linguistiquement tel ou tel mot. Ce ne lui sera d'aucune utilité, parce qu'il n'y a pas de principes aux inscriptions particulières de mots étrangers. Même un Turc ne peut deviner que kiosque sera marqué par un +k à l'initiale, mais que l'on rétablira pour la finale la convention +qu ordinaire de l'écriture française.

Comme pour le latin et le grec, tout pari fait sur un acquis préliminaire dans une autre langue est ici illusoire : ce n'est pas parce qu'on est grand vizir qu'on pourra prédire qu'il faut écrire calife à la place de kalife ou du khalife. Dans la graphie du français, toutes ces ornementations peuvent avoir une fonction poétique, porter au rêve, au dépaysement, faire entrevoir des steppes, des déserts, des combats de samouraïs, l'impénétrabilité de la jungle. Mais dans l'apprentissage, elles n'ont qu'un nom : aléa.

Les inscriptions de dissimilation graphique

Si l'on demande à un enseignant français pourquoi tellement de mots en français se prononcent de la même manière, mais s'écrivent différemment, la réponse habituelle sera qu'on a voulu les distinguer pour éviter des difficultés de compréhension à la lecture.

L'enseignant fait cette réponse, parce qu'on la lui a apprise, explicitement ou implicitement. Elle se trouve, sous une forme ou sous une autre, dans les ouvrages scolaires. Et elle se retrouve chez certains linguistes qui ont abordé l'écriture du français.

Et pourtant, ce point de vue résiste mal à l'analyse, aux deux niveaux de son affirmation.

Toutes les langues au monde véhiculent des homophones, et comportent aussi des mots polysémiques. C'est ce qui permet les calembours de plus ou moins bonne facture. Personne ne peur empêcher un cinéaste de titrer un film « les seins de glace », par un jeu sur seins et saints, homophones. Et, pour la polysémie, à une personne qui affirme « ma femme fume », un malotru est toujours en mesure d'insinuer « des pieds ? ».

Quand il ne s'agit pas du français, les linguistes sont généralement d'accord pour estimer que l'homophone et la polysémie ne gênent pas la bonne réception des messages. Chaque mot prend place dans une structure syntaxique et sémantique telle que l'ensemble a peu de risques de se voir confondu avec un autre. Il n'y a pas une chance sur des milliers que 20 (vingt) puisse être compris dans une phrase comme étant vint du verbe venir. Il n'est pas plus nécessaire de différencier les homophones dans l'écriture qu'il n'est nécessaire à la langue de les supprimer.

Quand à la volonté qu'auraient eue les formateurs successifs de notre écriture de marquer ainsi les différences de sens entre homophones, elle n'est pas plus claire. C'est sans doute en leur prêtant cette intention qu'un auteur comme V.G.Gak, repris par N. Catach (1978) introduit la notion de logogramme, ou « figure de mot », dont la graphie (« à la limite », écrit N.Catach, ne fait qu'un avec le mot, dont on ne peut la dissocier »).

On ne pourra se faire une idée sérieuse sur la question si on n'en revient pas à la distinction entre un niveau phonématique et un niveau structurel de la phonologie.

Si l'on s'en tient au niveau phonématique, celui des sons prononcés ou entendus, il est certain que pin et pain sont des homophones, et survient alors la tentation de penser qu'on leur a effectivement donné une écriture différente pour qu'il n'y ait pas amphibologie de sens à la lecture : ce seraient alors vraiment des logogrammes

Par contre, si l'on admet que le locuteur a des références à un niveau plus abstrait que celui du discours, deux homophones peuvent parfaitement recevoir une graphie différente sans qu'il y ait une intention quelconque de les marquer. Ce ne sont en rien des logogrammes. Pin est ainsi écrit parce qu'il alterne avec pinède, tandis que pain renvoie à panure, panade et panifier.

Il est certain, et d'autres chapitres le montreront, que l'écriture du français utilise largement les bases structurelles de la phonologie. Si nous voulons prétendre aujourd'hui que court et cours ont reçu une consonne supplémentaire (et différente) pour les distinguer de cour (et entre eux), nous commettons la grave erreur d'ignorer que court a la même finale que sort, mort, fort, et que cours se termine comme débours et toujours. On n'a pas mis un +t final à court pour ne pas qu'il soit confondu avec cours ; on l'a mis parce que le radical structurel du mot le comporte, à l'instar de sort, mort et fort. On n'a pas ajouté +s à cours pour le distinguer à la fois de cour et de court : le mot alterne simplement avec course et coursive.

Lorsque N.Catach propose dans sa liste de logogrammes du français des couples comme cou et coup (col et encolure, face à couper, coupure), faim et fin (famélique, face à finale), champ et chant (champêtre, face à chanter), cet auteur tombe dans le piège d'octroyer au concept de logogramme une extension beaucoup trop large.

On peut d'ailleurs montrer que l'intention d'individualiser graphiquement un mot qui a des homophones n'est pas plus présente dans des cas où ce n'est pas la différence structurelle qui fonde la divergence d'écriture. Les homophones de temps sont tant et taon. Le +s final de temps vient-il d'un processus de dissimilation graphique, destiné à séparer à la lecture le mot de ses homonymes. Certainement pas, puisque temp, s'appuyant sur le niveau structurel (temporel, temporiser) y suffisait. Comme pour d'autres vocables, le +s final n'est là que pour rappeler une flexion casuelle latine, où un /s/ alterne avec un /r/ : tempus, temporis -> temps ; pondus, ponderis -> poids (et poids ne vient pas de pondus); corpus, corporis -> corps.

Il y aurait un tri sérieux à faire dans les homophones non homographes du français pour vérifier où il y a réellement dissimilation graphique. Deux homophones en sortie phonématique peuvent être écrits différemment (et c'est le plus grand nombre des cas) parce qu'ils se rattachent à deux séquences structurelles dissemblables, soit dans tous les dialectes du français, soit dans certains d'entre eux. Lorsqu'on enlève ces mots de la liste fournie par N.Catach (1978 : 58), elle se trouve réduite des trois quarts. Ils peuvent aussi être différents parce que sur l'un d'entre eux a été appliquée une mesure graphique de réfection latine (comme dans temps, poids, corps, ci-dessus) ; ou encore parce que la rétention d'origine grecque a permis des contrastes, comme celui existant entre cygne et signe.

Une fois ces opérations faites, il reste un résidu pour lequel on est bien obligé d'invoquer une intention de dissimilation. Pour certains mots, on sait d'ailleurs par les attestations historiques qu'elle a eu lieu. Si scieur et sceau sont ainsi écrits, c'est parce qu'on a décidé jadis de ne pas leur donner la même graphie que sieur et seau. L'intention est évidente aussi dans l'accent grave sur la préposition à (face à il a) et sur le locatif où (à opposer au disjonctif ou).

En supposant maintenant que la dissimilation graphique, malgré son inutilité manifeste dans la plupart des cas, soit inscrite comme principe dans l'écriture d'une langue, quelles conditions faudrait-il lui donner pour qu'elle soit prédictible ? La réponse, qui nous éclairera sur la situation actuelle de l'écriture française, s'énonce en deux points :

Il faut que tous les homophones soient atteints par la mesure. Au cas contraire, il y a manque de prédictibilité chaque fois que deux homophones ne sont pas distingués. C'est ce qui se passe en français. Si l'on inculque aux étrangers et aux enfants qu'en français nous veillons à ce qu'il n'y ait pas d'homographes, tout apprenant est fondé à se demander comment il différenciera les moules de Zélande des moules à gaufres, ou comment il marquera qu'un sac n'est pas un sac qui contient le son du cor, et qu'un sac de son n'est pas nécessairement un sac de son père.

Il faut aussi qu'un jeu complet de règles d'inscriptions dissimilatrices soit fourni. Non pas une règle : c'est impossible, car il peut y avoir plus de deux homophones ; et comme l'homophonie peut porter sur des voyelles ou des consonnes, il n'est pas simple non plus de prendre un procédé de dissimilation unique. L'accent grave ailleurs que sur +e, en français, constituerait un bon fragment de règle de ce genre. Mais si on le concurrence par l'accent circonflexe (sur, sûr, mur, mûr, du, dû), la prédictibilité s'évanouit.

Il faut aussi, enfin, et c'est une opération pratiquement impossible, décider lequel des homophones recevra l'inscription qui procède directement des principes d'écriture, et lequel sera objet de la marque dissimilatrice supplémentaire. Les conventions d'écriture, ici, devront obligatoirement s'appuyer sur des considérations grammaticales, lexicales et sémantiques, toutes extérieures aux principes graphiques, et toutes contestables. Lequel (les) des moules pourraient se dissimiler en mousles, par exemple : les mollusques ?

Le résultat est patent : dans toutes les inscriptions de dissimilation graphique existant en français écrit, aucune n'est prédictible par quelque moyen que ce soit. Et lorsqu'on insiste sur cette « chance » qu'offre le français de pouvoir distinguer les homophones, on ne fait qu'introduire la perplexité chez l'apprenant chaque fois que les homophones sont aussi homographes.

Conclusions

Parler, comme il vient d'être fait, d'un aléatoire institué dans l'écriture du français, et y distinguer quatre lieux différents, c'est prendre un point de vue de linguiste, complété de connaissances diverses. On sait que le français s'origine dans le latin, qu'il y eut des emprunts au grec, que zouave est de provenance berbère, que sieur et scieur ont été différenciés graphiquement à une certaine époque ; on en tire un répartition analytique des faits.

Mais ce n'est pas le point de vue de l'enfant qui apprend l'écriture d'une langue, ni celui de l'étranger qui cherche à écrire ou lire correctement le français. Pour eux, toute cette masse de mots ne s'isole pas ainsi des mots à facture française ancienne. Nos enfants usent du téléphone et sont pris en photo bien avant de se demander - s'ils auront jamais à le faire - si ces mots viennent du grec.

De la sorte, on peut même en arriver à douter qu'un apprenant sache vraiment distinguer très tôt les conventions habituelles de l'écriture française de toutes ces inscriptions venues d'ailleurs. L'école s'efforce certes, plus ou moins bien, d'échelonner les problèmes, mais elle n'est pas le seul lieu d'apprentissage de l'écrit ; et même l'école ne peut empêcher que l'existence du +ph ne vienne troubler une prédictibilité sur +f, ou toute autre intrusion.

Ainsi, ces mots sont aléatoires en eux-mêmes, dans leur inscription, mais ils sont en outre susceptibles d'introduire le doute chez les apprenants quand ils doivent écrire des mots qui relèvent des principes graphiques communs. Une institutrice avouait devoir recourir au dictionnaire pour vérifier le mot agrafe ; il est évident que télégraphe, dactylographe, phonographe se profilaient derrière son hésitation. C'est sous cet angle qu'il faut juger du poids des aléas institués dans la graphie du français.

Chapitre 4

Altérations phoniques, voyelles

4.0. Introduction

Avec ce chapitre commence l'inventaire raisonné de l'écriture instituée du français (l'orthographe) dans sa part centrale, celle qui n'instaure théoriquement aucun aléa dû à des considérations extérieures à la langue ; encore que nous aurons à mettre le doigt sur des points où l'héritage latin normal et la réfection latine volontariste ne présentent pas toujours une frontière précise.

L'objet est donc de vérifier les prédictibilités que notre écriture reçue offre à l'apprenant et, par opposition, les aléas qu'elle contient.

Si le français avait une écriture très largement phonématique, avec quelques zones où la prédictibilité est moins directe et quelques conventions mal appliquées ou discutables, le plan serait tout tracé. On se consacrerait en priorité aux zones litigieuses, on les éclairerait, et on conclurait à peu près ainsi : « et tout le reste est directement prédictible par les conventions biunivoques qui relient une lettre à un phonème. ». L'écriture de l'espagnol se prêterait bien à ce traitement. Un article d'une vingtaine de pages suffirait à tout dire.

En français, c'est le contraire qu'il faut faire. Les zones de prédictibilité directe sont tellement restreintes qu'il vaut mieux les consigner rapidement avant d'aborder tous les problèmes que posent les prédictibilités indirectes, les conventions arbitraires, les conventions boiteuses et autres errements.

La prédictibilité directe n'exige même pas un chapitre de réflexion, et c'est pourquoi elle sera présentée ici comme une simple introduction à tous les chapitres consacrés à l'étude des difficultés de l'écriture française.

On peut parler séparément des consonnes et des voyelles. Dans le domaine consonantique, /m, n, b, d, p, ʃ, v, z, l, r/ ont une inscription unique à l'initiale des mots et uniquement dans cette position. Cette inscription donne comme lettres les mêmes symboles par lesquels on vient de noter les phonèmes, en tenant compte du fait que +ch est un groupe graphique qui réutilise le +c, ainsi que le +h.

Si l'on isole l'interférence des mots grecs, /f/ est marqué par +f (grec : +ph) et /t/ par +t (grec : th). Quand à /ʃ/, il est marqué par +ch : la prédictibilité d'inscription est directe, mais la prédictibilité de lecture n'est pas assurée, parce que certains mots venus du grec ont un +ch qui doit s'interpréter comme /k/ : *chiropraxie*.

La zone de prédictibilité directe se clôture là. Même à l'initiale, les phonèmes /k/ et /g/ connaissent une distribution dont il sera rendu compte au chapitre 6. Les phonèmes /s/ et /j / exigent une discussion qui sera faite aux paragraphes 5.4. et 5.5. Le phonème /h/, dialectal, sera examiné en 5.6.

Hors initiale, l'inscription des consonnes n'est guère prédictible par le niveau phonématique. A l'intervocalique, la cause principale en est le redoublement des consonnes : il en sera traité en 5.8. On peut cependant noter que ni /ʃ/ ni /v/ ne sont jamais objets de redoublement : *bêcher, mâcher, rachat, fichier, rêver, crevette, caveau, cuvée.* Les trois occlusives sonores /b, d, g/ donnent lieu à peu de redoublements graphiques, mais suffisants pour troubler la prédictibilité.

En séquence de deux consonnes, des problèmes sont posés, et sont traités en 5.7.

En finale, l'impossibilité de donner une règle par la sortie phonématique vient de la troncation (5.1.). Si la consonne est prononcée, on retrouve parfois des prédictibilités directes avec /f/, /l/ et /r/ ; mais il est plus utile de voir ce qui sera indiqué en 4.1. sur un « e de soutien graphique ».

Les voyelles donnent lieu à moins de prédictibilités directes encore. Les voyelles moyennes relèvent d'une phonologie interdialectale qui exige de longues discussions quant à ses applications graphiques (4.1 et 4.2). Les trois voyelles cardinales /i, a, u/ paraissent plus solides, encore que des dialectes possèdent deux phonèmes de type /a/. Aucune ne donne lieu, en tout cas, à une relation biunivoque entre l'élément phonique et la lettre. Mais l'inscription peut être prédictible. Ainsi, un /i/ est normalement inscrit +i (sauf mots grecs à +y), un /a/ non suivi de nasale est le plus souvent représenté par +a, un /y/ est rendu par +u, et le /u/ est écrit comme +ou (avec quelques exceptions lexicales : août).

Ce qui ne permet pas la biunivocité est le fait que chaque signe écrit dit « vocalique » sert à la fois de marque de phonème lorsqu'il est seul (et il faut l'isoler à la lecture) et de formatif. En tant que formatif, il perd sa valeur propre de référence à un indice phonique précis. C'est le phénomène des « groupes de lettres », bien connu des enseignants, sinon toujours bien enseigné. Ces groupements de lettres doivent évidemment être examinés en ce qu'ils représentent (des phonèmes ? des marque du niveau structurel ?) et ce qu'ils produisent, c'est-à-dire des prédictibilités ou des aléas. Ce sera l'objet de tout le chapitre 4, mais aussi du chapitre 6. Aux chapitres 7 et 8, une analyse des réalités flexionnelles, puis dérivationnelles nous fera rencontrer certains d'entre eux.

Sans vouloir, à ce stade, constituer une typologie, ni raffiner sur la notion de formatif (ce qui sera le cas dans le reste du chapitre 4), on peut fournir le tableau suivant :

La lettre +i est un formatif dans les groupes +in (*malin, pingre*), +ein (*frein, ceindre*), +ai (*gai, maison*), +oi (*paroi, poison*), et +il(l) (*soleil, travail, grenouille*) ; pour +ei, voir la discussion en 4.2.

La lettre +e est un formatif dans +eu (*deux, neuf*), +oeu (*œuf, sœur*), +ge (*beige, nous forgeons*), +cueil(l) (*cercueil, recueil, cueille, etc*), et +oe (marginal : *moelle, poële*).

La lettre +a sert de formatif à : +ai (*graisse, grain*), +au (*faux, travaux, étau*) et +eau (*morceau*) ; marginal +aou (*août*).

La lettre +o intervient dans +ou (*fou, moule*), +oeu (*œuvre, bœuf*) et +oi (*soif*).

La lettre +u est formatif de +ou, +eu, +oeu, +au, +eau, +qu (*queue, vainqueur*), +gu (*guerre, guitare, en distinguant*) et +cu (uniquement devant +eil : *cueille*, etc).

On voit aisément, dans cette liste, que des groupes comme +qu, +gu et +ge relativisent la notion de lettre-voyelle, lorsque les signes sont pris comme formatifs. On devine aussi que la complexité et le nombre de ces groupes ne seront pas sans incidence sur les prédictibilités à la lecture.

4.1. Entre le °e structurel et un °e postiche

4.1.1 Le +e de soutien graphique

Plusieurs hypothèses phonologiques sont recevables sur le point qui va être soulevé ici, mais pour juger de l'écriture de la langue la position qui va être prise paraît la plus fructueuse.

Il s'agit de ceci : il existe une lettre +e dont la valeur phonologique est absolument nulle. Cette lettre se repère d'abord à la finale des mots écrits. On l'appellera désormais « le +e de soutien graphique », et l'on peut énoncer ses conditions d'apparition comme suit : « le +e de soutien graphique se place après toute consonne finale simple palatale, après labiale ou vélaire sonore, après toute séquence de deux consonnes dont la seconde est une sonorante, parfois après la vélaire sourde et, dans le verbe seulement, après la séquence structurelle °ll ».

Il n'entre pas dans le cadre de cette étude de voir comment, historiquement, cette graphie à +e final s'est imposée. Elle a eu valeur phonologique jadis, dans certain cas, et fut très vite un artifice graphique dans d'autres. Le fait est, aujourd'hui, que des inscriptions comme le *bagn* (nasale palatale), *le coch* (fricative palatale sourde), *le maj* (fricative palatale sonore) et *le bèg* (occlusive vélaire sonore) sont hors de toute convention du français écrit. Le fait est aussi qu'il n'y a aucune raison de poser un °e final structurel pour tous ces mots du genre masculin. Un objet est *beige*, comme il est *fin, sec, mou* ou *brûlant*, alors que son homologue féminine est *beige, fine, sèche, molle* ou *brûlante*, et qu'il est nécessaire alors d'invoquer un °E, marque de féminin, pour expliquer par une seule raison les différents changements que nous constatons aux adjectifs.

Le cas des séquences finales dont la deuxième consonne est une sonorante est légèrement différent. Il y existe un fondement, sinon phonologique, au moins phonique. C'est que la sonorante (et ceci explique pourquoi nous privilégierons ce terme tout au long de l'ouvrage), qu'elle soit nasale ou orale, est par nature potentiellement syllabique. C'est cette syllabicité qui est retracée par le +e final de *humble, ambre, ample, pampre, ordre, autre, ongle, ogre, monocle, ocre, souffle, offre, lièvre.* La pose d'un +e graphique est donc, ici, moins artificielle, moins postiche qu'avec les consonnes simples (et quelques alternances attestent encore qu'on peut retrouver une variante épenthétique de ce +e, comme dans *libre, liberté*).

Quoi qu'il en soit, en énonçant cette règle d'inscription d'un +e final postiche, dans les conditions qui ont été signalées, on donne une prédictibilité générale pour beaucoup de mots qui se trouvent au masculin et qui n'ont pas d'autre raison de se voir ainsi affectés d'un +e final. Echappe à cette prédictibilité la vélaire sourde, puisque l'on a *sec* en concurrence avec *chèque* ou *métèque*. Quant au traitement du °ll final, qui tombe sous des conditions grammaticales, il sera abordé ultérieurement (5.3. et 7.2.). Après +r et +l (*débarcadère*, *frêle*), le +e peut avoir plus d'une interprétation.

4.1.2. Le morphophonème °E

Il importe de distinguer des précédents, des +e qui renvoient à un phonème structurel ayant en même temps valeur morphologique. Le morphème en question sera ici désigné comme °E. On peut admettre d'ailleurs qu'il existe deux morphèmes homophones, l'un qui serait la marque du féminin, et l'autre qui serait un élargissement du thème dans les verbes dits en –er. Une discussion grammaticale serait à engager pour montrer si, oui ou non, il existe une relation de dérivation entre les verbes en –er et la marque du féminin. Sur les versants phonologiques et graphiques, qui sont nos sujets, on peut faire les constatations suivantes :

Le °E n'est pas un +e de soutien graphique. Si nous écrivions un *rich* (riche), un *jug* (juge), un *bèg* (bègue), un *livr* (livre), nous serions tenus de prononcer ces mots comme nous le faisons actuellement, parce que ces consonnes ou séquences consonantiques ne sont pas de celles que la phonologie du français veut tronquer en finale. En face, le °E est une voyelle structurelle, avec une action claire sur la sortie phonématique des mots : sa présence empêche toute troncation ou modification de la consonne précédente, toute altération de la voyelle précédente. C'est un élément clé du système phonologique du français parce que, même non prononcée, elle nous donne la forme de base radicale de mots aussi différents que *folle* (°fol, mais masculin *fou*, *bénigne* (°benign-, mais masculin *bénin*), *sotte* (°sot-, mais masculin *sot*), *blonde* (°blond-, mais masculin *blond*), *chanter* (°chant-, mais substantif *chant*), *jouer* (°jou-. mais substantif *jeu*), etc.

Quant à savoir si le °E est ou non la voyelle °e, qui va être l'objet de l'analyse suivante, la réponse reste ouverte. Il se peut que °E ait des comportements particuliers simplement parce que son caractère de morphème le place dans des contextes particuliers eux aussi. Il se peut, à l'inverse, que °E soit réellement une unité phonologique spéciale : l'affirmer permettrait par exemple de relier en une seule unité le passé et le présent des verbes en –er, en disant que dans *tu chantes* (°chant-E-s) et *nous chantâmes* (°chant-E-mes), se présente la même voyelle structurelle sous des sorties phonématiques différentes.

Quoiqu'il en soit, le °E mérite, dans une étude de l'écriture, d'être placé à part. D'abord parce qu'il a deux sorties phonématiques /e/ et /ə/. La sortie /e/ a lieu à l'infinitif devant la marque °-r, et au participe passé. La graphie est +e, é : *chanter, marcher, créé*, etc. La sortie /ə/, que des règles sous-phonologiques convertissent le cas échéant en effacement total de la prononciation de la voyelle, a lieu partout ailleurs : *je marche, nous marchons* (°march-E-ons), *je marcherai, reniement* (°re-ni-E-ment).

Ensuite, il est bon d'isoler le °E, non pour son comportement à lui, mais en raison de l'influence qu'il exerce sur d'autres éléments phoniques, en particulier sur d'autres °e qui le précèdent. Ce point sera repris ci-après, dans l'étude générale sur l'élément °e, mais aussi plus loin, à propos du verbe et d'autres réalités morphologiques.

4.1.3. L'élément °e

Il semble qu'il n'y ait guère de raisons d'accorder plus d'une unité °e à la base structurelle de la phonologie du français. On peut certes invoquer des oppositions comme *recréer* et *récréer* pour justifier l'existence d'un élément °ə et d'un élément °e. Mais il s'agit bien, dans les deux verbes, du même préfixe. Une analyse phonologique disant que la prononciation y dépend d'une plus grande automatisation du préfixe serait assez acceptable : *récréer* vs. *re-créer*. Si l'on veut multiplier les répétitions, c'est *re-* qu'on utilise : *re-re-dire*.

Un examen de verbes montre également quelques cas où /ə/ et /e/ se trouvent dans les mêmes contextes. Dans les deux verbes *jeter* et *téter*, la voyelle radicale est suivie de /t/ ; dans *peser* et *léser*, on trouve la même opposition devant /z/. Là on pourrait effectivement poser deux unités structurelles °*e* et °*ə*. Mais cette distinction a peu d'utilité en phonologie du français, où une large distribution complémentaire préside aux apparitions respectives de */e/, /ə/, /ɛ/* comme représentants phonématiques d'un °e structurel. Pour l'écriture, la question a encore moins de pertinence : s'il existe quelques */e/* distinct de */ə/*, ils sont de toute façon inscrit +e. Bien plus important est de savoir quelles sont les sorties phonématiques du °e et comment elles sont inscrites aujourd'hui.

4.1.3.1. La représentation /e/

A la vue du nombre important de mots qui se terminent en français par un +e qui ne se prononce pas, on serait tenté de penser que la représentation en finale du °e est bien le « e muet ». Mais ce serait méconnaître ce qui a été dit du +e de soutien graphique et du °E : on peut assurer sans trop d'audace que tout « e muet » final relève d'un de ces deux phénomènes.

Dès lors, c'est /e/ qui est la sortie phonématique d'un °e final : *dé, clé, pré, blé*, etc. Si on relie °E à °e, on joindra tous les participes passés en –é : *fermé, entré, arrivé*, etc.

Un °e est également représenté par /e/ devant un °r final tronqué : *danger, boucher, entier, pommier*. Là encore, si l'on admet l'équivalence de °E et de °e, on traitera de la même manière tous les verbes à l'infinitif : *marcher, entrer, porter*.

Ceci donne deux inscriptions, +é (*pré, entré*) et +e (*épicier, marcher*). La prédictibilité sur l'inscription est en fait soumise à une reconnaissance par l'usager de la catégorie grammaticale en cause. Dire que « on écrit +e et non +é devant un +r final » ne suffit pas, puisqu'il est nécessaire souvent de déterminer par la grammaire la présence ou l'absence du °r final tronqué. Les enseignants le savent, qui consacrent des heures de travail à affermir l'écriture respective d'un infinitif ou d'un participe passé pour les verbes en –er.

Notons encore une difficulté de prédictibilité à la lecture. Comme tout °r final ne se tronque pas, un débutant peut avoir des difficultés à énoncer la phonématique correcte de *se fier* et *être fier*.

L'élément °e a encore de nombreuses représentations /e/. Lorsqu'elles sont communes à tous les francophones, elles ne posent pas de problème d'inscription. C'est toujours +é qui marque cette sortie phonématique : *cinéma, cérébral, résistance, décision, fréquence*, etc.

Ce qui fait difficulté, par contre, c'est que des sorties phonématiques de °e sont atteintes par les variations dialectales. La sortie /ə/ (ou nulle) y échappant, c'est toujours entre /e/ et /ɛ/ que jouent les variantes. Pour cette raison, il en sera traité à la représentation /ɛ/.

4.1.3.2. La représentation /ə/

Une fois écartés les +e de soutien graphique (*livre, gage*) et les °E (*je mange, tu manges, tu mangeras*), il reste encore un nombre important de « e caducs » dans la langue et l'écriture : *redire, déceler, recevoir, médecin*. Constatons simplement le fait que l'inscription est uniformément +e, ce qui n'est pas encore assurer pour autant la prédictibilité, dans la mesure où le /ə/ a de nombreuses variantes à sortie phonématique nulle, la voyelle disparaissant entièrement. On y reviendra un peu plus loin, dans l'examen général qui sera fait des prédictibilités graphiques sur le °e.

4.1.3.3. La représentation /ɛ/.

Pour établir la réalité d'une figuration /ɛ/ de l'élément structurel °e, il est nécessaire de faire appel à des variations dialectales.

L'élément °e figure comme /ɛ/ pour l'ensemble des locuteurs lorsqu'il précède une consonne finale structurelle non séparée de lui par une césure morphologique, et à condition que cette finale ait une représentation phonématique : *sec, bref, cep, bec, chef, avec*, etc. Il faut bien noter qu'un +e de soutien graphique (voir 4.1.1) ne doit pas être pris en compte ; la consonne est finale dans *bègue, règne, peigne, solfège, chèque* malgré l'habillage graphique. Lorsque la consonne finale structurelle est tronquée, les locuteurs se partagent en deux groupes. Le premier groupe traite le °e comme s'il était une vraie finale, et prononce /e/. L'autre partie des locuteurs maintient /ɛ/, en référence à la position de cette voyelle dans la structure plus abstraite. Pour juger des deux traitements, il faut examiner la prononciation choisie dans des mots comme *concret, près, très, replet, après, filet, brevet,* etc. (et l'accent grave ne doit pas troubler les locuteurs sur *près, très, après* ; cette marque graphique rend compte du dialecte qui a ici des /ɛ/, elle n'empêche pas l'autre groupe de prononcer régulièrement /e/). Une consonne finale après césure morphologique ne provoque pas, par contre, l'ouverture de °e en /ɛ/. Ceci se vérifie bien avec la marque °s des pluriels : *un pré, des pré-s, un dé, des dé-s, une amitié, des amitié-s.* Le cas des déterminants comme *les, mes, tes, ces, ses* est susceptible d'analyses dialectales différentes. Dans certains dialectes, le °s est traité comme faisant partir du thème, et la prononciation /ɛ/ est maintenue ; dans d'autres, il est traité comme marque du pluriel séparable ; ailleurs encore, la représentation phonématique y est soumise à des règles d'harmonisation vocalique, et produit /e/ ou /ɛ/ selon l'entourage phonique.

L'élément °e figure également comme /ɛ/ lorsqu'il est suivi d'une consonne, ou d'une séquence de consonne + sonorante, suivie à son tour de °E (voir 4.1.2.). Ce °E peut être celui du féminin ou des verbes dits « à l'infinitif –er ».

Exemples au verbe : il sème, il jette, il pèle, il sèmera, il jettera, il pèlera, il tète, il complète, il sèvre, il aère, il délègue.

La plupart des grammairiens paraissent ici d'accord pour estimer que les verbes à alternance /e ~ɛ/ (déléguer, je délègue), ne font pas exception à cette règle phonique au futur. L'ensemble des locuteurs prononce bien *il délèguera* et non *il déléguerai.*

Quel que soit le jugement phonologique que l'on porte sur le +e qui suit une séquence consonne +sonorante dans des mots masculins (voir 4.1.1.), il se comporte ici comme un °E : *le lièvre, le siècle, il est célèbre, le zèbre.*

L'élément °e figure encore comme /ɛ/ chaque fois qu'il est suivi d'une séquence de deux consonnes, autre que « non sonorante + sonorante » (bl, br, dr, gl, gr, pl, pr, tr, cl, cr, fl, fr sont donc exclus) : *esprit, esclave, respect, rectitude, flexion, correction, prestation, réceptif, exécuter, hebdomadaire,* etc. Comme exemples avec deux sonorantes : *merle, perle, berner, fermer.*

La règle vaut quelle que soit la position de la séquence consonantique dans le mot. Si elle est finale, comme dans *correct,* on peut estimer qu'elle coïncide en partie avec la règle énoncée en 1. La position peut aussi être devant °E : *correcte, abjecte.*

Enfin, mais pour une partie des locuteurs seulement, °e figure toujours comme /ɛ/ devant des consonnes simples (ou suivies d'une sonorante) à certains mots. Ceci demande un examen plus approfondi, dont nous prendrons les illustrations à la flexion verbale.

On prendra les trois verbes *dépecer, léser,* et *cesser.* Tout le monde tombe d'accord (et c'est le point 2 ci-dessus) que ces trois verbes attestent un /ɛ/ dans *je dépèce, je lèse, je cesse.* Mais une des réalisations dialectales donne au contraste entre l'infinitif et l'indicatif présent singulier l'expression suivante :

Type 1 : dépecer, je dépèce (ə/ɛ)

Type 2 : léser, je lèse (e/ɛ)

Type 3 : cesser, je cesse (ɛ/ɛ)

On peut estimer que les locuteurs qui ont ce système présentent le faisceau maximal d'oppositions dans la phonématique du °e. S'ils constituent un sous-groupe relativement important de francophones, les dictionnaires comme les phonologues nous révèlent cependant qu'ils sont en concurrence avec tous ceux qui traitent de la même manière *léser* et *cesser*, en donnant un /e/ aussi bien au second verbe qu'au premier.

Le système nominal présente cependant une particularité qu'on aurait tort de négliger, au moins tant qu'un parler standardisé ne s'impose pas contre lui. Il permet en effet d'inférer ceci : si un °e se manifeste comme /ɛ/ devant certaines consonnes simples phonématiques, c'est que la consonne simple est structurellement double.

La consonne la plus souvent impliquée dans ce processus est le °s. On peut énoncer, sans crainte de se tromper, que c'est parce qu'il y a double °s que le °e se manifeste /e/ dans des verbes comme *blesser, cesser, presser, tresser, fesser, dresser.* L'écriture ne fait là que retranscrire la réalité du niveau structurel de la phonologie du français.

D'autres consonnes peuvent être l'objet d'une analyse identique. Prenons ensemble *lettre* et *mètre.* Dans ce contexte, il est normal que les deux radicaux présentent /e/ : le °e se trouve devant une séquence °C-sonorante-E (toujours le point 2). En faisant varier le radical dans d'autres contextes, on obtient, d'une part, *métrage, métrique, métronome*, avec /e/, qui s'est substitué au /ɛ/. Mais d'autre part, nous avons : *lettré, lettrisme, lettrine.* Le /ɛ/ reste ferme, et s'il le reste, c'est qu'il est suivi, non de °tr, mais de °ttr. Au niveau structurel, il n'y a qu'un °t dans *mètre*, mais une séquence de deux °t dans *lettre.*

Avec une nuance, la même analyse s'applique encore à nombre de mots qui, dans notre graphie, portent un accent circonflexe sur le +e : *fêter, prêter, fêler, bêler, mêler* sont des verbes qui renvoient à des séquences structurelles où, après le °e, se trouvent deux consonnes. Ceci peut être directement admis par les alternances dans *prêter, prestation,* et *fêter, festivité*, qui dévoilent un °s sous-jacent, et on peut le poser par proportionnalité dans *fêler, bêler,* ou *mêler.*

4.1.4. Les prédictibilités sur l'inscription de °e

L'analyse phonologique qui précède donne, pensons-nous, des éléments qui permettent d'ordonner quelque peu les problèmes que pose dans l'écriture l'inscription d'un /ə/, d'un /e/ ou d'un /ɛ/ . Rappelons cependant qu'il a fallu faire appel à des différences dialectales, ce qui ne facilite pas le jugement à porter sur l'écriture aujourd'hui imposée. Tous les locuteurs ne se trouvent pas sur pied d'égalité quant à sa recevabilité dans tel ou tel cas. Et ils ne seraient pas plus sur la même ligne de départ, au cas où des tolérances nouvelles seraient accordées. Ainsi, si une circulaire française de 1977 permet d'écrire *évèque* ou *félure*, elle heurte nécessairement tous les locuteurs pour lesquels, dans ces mots, il y a un /ɛ/ ferme, non alternant. Pour eux, par les conventions générales d'écriture, *évèque* doit renvoyer à *évéché*, ce qui n'est pas le cas, et *félure* n'est même pas admissible, puisqu'ils prononcent *fêlure*.

En outre, notre analyse a pris son départ au niveau structurel de la phonologie, et sur un élément précis, le °e. Dans la sortie phonématique, rien ne permet d'affirmer qu'un autre élément structurel n'aura pas une figuration identique quelque part à celle d'un °e. Et c'est le cas, puisque beaucoup de mots qui présentent +ai s'énoncent avec un /ɛ/, et qu'on peut montrer, pour certains au moins de ces mots, que le /ɛ/ ne renvoie pas là à °e, mais se trouve être un représentant de °a : *braise, brasier, clair, clarté, chair, charnel*, etc.

Ainsi, les prédictibilités sont soumises, d'une part à ce faisceau de réalités phoniques (niveau phonématique et niveau structurel, phonologie dialectalisée) qui la conditionnent ou la relativisent, et d'autre part, à la plus ou moins grande cohérence avec laquelle notre écriture reçue se réfère à ces soubassements.

4.1.4.1. L'inscription de /∂/

Lorsqu'on la considère isolément, c'est celle qui paraît poser le moins de problèmes. Qu'il s'agisse d'un /∂/ ou de sa variante « muette», l'inscription est toujours +e : *devant, déceler, redire, crevette, bretelle*, etc..

Cette fermeté d'inscription n'implique pas, malheureusement, que la prédictibilité en soit absolue. Est en cause, ici, le fait que le /∂/ subit aujourd'hui de nombreuses règles d'effacement total dans le discours familier (et même au-delà du familier). L'apprenant peut se guider sur la prononciation soutenue, et en partie sur les structures séquentielles admises par la langue française pour assurer peu à peu ses inscriptions. L'enfant écrit d'ordinaire assez vite *nous achetons*, plutôt que *nous achtons*, probablement par un processus mental où jouent des considérations diverses : inexistence d'une séquence cht- à l'initiale des mots français, rareté de la même séquence ailleurs, vérification que *nous achtons* alterne avec *j'achète*, qui dévoile un °e, etc. Mais celui qui possède dans son vocabulaire *acteur, pacte, octave*, *docteur* pourrait hésiter à inscrire *locteux* ou *loqueteux* (voir d'ailleurs, dans les romans policiers, les deux graphies *locdu* et *loquedu* ; voir également *pacson*), les suites /kC/ n'étant pas des séquences étranges dans la langue.

Nous nous trouvons d'évidence devant une situation où discours soutenu et discours familier sont en vive concurrence, au point que même les tenants d'une écriture « à sortie phonématique » n'auraient pas ici la partie belle, sommés qu'ils seraient de faire leur choix entre ce discours relevé, déjà marqué de diachronie pour certains mots, et un discours familier, triomphant à l'oral, mais que beaucoup d'usagers n'accepteraient pas facilement à l'écrit.

4.1.4.2. L'inscription de /e/

L'impact dialectal se fait sentir sur ce point. Si des locuteurs ont *cesser, prêter, seller*, etc., avec un /e/ dans la première syllabe, ils se trouvent face à trois inscriptions différentes, au moins, pour la seule sortie phonématique qui est la leur. Un +e ou un +ê, comme dans les verbes qui viennent d'être cités, et un +é dans *désordre, récidive, prévenir, blé, compétent.* Choisir l'inscription exacte, voulue par l'écriture reçue, est devenu pour eux une opération fortement aléatoire.

Par contre, les locuteurs qui maintiennent un /ε/ ferme chaque fois que °e se trouve devant une séquence ouvrante de deux consonnes – même lorsque la séquence a une sortie phonématique simple – savent au moins qu'ils doivent écrire +é lorsque leur prononciation n'est pas /ε/ : *sécurité, fébrile, libérer, crédule, clé,..*Ceci , à une exception près, que nous verrons plus bas. Enfin, tous les usagers du français se trouvent sur le même pied, prononçant tous un /e/ sauf erreur, face à la deuxième personne du verbe au pluriel (*vous entrez, vous partirez*) et à quelques mots à finale –z (*chez, rez-de-chaussée*). Ce point sera traité au verbe (chapitre 7).

4.1.4.3. L'inscription de /ε/

C'est la plus difficile, un peu pour tout le monde, mais pas toujours aux mêmes titres. Rappelons d'abord qu'il existe quatre inscriptions différentes d'un °e sortant comme /ε/ : +e, +è, +ê et +ei, et que /ε/ peut aussi valoir pour un °a latéralisé.

Une zone de prédictibilité se dégage d'emblée, probablement pour tous les locuteurs. Celle où °e est suivie de deux consonnes ouvrantes, elles-mêmes figurant clairement au niveau phonématique. L'inscription en est +e : *escalade, peste, rester, resquille, perle, hectare, reptile, cercle, serpe, ethnique, hebdomadaire, quelques,* etc. La convention d'inscription par le seul +e, alors que la prononciation est /ε/ et que +e, comme écrit plus haut, sert d'abord à marquer un /ə/, peut être troublante pour l'enfant comme pour l'apprenant étranger, dans la première familiarisation avec l'écriture, mais il y a distribution complémentaire - +e désigne /ə/ devant une consonne unique (ou suivie de sonorante) mais /ɛ/ devant une séquence de deux consonnes - et ceci rend possibles les prédictibilités tant d'inscription que de lecture.

Une autre zone n'offre pas de sécurité complète, mais présente néanmoins une certaine solidité. Il s'agit de celle du °e devant une consonne finale phonématique, avec ou sans +e de soutien graphique : *sec, bref, bel, bègue, règne, solfège*. La double règle d'inscription est la suivante : +e devant consonne, mais +è s'il y a ensuite un +e de soutien graphique. Le problème se trouve du côté du +e postiche, car il n'est pas entièrement prédictible – c'est ce qui distingue *sec* de *chèque* (voir 4.1.1.), de sorte que l'usager doit savoir d'abord qu'il écrit son mot avec cet +e postiche, pour ensuite décider qu'il doit aussi écrire +è dans la syllabe précédente : *métèque* s'écrit avec un accent grave après qu'on ait décidé de ne pas écrire *métec* comme *mec*.

Pour mémoire, il faut encore noter que, dans cette position, le jeu des prédictibilités est aussi troublé par les quelques mots dont on traite ailleurs (4.2.2.) et qui comportent une suite +ei (*beige, treize*) totalement imprédictible.

Les vraies difficultés commencent avec le /ɛ/ provoqué par la présence à l'arrière d'un °E. Il semble n'y avoir pas de variations dialectales d'ordre phonique : tous les usagers ont là un /ɛ/. Mais, pour certains, il s'agit d'un /ɛ/ toujours contextuel, toujours susceptible d'être remplacé par un /e/ : *lèpre,* mais *lépreuse*, comme aussi *il mêle* mais *mêler* (graphie : *mêler*). Ces locuteurs ne peuvent prédire pour quels mots ils mettront un accent grave et pour quels autres mots ils adopteront l'accent circonflexe. Seuls ceux qui distinguent un /ɛ/ ferme (et qui, souvent, disposent en outre d'une opposition entre voyelle brève et voyelle longue) répartiront au mieux l'accent grave (marque d'un /ɛ/ alternant avec /e/ : *lèpre* et *lépreuse*) et l'accent circonflexe (marque du /ɛ/ ferme : *il mêle* et *mêler*.)

Ce n'est pas la seule hésitation qui puisse se produire dans ce contexte, car trois complications surgissent :

Ou bien l'unité en question est réellement un °e, mais qui alterne avec /ə/, et alors - vieux problème de la graphie du français - apparaissent tous les mots pour lesquels cette position devant °E provoqué le « redoublement graphique par analogie » (voir 5.8.) qui atteint la consonne suivante (*appeler, j'appelle*, par analogie avec *seller, je selle*) et ceux pour lesquels cette analogie n'a pas été appliquée (*geler, je gèle* malgré *seller, je selle*). Dans le premier cas, on marque +e, dans le second on inscrit +è...mais il n'existe aucune règle pour répartir les mots entre les deux ensembles.

Ou bien l'unité est encore °e, mais il n'y a pas de possibilité d'assurer si la consonne qui suit est redoublée, ou s'il s'agit d'un autre aboutissement. L'alternative peut être illustrée par les deux verbes *seller* et *mêler*. Graphiquement, l'un renvoie a une structure comprenant un °l redoublé (*seller*) et l'autre à une structure °Cl (*mêler*) ; mais la graphie n'est plus que diachronique, car rien aujourd'hui ne permet de distinguer les deux structures, en tout cas pour tous les locuteurs qui ne mettent pas un /ɛ/ long à *mêler*. Entre *je sêle, je selle, je melle, je mêle*, l'apprenant n'a aucun critère à sa disposition pour trancher.

Ou enfin, il ne s'agit pas d'un °e, mais d'un °a latéralisé vers l'avant, et l'apprenant se trouve devant *graisse* (*gras, grassement*) face à *tresse*, ou *baisser* (*bas, bassement*) face à *blesser*. Une minorité d'usagers jouit ici d'une phonologie où la voyelle longue lui permet de trancher pour +ai ; tous les autres doivent prouver l'alternance avec /a/ pour lever le dilemme – comme il est possible de le faire avec *graisse* et *gras* – mais les paragraphes consacrés au °a antériorisé (4.2.2.) montrent que les +ai actuels sont plus souvent des fantômes venus de la diachronie qu'une marque d'alternance repérable dans le français contemporain.

Le deuxième lieu de difficultés est celui où les locuteurs se séparent sur le traitement à accorder à des consonnes structurelles tronquées en sortie phonématique.

A la finale, les personnes qui ont un /e/ dans *concret, près, très, filet*, etc., ont comme unique recours de faire alterner des thèmes pour essayer de faire surgir la consonne finale latente, et ainsi ne pas inscrire un +é, malgré leur prononciation. Ils doivent invoquer *concrète* pour *concret*, *très actuel* (avec une liaison) pour *très*, *filletage* pour *filet*. Ceux qui ont un /ɛ/ ont le même recours, mais en plus, ils peuvent savoir ou sentir que, s'ils prononcent /ɛ/, c'est qu'il y a une consonne finale latente. Et tout le monde a encore à choisir entre +è (*près*) et +e (*complet*)…ce qui se tranche au prix d'une règle :

« On inscrit +é devant un °s latent (*près, presque*) et on inscrit +e devant toute autre consonne latente (*mes, mes avions* /mezajɑ̃/ (avec une liaison)) .» C'est évidemment une écriture morphophonologique, et qui ne supprime pas, de surcroît, la concurrence devant consonne finale d'un +ai (*mais, jais, méfait, laid*) ou d'un +ê dû au /ɛ/ ferme (*prêt, forêt*).

On peut donc résumer ainsi : dans cette zone, même avec des recours à toute opération qui ferait surgir des éléments structurels sous-jacents à la phonématique, l'aléatoire domine.

Hors de la finale, les mêmes problèmes sont posés. Parce qu'il existe aussi deux pratiques dialectales, l'une caractérisée par le maintien du /ɛ/ ferme devant une séquence de deux consonnes latentes (*cesser, seller, ferrer, mêler, prêter*) et l'autre par son abandon au profit du /e/ dans cette position.

Ceux qui n'ont plus le /ɛ/ ferme sont tentés d'écrire *séler* (*seller*) comme *héler, férer* (*ferrer*) comme *deférer, préter* (*prêter*) comme *compléter*. Ou alors, ils doivent confronter *prêter* à *prestation, arrêter* à *arrestation* pour déceler le °st latent et rétablir l'accent circonflexe. Quant aux verbes dont la consonne radicale finale est /s/, comme *cesser, fesser, dresser*, on aimerait dire que ces locuteurs doivent sentir que s'ils prononcent /s/ à l'intervocalique, c'est bien +ss qu'il leur faut écrire ; c'est hélas faux, car on pourrait tout aussi bien avoir *cécer, fécer* et *drécer* comme *rapiécer* !

Les membres du dialecte qui maintient le /ɛ/ ferme n'auront eux aucune difficulté à écrire *cesser, fesser, dresser*, le /ɛ/ étant précisément gage que ce qui suit est °ss (sinon *rapiécer* et *dépecer*) ; par contre, leur choix n'est pas guidé entre *seller* et *mêler*, comme indiqué plus haut.

Ils se trouveront, en outre, devant des difficultés produites par le manque de fermeté des auteurs successifs de notre écriture. Il apparaît, en effet, que des verbes à finale –ch ont été indûment alignés à l'écrit (parce que +ch n'est pas une « consonne double » ?) sur ceux qui une vraie alternance /e/~/ɛ/. Les locuteurs qui ont un /ɛ/ ferme prononcent le plus souvent –s'ils ne sont pas trop influencés par l'écrit – *sécher, lécher, pécher, flécher, ébrécher, émécher* avec un /ɛ/, contrairement à l'indication graphique. Que plusieurs de ces verbes aient eu °kk en latin montre une persistance très longue de l'influence de la phonologie sous-jacente ; si ce n'est pas là le propos, il reste qu'aujourd'hui, ces locuteurs ne comprennent pas pourquoi ils doivent écrire *sécher*, mais *bêcher*.

Il vient d'être fait allusion à un manque de fermeté dans les principes. Ce n'est pas le seul que l'on doive dénoncer. Un tour complet des dictionnaires serait nécessaire pour mettre le doigt sur les incohérences, les unes sérielles, les autres ponctuelles, qui atteignent les inscriptions de °e ou du °E.

Si l'on commence par le ponctuel, constatons que nous devons écrire *fêler* et *fêlure*, mais *mêler* et *mélange* ; que nous sommes invités à distinguer *règlement* de *réglementation*. Des linguistes nous suggèrent que dans *réglementation*, le °e étant plus éloigné de la syllabe accentuée finale, il cède au /e/. C'est un avis, mais il est contraire à la pratique de ceux qui maintiennent toujours /ɛ/ devant le °E, et c'est le cas ici (°regl-E-ment-at-ion). L'argument ne vaut pas pour *fêlure* et *mélange*, qui ont grosso-modo la même masse phonique.

Si l'on continue par le sériel, on voit que des choix clairs auraient pu être faits. Ils auraient réduit le nombre d'aléas qui nous sont présentés actuellement. Un premier exemple se situe dans la zone d'apparition du °E. Les substantifs en –ment reprennent-ils ou non le °E qui se trouve dans les verbes à °-E-r ? Si l'on estime que oui, il faut l'inscrire ; si l'on pense le contraire[5], il faut le supprimer. Mais on ne peut pas avoir à la fois *dénouer, dénouement* et *châtier, châtiment*.

Le deuxième exemple a trait à l'action de ce même °E sur un °e antécédent. On a dit qu'il lui donnait une sortie phonématique /ɛ/, et que le +e de soutien graphique avait le même effet. On peut en discuter, et invoquer - comme il a été relevé plus haut - un certain éloignement de °e par rapport à la syllabe accentuée pour préférer un /e/. Mais ce qu'on ne peut pas faire sans rompre toute prédictibilité, c'est aboutir à la

---

[5] Toujours le dialectal ! cette seconde décision irait à l'encontre de la prononciation nordique, qui réalise la voyelle sous forme d'un allongement de la voyelle précédente : dénouwment, ou dénou :ment.

situation que nous connaissons, à savoir que, à gauche, on présente un tableau avec *achèvement, affrètement, avènement*, et, à droite, un autre avec *allégement, hébétement, événement*.

On veut bien qu'à un moment donné de notre construction graphique il ait été décidé qu'un verbe à alternance /e/~/ɛ/ aurait son substantif à –ment en +é : *alléger, allégement*, tandis qu'un verbe à alternance /ə/ ~/ɛ/ prendrait un +è : *achever, achèvement*. Cela paraît aller contre l'évidence phonématique de la grande majorité des locuteurs, exactement comme au futur, où l'on a fait inscrire *je pénétrerai* (/e/~/ɛ/ au radical) mais *je mènerai* (/ə/~/ɛ/ au radical). Si on le voulait ainsi, il fallait s'y tenir, et regrouper cette instruction graphique très curieuse avec celle, similaire, du futur. Mais *affrètement*, qui vient de *affréter* (Petit Larousse, 1980) montre que les dictionnaires commencent à lâcher les mots un à un, en direction du +è, ce qui est la plus mauvaise manière de rétablir des prédictibilités.

4.2. L'inscription des alternances vocaliques

4.2.1. Remarques préliminaires

Il y a alternance vocalique lorsqu'un morphème présente dans un contexte une voyelle 1 et dans un autre contexte une voyelle 2. Du moins est-ce la situation la plus simple, qui peut être illustrée en français par les couples sel/saline ou mer/marine. L'alternance, qui est phonologique, doit être distinguée d'une variation contextuelle qui ne transformerait pas une voyelle en une autre. Dans le mot *lui*, le /y/ se consonantise en [ɥ], parce qu'il est devant une autre voyelle radicale, mais cette variation n'est pas du même ordre que celle qu'atteste mer/marine. D'innombrables /e/ et de /a/ se trouvent dans toutes sortes de contextes phoniques où ils ne doivent rien l'un à l'autre, tandis que [ɥ] n'est jamais que le /y/ devant une voyelle.

Une écriture phonématique ne tient pas compte de l'alternance. Elle ne s'efforce pas de retracer le lien existant entre /mer/ et /mar-/. Puisque /e/ est un phonème, la lettre qui l'inscrit est +e, puisque /a/ est un phonème, il sera inscrit +a. Dans ce sens, les inscriptions mer/marine et sel/saline sont très proches des principes d'une écriture phonématique. Mais ce dont il faut rendre compte, c'est que dans le cadre des conventions générales du français écrit, elles constituent de ce fait une exception. Car, sans qu'on puisse vraiment parler d'un ensemble de règles, il est certain que l'écriture reçue cherche à inscrire la réalité d'une alternance.

Non seulement le rappel du radical de base (de la voyelle de base) est recherché, mais il existe un principe assez clair de marquage, qui passe souvent inaperçu des auteurs comme des enseignants.

Contrairement à une démarche suivie dans d'autres chapitres de cette étude, et qui va du phonologique à l'écrit, nous proposons donc ici l'examen de quelques groupes graphiques.

4.2.2. Le principe de marquage de l'alternance vocalique

Tableau 1 :

A	u	u	u
B	au	eu	ou
C	eau	oeu	

Au rang A, on peut considérer le +u comme un formatif, par rapport aux séquences des autres rangs, qui se bâtissent toutes en le prenant comme élément de droite. Il est formatif, parce que, dans ces séquences, il n'assurera jamais le phonème /y/ qu'il représente en tant qu'unité dans l'écriture du français : *pus, vu, brute,* etc.

Au rang B, les séquences définissent à la fois :

un phonème de surface : +au vaut pour /ɔ/ (au moins dans une phonologie maximale de la langue) ; +eu vaut pour /oe ~ ф/ ; et +ou inscrit /u/.

et par leur lettre de gauche, un possible marquage d'alternance. Le principe de marquage, qu'on retrouvera au rang C, est que la lettre la plus à gauche renvoie à la voyelle de base de l'alternance.

Il y a cependant plus que des nuances à apporter, sur la réalité d'un marquage, et ceci selon les séquences :

le +a de +au indique, en effet, très souvent que « c'est /o/ vient comme alternant d'un /a/ ». Des repères nombreux peuvent en être trouvés dans les pluriels alternants : cheval > chevaux, animal > animaux, amical > amicaux, travail > travaux. En dérivation, plus ou moins d'origine ou « refaite » par la réinjection de mots latins, on trouve des attestations comme : falsifier > fausse, clacaire > chaux, chaleur > chaud. En flexion, on relève : valoir > vaut, falloir > faut. La phonologie fera remarquer que ce qui se transforme ainsi en /o/ n'est pas /a/, mais /al/, tous les exemples ci-dessus le confirment. Mais pour notre propos d'étude de l'écriture, la marque de provenance a porté sur le /a/ et non sur la suite /al/. Il eût pu en être autrement, comme l'atteste encore un des pluriel admis de ail, qui est aulx, avec un +l non prononcé. Ou encore comme aulne, admis à côté de aune. Le groupe +au est donc celui où la valeur de marquage de l'alternance par la lettre de gauche, le +a est la plus facile à relever. Nous n'examinerons pas encore ici le degré de prédictibilité que ceci confère à la graphie +au.

Le +o de +ou peut dire à l'occasion que « cet /u/ vient comme alternant d'un /o/ » : folle > fou, molle > mou[6]. Mais le nombre de +ou qu'on peut ainsi relier à un °o reste limité.

[6] Profitons-on pour faire une remarque sur la valeur synchronique des alternances dans la langue. Plusieurs linguistes ont tendance à les traiter comme des résidus historiques inanalysables. Mais, lorsque M.G.Pompidou était président de la République française, les chroniqueurs ne furent pas longs à créer l'adjectif « pompidolien », qui montre bien que l'alternance ol/ou reste disponible hic et nunc.

Le +e de +eu n'a pour ainsi dire jamais valeur de marquage d'un °e transformé contextuellement. A peine peut-on repérer : chevelure > cheveu. En fait, le statut de +eu est assez différent de celui des deux autres groupes, +au et +ou. Beaucoup de mots qui contiennent +eu ont bien des alternances (neuf > nouveau ; saveur > savoureux ; liqueur > liquoreux), mais le +e n'est pas là pour les marquer. On peut probablement mieux comprendre la formation +eu, si l'on part du +u ayant déjà valeur de /y/, et où l'adjonction de +e (toujours à gauche, néanmoins) signifie : « un son qui est une voyelle d'avant labialisée, comme celle inscrite par +u, mais au même degré d'ouverture qu'un /e/ ». Un peu comme ceci :

	avant étiré	avant labialisé
fermé	+i	+u
mi-ouvert	+e	+eu

Au rang C, les séquences sont formées en ajoutant encore un élément à gauche et ce, sans changer la valeur phonématique du groupe. En effet, +eau = au, +oeu = eu. A ce rang, l'intention de marquer l'alternance, par le rappel de la voyelle de base, est tout à fait claire :

+eau signifie : « un /o/ transcrit par +au, en y ajoutant l'alternant de base qui est un /e/ » : belle > beau, nouvelle > nouveau, marteler > marteau, chapelier > chapeau, chamelle > chameau, escabelle > escabeau.

+oeu signifie : « un /œ / transcrit par +eu, en y ajoutant l'alternant de base qui est un /o/ » : bovin > bœuf, ovale > œuf, cordial > cœur.

Tableau II

A	i-N
B	iN
C	eiN aiN

Par rapport au précédent, ce tableau présente des similitudes et des spécificités. Au rang A, il s'agit d'une séquence et non d'un élément simple. Dans cette séquence, +i possède sa valeur habituelle de représenter le phonème /i/ ; +N indique n'importe quelle nasale. De sorte que cette suite de symboles recouvre uniformément ce qui apparaît dans des mots aussi divers que *finir, inerte, rime, immobile, ignifuge, vigne.* On est bien d'accord que +i a partout dans ces mots valeur de /i/, et qu'il est suivi d'une nasale, malgré l'apparence graphique de +gn, sous laquelle un lecteur attentif reconnaît bien la nasale palatale.

Il faut maintenant introduire une particularité phonologique : une séquence °i-N ne peut être représentée par /i-N/ que devant une voyelle ou une seconde nasale. Dans les autres contextes, c'est-à-dire en finale ou devant une consonne, une séquence °i-N est représentée par /e-N/.

Devant voyelle (y compris °E) ou seconde nasale. Représentation directe	Devant consonne ou en finale. Représentation /e-N/
fin-al	fin
im-médiat	im-posssible
bénign-e	bénin

Il résulte de ceci que, vu la graphie retenue par l'écriture du français, le +i dans une séquence à nasale renvoie normalement à °i dans certains contextes (avant voyelle ou seconde nasale) mais est formatif d'une séquence +in - qui ne contient pas de /i/ dans d'autres contextes (en finale et devant consonne).

Il en est exactement de même pour une séquence +u-N : brun-e mais brun, parfumer mais parfum. Dans ce dernier cas, selon les dialectes, +u est formatif devant +N, soit de /œN/, soit de /eN/. C'est en tout cas une situation assez particulière à la phonologie de la langue française, que ce « relèvement » d'une voyelle fermée devant nasale dans certains contextes. Et c'est aussi une situation où l'on vérifie clairement que l'écriture a préféré garder l'inscription de base de tout contexte, plutôt que de donner des radicaux une vision graphique différente, en fonction de la phonologie de surface.

Au rang B du tableau II, +iN est simplement repris comme la séquence graphique minimale valant pour /eN/. Mais dans ce groupe, le +i indique déjà : « voici un /eN/ qui vient d'un °i-N », ce qui se vérifie dans fine > fin, crinière > crin, maligne > malin, cheminer > chemin, et tant d'autres attestations de cette alternance.

Au rang C, +ein et +ain comportent une inscription supplémentaire à gauche. Comme dans les éléments du Tableau I, cette inscription renvoie clairement à une alternance, le groupe +ein renseigne : « voici un /eN/, inscrit comme +in, en y ajoutant l'alternant de base /e/ ». Ce qui se vérifie dans : refréner > frein, sérénité > serein. Encore une fois, nous ne donnons aucun indice de prédictibilité sur les mots ainsi inscrits. Nous nous contentons de retracer le mécanisme logique qui préside à ce type d'inscription.

Quant au +ain, il signifie, et on pouvait s'y attendre : « voici une séquence /eN/, inscrite par le groupe +in, mais précédé d'un +a qui marque l'alternant de base /a/ ». Ce qui est contrôlable dans : gagner > gain, santé > sain, panifier > pain, etc.

Une des inscriptions demande cependant une analyse plus approfondie. Il s'agit de +ein, et la question à poser est la suivante : « Pourquoi, puisque de toute façon la séquence structurelle est °eN, ne s'est-on pas contenté d'inscrire +en ? ». On sait, et ce point a été abordé ailleurs, qu'une séquence *en venue du latin a fusionné avec une séquence *an, les deux produisant /an/ : sentir, mentir, entrer, chanter, brandir, danser. Cette fusion n'est pas complète, elle est localisée à un contexte pré-consonantique, ainsi qu'on peut le voir dans les exemples ci-dessus. Dès lors, au prix d'une règle de lecture contextuelle, on aurait apparemment pu sauver l'inscription +en en finale ; refréner > fren ; sérénité > seren (remarquons que la lecture a d'ailleurs lieu dans des mots comme *examen*).

Nous proposons la démarche que voici :

l'inscription +en a bel et bien été « sauvée » dans un cas. C'est lorsque la séquence /en/ est elle-même précédée de voyelle ou /e/ : lien, mien, tien, sien, chien, bien, ancien, lycéen, européen. Il s'agit là, et pour cette raison, d'une séquence prédictible, bien que par une série d'instructions qui rendent la prédiction plutôt complexe.

Si nous introduisons la phonologie de la flexion, il faut affiner les règles phonologiques qui nous ont servi dans ces paragraphes. Par exemple, un °s de pluriel est sans influence sur une finale de singulier /eN/. Il ne la transforme pas en /aN/. Il en résulte que, si l'on avait accepté d'écrire sein comme +sen (examen), le pluriel aurait été *les sens*. C'était une confusion de lecture que l'on pouvait difficilement se permettre. La flexion verbale introduit des complications semblables. On peut admettre que nous peignons, nous teignons auraient pu s'écrire nous pègnons, nous tègnons. Mais si l'on passe au singulier, du fait que +gn y cède la place à +n, était-il sage d'accepter je pens, je tens (je peins, je teins), qui auraient produit une ambiguïté de lecture avec je mens, je sens ? Ainsi, tout portait à prendre comme base le +iN, et à y adjoindre un +e, pour rappeler que la provenance en est un °e, non un °i. Nous verrons plus bas jusqu'où la généralisation s'est faite : car on pouvait écrire plein (en finale) tout en rétablissant plène (devant voyelle) et on ne l'a pas fait. Mais, par ailleurs, on trouve bien sérénité face à serein et sereine.

Par contre, et il sera expliqué ci-dessous pourquoi, l'inscription +ein n'a pas à être interprétée comme une simple apparition devant nasale d'un complexe +ei.

Tableau III

A	i
B	ei ai

Malgré les apparences, ce tableau ne présente rien ou presque de la solidité des faits qui caractérisent les tableaux précédents. Reprenons le fil argumentaire qui a servi précédemment, et voyons où il nous conduira.

Au rang A, le +i est un formatif. Il est tel, parce que, comme constituant à droite des groupes du rang B, il n'aura pas sa valeur de renvoi à /i/.

Au rang B se trouvent à égalité +ei et +ai. Deux lettres les constituent. Examinons +ei. Est-il un constituant minimal pour /ɛ/ ? Non, puisque les constituants minimaux de /ɛ/ sont +e ou +è, selon les cas : espèce. Le +e inscrit à gauche signale-t-il « voici un alternant dont la base est /e/ »? Peut-être, mais alors on n'avait pas besoin du +i. Une inscription +è suffisait.

En fait, il n'existe qu'une réponse. Le +ei est tout simplement un parasite qui s'est introduit dans l'écriture du français, et qu'on pourrait expulser pour la plus grande satisfaction de tous les apprenants.

La séquence est heureusement rare. On repère aux dictionnaires : beige, neige, seiche, seigle, seize, treize. Evidemment, il est toujours possible d'y adjoindre : breitschwang, cheire, eider, épeiche, heiduque, gauleiter, leishmaniose, leitmotiv et reître. Les mots neige, seiche, seigle, seize et treize ont tous été écrits sans +i dans le passé. L'adjectif beige est donné par le Robert comme d'origine inconnue.

Un retour à la graphie ancienne éliminerait totalement la suite +ei, comme unité complexe, des conventions d'écriture du français. Sans inconvénients particuliers pour seiche, seigle, seize, treize et beige, qui n'ont aucun alternant. Le verbe neiger fut jadis néger. Un certain nombre de locuteurs ont, pour ce verbe, un /ɛ/ ferme ; ce sont probablement les mêmes qui ont aussi le /ɛ/ ferme dans les verbes à +ch (sécher, ébrécher, émécher, etc). Pour eux, ce serait une gêne de rétablir néger mais c'est aussi une gêne qu'ils subissent déjà avec les verbes à finale /ʃ/. Le Robert, qui suit là un parler dit standard, note pour sa part un /e/ dans sa transcription en alphabet phonétique.

En attendant, les manuels scolaires continuent imperturbablement de proposer aux enfants de première année primaire « le groupe ei = è » (Ainsi, en Belgique : Leroy F., 1980, *Marc, Nathalie, et leurs amis*, 96-97.) Tout cela pour six mots, dont quatre d'usage courant. Et en produisant un double effet pervers, car quand on fait croire que +ei est un groupe graphématique alors qu'il ne l'est pas. On détourne l'attention du vrai groupe +eiN, à opposer pédagogiquement à +iN et +aiN. On laisse croire à l'enfant que dans la suite +eil (soleil), le +l vaut pour +ll parce qu'il est précédé de +ei, ce qui est totalement faux. C'est le groupe +il(le) qui doit être présenté de manière autonome, puis articulé tour à tour sur +e (soleil, merveille), sur +a (travail, trouvaille), +eu (cerfeuil, feuille), et +ou (fenouil, fouille).

Face à +ei, le groupe +ai a plus de validité. Il est isolable de +aiN, étudié précédemment et le +a a valeur de rappel de l'alternant de base : charnel > chair, clarté > clair, lacté > lait, pacifier > paix, traction > trait, mais surtout toute la série de mots relevant de l'alternance ar/aire : notariat > notaire, vicariat > vicaire, volontariat > volontaire, antiquariat > antiquaire, etc.

Une étude historique approfondie montrerait sans doute que les mots alternant ac/ai qui donnent paix, lait, fait, trait et autres ont dû fonder le groupe +ai, ayant d'abord attesté une diphtongue descendante /a-i/, avant de passer à /ɛ/. Il est, en effet, peu probable que chair, clair ou notaire aient jamais attesté la diphtongue : comme sel (saline) et mer (marine), ils ont dû subir simplement une antériorisation du °a en syllabe finale de surface.

Pour résumer l'ensemble de ces paragraphes, il semble permis d'affirmer qu'il existe bien une convention d'écriture qui renvoie à la forme de base d'une alternance vocalique. Elle peut se rédiger comme suit : « la voyelle alternante de base est marquée par son graphe habituel, et toujours à gauche, soit d'un groupe phoniquement constituant (dans +eau, par exemple) ». Il reste à mesurer quelles prédictibilités cette convention donne à l'écriture des mots qui en relèvent.

4.2.3. La limite des prédictibilités

Pour l'alternance vocalique, comme pour la troncation d'une consonne finale, la prédictibilité dépendra à la fois, de la fermeté des règles d'inscription et de la possibilité synchronique qu'ont les locuteurs de détecter – avec plus ou moins de facilité- la réalité de l'alternance, mot par mot.

Ici, il devient important de reprendre, sous une autre forme, le contenu des tableaux qui nous ont servi pour l'analyse des faits, et de les compléter par d'autres éléments, pour l'essentiel les phonèmes de surface.

A phonèmes	/u/	/œ ~ ø/	(1) /o/, (2) /ɔ/ ~ /o/	/ɛ/	/eN(ɛ~)/
B inscriptions	ou	eu,oeu	o(?)ô (?),au, eau	è,e,ai	in,ein,ain

(1) dialecte où il y a eu fusion totale entre un /o/ fermé et un /ɔ/ ouvert

(2) dialecte où une distinction est maintenue entre /o/ fermé et /ɔ/ ouvert.

Dans la première colonne, le rapport entre /u/ et l'inscription +ou est direct. Il est aussi biunivoque, ce que ne montre pas le tableau (mais a été vu dans le chapitre sur les unités minimales de la langue et leurs inscriptions). La conclusion à tirer est que tout mot comportant /u/ s'inscrit par +ou. Cette conclusion est valable, à de rares exceptions près, comme août et saoul (pour ceux qui maintiennent cette graphie, concurrentielle de soûl). On a indiqué plus haut que la marque de l'alternance se trouve bien dans le +o, qui renvoie éventuellement à un /o/, comme dans fou, folle. Mais pour la prédictibilité de l'écriture, ce fait est sans signifiance : les mots qui ont cette alternance comme ceux qui ne l'ont pas (foule, route, etc....) ont tous la même inscription.

Dans la deuxième colonne, le phonème /œ/ a deux inscriptions, +eu et +oeu. Il n'y a pas de prédictibilité, parce que le marquage de l'alternance, venant de /o/ (tuteur, tutorat) ou de /u/ (nous voulons, il veut ; jouer, jeu) n'est pas systématique. L'histoire de l'inscription de +o à gauche est l'histoire d'une tentative avortée de marquer l'alternance. Il n'en reste que des mots à apprendre de mémoire : œuf, bœuf, sœur, chœur, mœurs, cœur, nœud, vœu, et œil. On peut tenter de convaincre les apprenants que le +o de cœur vient d'une nécessité de préserver la valeur de /k/ pour le +c, mais cette démarche n'est pas vraiment opérante, queur étant plus prédictible.

Faut-il regretter cet échec de marquage ? Il semble que non. D'abord, nous l'avons suggéré, +eu est par lui-même une référence à +ou. Ensuite, le nombre de mots à +eu qui ont un radical de base à /o/ ou à /u/, ou qui attestent les deux (bœuf, bouvier, bovin) est tel que le marquage se serait imposé presque partout, allongeant inutilement la graphie. La solution rigoureuse, aujourd'hui, serait donc du côté de la simplification en +eu des mots relevés ci-dessus, par inscription phonématique.

Dans la troisième colonne, deux situations sont envisagées. Celles, où il y a fusion du /o/ fermé et du /ɔ/ ouvert en phonème unique, mais avec des variantes combinatoires (syllabe ouverte, syllabe fermée), et celle où il y a maintien de deux phonèmes moyens postérieurs, au moins dans certains contextes : dans le nord du domaine, on distingue très habituellement *saut*, avec un /o/ fermé, de *sot*, avec un /ɔ/ ouvert.

Dans le dialecte à phonologie maximale, on peut assurer que les inscriptions +au et +eau marquent toujours un /o/ fermé. D'où l'hypothèse suivante : si +o, par contre, renvoie toujours à un /o/ ouvert, il en résultera que +o est prédictible et que +au et +eau ne se font concurrence qu'entre eux. Si des recours morphophonologiques solides permettent de choisir entre ces derniers, on obtiendrait une prédictibilité très large de l'écriture.

Mais la situation est moins favorable que l'hypothèse ne laisse à penser. L'élément trouble-fête est ici le +ô. Il faudrait une étude exhaustive pour montrer exactement à quoi sert l'accent circonflexe placé sur un +o, et la réponse n'est pas univoque selon les dialectes. Toujours dans le nord du domaine, il correspond, pour les locuteurs, à un signe qu'il faut fermer le +o qui sinon, se prononcerait ouvert. Et ceci, principalement, en syllabe finale, car dans hôpital, il renvoie à un /ɔ/ ouvert. On a donc des mots comme tôt, impôt, prévôt, trône, côte, clôt, etc. qui ne sont pas tous, synchroniquement, reliables à un radical comportant un °s (comme côte, costal), ce qui permettrait de déduire +o à coup sûr.

Le résultat est que, dans ce dialecte, on a une ligne de démarcation entre :

- +ô, +au et +eau, qui se partagent le phonème /o/ fermé (tôt, étau, beau).
- +o, qui assure le /ɔ/ ouvert, avec quelques accidents du genre hôpital ou hôtel.

Dans le second dialecte, la prédictibilité par le niveau phonématique est beaucoup moins assurée, puisque les quatre marquages +o, +ô, +au et +eau sont tous concurrents pour rendre un unique phonème /o/.

Il reste à voir quelle sélection permet éventuellement le recours au niveau structurel, celui où se détecte la base d'une alternance, dans le cas qui nous occupe.

A ce niveau, le groupe +eau est le mieux placé. Il s'agit, en effet, d'un alternant dont on peut assurer qu'il ne se produit qu'en finale de radical. Les attestations en sont multiples. Rappelons que l'alternant de base est °el :

jumelle jumeau	prunelle pruneau
chamelle chameau	jouvencelle jouvenceau
belle beau	escabelle escabeau
appeler appeau	peler peau
morceler morceau	batelier bateau
chapelier chapeau	anneler anneau
châtelain château	ruisseler ruisseau
vêler veau	nouvelle nouveau

En outre, le groupe +eau, comme +elle, renvoie assez souvent à un morphème °el, à valence de diminutif plus ou moins claire, mais très agissant tant dans les noms (drap > drapeau ; lion > lionceau ; arbre > arbrisseau ; ver > vermisseau) que dans les verbes (étinceler, anneler, bosseler, ensorceler). Ceci crée chez l'usager des habitudes inconscientes de références au sens, qui facilitent son choix, même lorsque l'alternance n'est pas repérable, comme dans arceau ou copeau.

Un groupe +eau peut se trouver dans une syllabe interne. Lorsqu'il s'agit de dérivés formés sur l'alternant secondaire à /o/ fermé, la prédictibilité reste généralement acquise : beau > beauté, nouveau > nouveauté, peau > peausserie. Dans le cas inverse, l'inscription devient aléatoire, ainsi dans épeautre, où rien ne justifie d'ailleurs +eau. Dans *beaucoup*, la prédictibilité dépend de la capacité à délier beau de coup.

Par comparaison, +au renvoie à un alternant de base °al, ou °all. L'alternant à °all est normalement finale, et ainsi l'inscription +au se déduit-elle assez simplement : travail > travaux, vitrail > vitraux. L'alternance à °al peut aussi être finale. C'est, on le sait, le fait des pluriels alternants : cheval > chevaux, amical > amicaux, mal > maux.

Lorsqu'elle est interne, ou tout au moins préfinale, elle ne se repère bien qu'en flexion verbale : valoir > vaut, falloir > faut. Ailleurs, il existe de grandes difficultés à trouver une alternance. Le mot faux désignant l'outil a plusieurs dérivés, mais aucun ne révèle °al : faucille, faucheur, fauchage. L'adjectif faux a un alternant °al dans falsifier, falsification, emprunts récents au latin. Les dérivations proprement françaises y sont toutes à /o/ : fausser, faussaire, fausseté, faussement. Certes, les alternances revenues en français par des emprunts tardifs au latin peuvent servir à guider le locuteur, car certaines au moins d'entre elles font partie du langage courant, et le lien sémantique peut être assez clair entre les termes, comme dans hauteur et altitude. Il reste qu'elles sont rares.

Celui qui parle un dialecte sans fusion des deux phonèmes /o/ n'est pas entièrement dépourvu pour autant. Comme sa prononciation d'un mot contenant +au se fait avec le /o/ fermé, il ne pense pas à l'inscription +o. Son indécision portera sur +au ou +o : défaut face à dévot, mais celle-là sera difficile à lever. De même, pour des raisons d'ordre phonologique, qui tiennent à un statut spécial de /o/ fermé : il ose, il pose, une dose), il n'y a rien qui puisse faire prédire pause ou pose.

Dans le dialecte qui a fusionné les deux /o/, seuls sont prédictibles les mots à +eau, à la mesure des alternances qu'ils manifestent facilement, et à +au dans la flexion, plurielle et verbale. Mais toutes les autres inscriptions sont pratiquement imprédictibles, l'usager ayant le choix entre +o, +ô et +au.

Il reste un mot à dire sur les mots boyau, tuyau, noyau, préau, aloyau, gruau. C'est une série phonologique, le /o/ fermé final y intervenant après voyelle, pourvue ou non d'épenthèse. Un examen diachronique montre qu'il peut s'agir de mots à °el, mais plus aucune alternance ne peut être détectée aujourd'hui. Logiquement, l'inscription aurait donc dû être +eau. On peut en tirer aujourd'hui une convention négative : « pas de +eau après voyelle ou diphtongue graphique à +y ». Il n'est pas certain qu'elle suffirait à assurer le +au, à preuve trio, brio.

En quatrième colonne, il y a à analyser un +e simple, pourvu ou non d'un accent grave, face à +ai. Les règles permettant d'inscrire un °e directement représenté dans la phonématique, ainsi que leurs limites, ont été étudiés dans un chapitre antérieur. L'enjeu est donc ici le choix entre +e (è, voire ê) et +ai.

Comme pour +oeu, on peut avancer que la tentative de marquer par +ai tout °a antériorisé s'est soldée par un échec. Pour bien l'assurer, il aurait fallu que des mots très courants comme sel et mer fussent inscrits sail et mair. Aujourd'hui, chair ou clair font trop figure d'exceptions pour qu'on puisse généraliser à partir d'eux une convention d'inscription +ai. En outre, trop de +ai font figures de fantômes d'un °a antériorisé, n'ayant pas de correspondant à /a/ : frais qui ne vient même pas d'un °a, voir frisquet, fraise, glaire, glaise, laid, plaire (malgré placide), etc.

Pour juger de l'inscription de +ai à partir d'une alternance, il reste donc :

- toute la série du dérivationnel °ar : notariat > notaire

- les mots à alternance provenant de °ac : lacté > lait, factuel > fait, traction > trait. Mais ce n'est pas une série très importante.

- toute la série du dérivationnel °an.

Faut-il pour autant décider que tous les autres +ai sont imprévisibles, face à +è ? Ce n'est pas certain, bien que nous entrions là dans un domaine particulièrement épineux. On peut en tout cas remarquer ceci :

En finale absolue, et au moins dans certains dialectes, la marque +ai est la seule à assurer le phonème /ɛ/ face au phonème /e/ : bai, quai, gai, brai, chai, délai, balai, etc. Il en va de même devant un °E de féminin : braie, claie, craie, fraie, raie, plaie, etc. On se trouve devant une sorte de distribution complémentaire des marques graphiques, disant que +ai se substitue à +è dans les contextes que nous venons de relever. Ce n'est pas une convention très économique, car +è aurait pu faire l'affaire ici comme ailleurs, mais elle donne néanmoins une prédictibilité. Au moins pour autant qu'on puisse assurer qu'il s'agit bien d'une finale absolue pour les mots masculins. Ce qui peut s'obtenir pour les adjectifs bai (baie) et gai (gaie), ainsi que pour délai (délayer) et balai (balayer), mais n'est pas assuré du tout pour quai ou chai.

La même opposition entre /e/ et /ɛ/ se trouve dans un autre contexte, et elle paraît aussi dialectale. On a vu, dans le chapitre consacré aux représentations directes des phonèmes structurels que l'ouverture maximale du °e n'a lieu que dans une syllabe fermée (sec) ou clôturée par °E (cèdre, sève), même si cette syllabe a une consonne finale tronquée (grès). En syllabe ouverte, donc se terminant par une voyelle, un °e est un /e/. Ceci se vérifie bien dans la flexion verbale :

Devant CC :			
nous perçons	je perce	nous cessons	je cesse
Autre :			
nous cédons	/e/	je cède	/ɛ/

Pourtant, sous *nous cédons*, on peut aligner, par contraste, des verbes comme *nous plaisons*, *nous taisons*. Et ces verbes présentent un /ɛ/, non un /e/. La voyelle se trouve devant °s, consonne unique, de sorte que la division syllabique est bien nous plai-sons, nous tai-sons. En phonologie, il y a lieu de dire que le /ɛ/ qui se trouve là n'est donc pas un représentant de °e, mais autre chose.

On peut relier cette règle phonologique à la précédente : lorsque /ɛ/ se manifeste en finale absolue ou en fin de syllabe ouverte, ce n'est pas un °e. Et l'inscription dans les deux cas est +ai. Elle déborde le cadre verbal, qui n'a été choisi ici que pour faciliter le raisonnement. Dans des mots comme maison, raison, saison, raisin, raidir, où /ɛ/ se trouve aussi en fin de syllabe, le +ai est prédictible. Il ne l'est que pour les locuteurs qui font la différence entre nous résonnons et nous raisonnons, comme é/è.

Par contre, *nous paraissons* ne peut être opposé phonologiquement, même dans cette aire dialectale, à *nous cessons*. On a déjà relevé le caractère biphonèmatique de °ss. Devant °ss, un °e devient /ɛ/, et s'écrit +e. Si des verbes comme baisser, laisser, nous connaissons, nous paraissons, nous naissons s'écrivent avec +ai, il n'y a plus aucun critère ni phonématique, ni de phonologie structurelle (par une alternance) qui permette de leur prédire cette suite +ai. A moins de considérer comme un critère - et c'en est peut-être un - le fait que *je connais*, *je parais* laissent apparaître un /ɛ/. De même que la flexion de pluriel ne change pas le caractère de finale absolue d'une voyelle (un prés, des prés et non des près), les marques flexionnelles verbales formées d'une seule consonne ne semblent pas non plus renvoyer la voyelle précédente à un statut de voyelle interne. Dès lors, dans *je connais*, le /ɛ/ est une finale ; et comme le °e final est un /e/, il s'agit donc ici encore de cet autre élément qui est transcrit par +ai. Il y a équivalence de règle entre balai (finale absolue), maison (finale de syllabe) et balais, connais (finale avant flexion).

On peut donc résumer la prédictibilité de +ai. Elle est limitée, en ce qui concerne le recours à l'alternance, au dérivationnel ar(i)/aire (salariat, salaire) et à la petite série de mots à radical °ac (lacté, lait). Par contre, au niveau phonématique, mais seulement pour certains dialectes, le +ai est prédictible en finale absolue, finale avant flexion et finale de syllabe parce qu'il renvoie à un /ɛ/, alors que +é dans les mêmes contextes renvoie à un /e/. Dans d'autres contextes, la fusion phonologique empêche de prédire soit +è, soit +ai. Comme exemples de ces contextes, on peut donner *cesser* et *baisser* (devant CC) et *ère*, *aire* (devant consonne suivie de °E).

La dernière colonne concerne les séquence de voyelle suivie de nasale. Au niveau phonématique, pour un seul élément /eN/, trois inscriptions sont concurrentes : +in (im), +ein (eim) et +ain (aim). Quatre même, si l'on ajoute +en, normalement lié à un +i antéposé : lien, rien, etc. Dans ce dernier cas, il existe une prédictibilité, qui vient justement de cette contrainte contextuelle : « tout /eN/ précédé d'un °i est marqué +en ». Il faudra cependant se méfier, pour la prédictibilité de lecture, du voisinage de +em dans les adverbes comme : sciemment, consciemment, etc...

Des trois inscriptions restantes, +in est la plus prédictible. Elle l'est très souvent en finale, parce que beaucoup de radicaux se présentent dans des contextes où la suite /i-N/ est maintenue : fin-ir, fin ; jardin-er, jardin ; lutiner, lutin ; matinée, matin, etc. Les aléas grammaticaux de la dérivation, cependant, ne permettent pas toujours de recourir à l'alternance pour trancher : lutrin n'offre ni verbe, ni féminin qui permette de contrôler la validité de l'inscription +in. Pour les mots de ce genre, sans alternants, on peut donc s'attendre à des hésitations et des écarts : lutrain, lutrein.

En structure intérieure, +in n'est pas prédictible, théoriquement, puisque aucune alternance ne peut être donnée à des mots comme pinte, dinde, mince, pince, etc. Il existe cependant une situation de fait qui sera analysée après une vue d'ensemble sur les autres inscriptions.

Le groupe +ein n'a pas une forte présence statistique. Ceci provient, historiquement, du fait que les *eN issus du proto-roman sont passés à /aN/ devant consonne : sentir, mentir. C'est donc seulement en finale et devant °E que la voyelle reste une antérieure moyenne, et c'est dans ces deux cadres que l'on trouve des variations éventuelles : frein (finale), refréner (devant °E). Le problème de la prédiction, ici, est en fait surtout celui de la plus ou moins grande extension de la marque +ein. Il n'était pas obligatoire de glisser le +i hors de la position finale, *refréner* le prouve. Mais on sait que le verbe simple a gardé cet +i : freiner. Ainsi, les verbes radicaux à °egn gardent le +i : nous atteignons, nous geignons, tandis qu'un verbe à °E, comme régner, ne le maintient pas. On objectera peut-être qu'il y a une différence phonologique, portant sur l'opposition entre /e/ (régner) et /ɛ/ (geignons) ; elle est réelle chez beaucoup de locuteurs, mais il s'agit très probablement d'une différenciation produite par la différence d'écriture.

Le groupe +ain est théoriquement prédictible par recours à une alternance avec /a/. C'est le cas dans gain, gagner ; pain, panure ; saint, santé, saint, sanctifier. Mais le recours à l'alternance se présente moins bien que pour +in. Ni refrain, ni drain ne peuvent se déduire par un recours à /a/. En outre, comme on le voit pour saint, sanctifier, l'alternance ne se dévoile parfois qu'en faisant appel à une réfection latine un peu savante ; les dérivés proprement français de saint n'ont pas de /a/ : sainteté, saintement.

En structure intérieure, et par référence aux trois inscriptions, il est possible d'aboutir aux conclusions suivantes :

A une prédiction par règles se substitue une prédiction statistique. La marque la plus habituelle est +in (parce que *enC est passé à /aN/).

Les usagers peuvent, dans des petits sous-ensembles, corriger cette impression statistique de dominance de +in par des recours à la phonologie structurelle. Il en est ainsi des verbes comme nous geignons, nous enfreignons, nous feignons, etc.

Aux personnes au pluriel de l'indicatif présent, ces verbes montrent bien un radical à °e ; de sorte qu'on peut en déduire les personnes du singulier comme devant être *je geins* et non je +gins (lequel renverrait à un radical °gign-). Ce sous-ensemble serait cependant mieux assuré si l'écriture reçue ne comportait *craindre* et *vaincre*, avec un +a complètement aléatoire (et d'ailleurs historiquement faux). On peut remarquer en passant que *nous vînmes* et *nous tînmes* sont aussi aléatoires, car *nous venons*, *je viens* attestent un °e : *nous veinmes*, *nous teinmes* auraient été logiques.

Les autres déductions se font au cas par cas. Le locuteur qui reconnaît dans *éreinter* une formation bâtie sur *rein* (à °e : rénal) pourra prédire le °e ; sinon, il n'y a pas de raisons qu'il ne l'écrive pas *érinter*, comme *pinter*.

4.3. L'aléa de +en et +an devant une consonne

On s'est posé la question de la fusion complète, dans tous les dialectes, entre *en et *an, à l'exception de quelques contextes précis.

Rappelons un contexte où /eN/, non attribuable à °iN ou à °aN ne fusionne pas avec /aN/ : en finale. Il s'écrit +ein dans frein, mais +en dans lien. Les règles de distribution ont été données plus haut.

En finale, /aN/ est aussi reconnaissable comme provenant de °an : paysan (paysanne), sultan (sultane), courtisan (courtisane), artisan (artisane), partisan (partisane). L'inscription reçue est prédictible, à la frontière entre la sortie phonématique et un recours au niveau structurel, selon que la nasale finale s'exprime encore - dans le Sud du domaine - ou non.

Par contre, lorsque les inscriptions +en et +an se trouvent devant une consonne, avec valeur /aN/, elles sont imprédictibles pour l'immense majorité des locuteurs actuels du français (sur une réserve pour une minorité dialectale, voir au chapitre 2). Un stock énorme de mots comme rente, fente, sentier, mentir, sentir, fendre, ensemble, encre, hareng, enfler, trente, enclencher, penser, sensé, temps, tendre, etc., n'ont aucune base phonématique ou structurelle permettant de les inscrire autrement que branche, planche, tante, fantôme, tant, santé, chanter, tanguer, etc. Un préfixe comme en-, un suffixe comme –ment provoquent peu de fautes chez les usagers, parce qu'ils sont très répétitifs ; il n'empêche que l'inscription +en y est aléatoire.

Qui plus est, lorsque la phonologie donnait une indication permettant de trancher entre +en et +an, on ne l'a pas saisie. La suffixation en –ment sur la sortie phonématique d'un participe présent (ou d'une formation similaire) donne toujours une sortie phonématique /amaN(t)/ : notamment, méchamment, élégamment, obligeamment, fréquemment, récemment, précédemment, prudemment, notamment, couramment, concurremment, abondamment. On voit, à la graphie des mots cités, que cette sortie phonématique /a/ compte pour rien. Chacun de ces adverbes s'inscrit comme l'adjectif dont il est dérivé : élégant > élégamment, face à précédent > précédemment. Dans l'état actuel des choses, il s'agit d'un fait de prédictibilité sous aléa. Si l'on sait que précédent prend +ent, alors on peut prédire le même +e à précédemment. Mais on le fait contre la phonématique, puisqu'on serait bien en peine de justifier le +e de précédent (voir aussi chapitre 8.2 sur cette question). La commission Beslais avait proposé d'écrire *prudament*, *fréquament*, *réçament*, etc. Les graphies *fréquament* et *réçament* montrent cependant qu'on ne pouvait isoler le traitement de la voyelle d'une restructuration des consonnes « entourante ».

Faute de prédictibilités, l'habitude d'écrire correctement les formes à +en ou à +an se forge chez les apprenants par d'autres processus. On parle souvent de l'intérêt du latin, et on néglige l'environnement des autres langues romanes. Il est certain que les Portugais, les Espagnols et les Italiens, lorsqu'ils apprennent l'écriture française, ont des facilités pour choisir entre +en et +an, selon que nos mots ont dans leur langue un équivalent à /eN/ ou à /aN/ :

espagnol	français
censor	censeur
central	central
diente	dent
lento	lent
sentir	sentir
mentir	mentir
viento	vent
pension	pension
bandido	bandit
abandonar	abandonner
cantar	chanter
candela	chandelle
danza	danse
franco	franc
grande	grande
lanzar	lancer

Ni les enfants francophones natifs, ni les apprenants qui n'appartiennent pas une langue romane n'ont cette chance. Les enfants se forment sans doute, petit à petit, des séries. Et c'est ainsi qu'on trouve probablement peu de fautes après +ch : pour des raisons historiques (le passage de *k à * ch devant *a), on trouve normalement +an après /ch/ : chambre, chancre, champ, chant, marchand, méchant...Ce n'est pas une prédictibilité, c'est un état de fait.

Ces états de fait, dont il y a d'autre exemples en français, déconnectent la prédiction que fait l'apprenant de la prédictibilité qui est son recours normal. Ici, la prédiction surgit d'un constat statistique. En n'ayant rencontré que des mots qui comportent +chaN, on prédit naturellement la même graphie pour un mot nouveau à écrire pour la première fois. Et l'opération réussit, dans la mesure où la série repérée est « vraie » à cent pour cent.

Chapitre 5

Altérations phoniques, consonnes

5.1. La troncation des consonnes finales

5.1.1. Préliminaires phonologiques

les auteurs des manuels ne sont pas toujours très cohérents, au plan théorique, lorsqu'ils traitent respectivement de la troncation d'une voyelle ou d'une consonne finales.

Pour la voyelle, lorsqu'ils parlent d'élision, ils ne se placent jamais sur l'axe diachronique. Ils ne prétendent pas que dans l'ardoise, le /a/ de l'article féminin « a disparu jadis devant une voyelle» . Ils écrivent que /a/ s'élide (aujourd'hui) devant une voyelle. Par contre s'il s'agit d'une consonne, on trouve pratiquement toujours des « explications » à caractère historique : « d'autre part, il arrive souvent qu'une ou plusieurs lettres, disparues dans la prononciation depuis le moyen-âge, sont pourtant toujours exigées par l'orthographe : doigt, tort, vert, lourd. » (Grevisse, 1969 : 12).

Il y a toujours un double aspect à une réalité de phonologie structurelle. Si le pronom tu, comme c'est déjà le cas dans la langue courante, perd régulièrement le /y/ devant une voyelle (t'es fou), mais le garde devant une consonne (tu parles), il y a place pour des considérations diachroniques, visant à délimiter l'époque où l'élision devant voyelle a commencé à opérer. Exactement comme le Grévisse, ci-dessus, fait remonter au moyen-âge la « disparition » de certaines consonnes.

Mais il y a place également, et d'une manière beaucoup plus opératoire, pour une analyse synchronique, laquelle consiste à montrer que des consonnes ou des voyelles disparaissent dans certains contextes phoniques. Et cette conception est opératoire parce qu'elle correspond au sentiment linguistique de l'usager. Si l'on demande à brûle-pourpoint à quelqu'un de préciser quel est le pronom sujet de 2° personne, il y a toutes les chances qu'il réponde « tu ». Qu'on l'amène à réfléchir sur « t'es fou », et il ne mettra pas longtemps à indiquer quelque chose comme « là, j'enlève le /y/ ». Pour lui, le rapport entre tu et t est un rapport actuel ; qu'il puisse ou non l'exprimer ainsi, il a bien une conscience de ce que sont des morphèmes alternants et il est en possession de mécanismes lui permettant de « sortir » tel alternant et non tel autre selon le contexte morpho-phonologique. Ce qui met mal à l'aise dans les exemples cités ci-dessus, c'est que, sous le traitement unique d'ordre historique (disparus dès le moyen-âge), percent des réalités actuelles disparates. Les finales de doigt, vert, lourd sont clairement reliées à des alternants où la consonne apparaît : doigt > doigté.

Résumons donc en disant que la troncation d'une consonne en finale est un phénomène synchronique, et dont le locuteur est conscient, tout comme de l'élision d'une voyelle. Une remarque s'impose cependant. La phonologie de la troncation en finale, dans la langue française, n'est pas simple. Il y a des troncations qui se font toujours, pour lesquelles donc on peut émettre une règle précise ; mais il existe des troncations aléatoires. Pour s'en rendre compte, chacun peut vérifier comment il traite, dans la prononciation, la finale des mots suivants : croc, broc, soc, bloc : dans lesquels de ces mots maintient-il ou supprime-t-il le phonème °k final ?

Qu'une consonne finale se tronque ou non est ainsi une question de phonologie. Mais c'est une question d'écriture que de se demander : « si une consonne est tronquée, est-elle ou non inscrite ; et si elle l'est, sous quelle forme directe ou indirecte ? ».

5.1.2. L'inscription d'une nasale finale après sonorante

C'est une règle phonologique très ferme du français qu'une nasale est tronquée en finale après une sonorante (généralement °r), et c'est une règle graphique aussi ferme qu'elle n'est jamais inscrite. Les exemples incluant °m ne sont pas nombreux, mais ceux à °n abondent :

°m ver > vermine, vermisseau
dors > dormir
°n hiver > hivernal
chair > charnel
tour > tourner
jour > journée
four > fournée
etc.

Si l'on a mis cette convention graphique en premier lieu, c'est qu'elle contredit une tendance générale. D'habitude, l'écriture du français tend à marquer la forme de base des morphèmes qui subissent une troncation. Mais on peut admettre que le mouvement inverse pour °rN repose à la fois sur une phonologie sûre et une particularité qu'ont les nasales, celle d'être potentiellement syllabiques, de sorte qu'une écriture comme verm aurait certainement facilité l'émission vocale de la nasale finale, contrairement à la règle de la langue orale.

5.1.3. L'inscription d'une consonne après sonorante

En phonologie, bien qu'il y ait quelques exceptions, une consonne suivant une sonorante est normalement tronquée en finale. Dans la graphie, elle est assez habituellement maintenue. Il faut cependant affiner l'analyse.

Les occlusives

Elles sont toujours inscrites d'une manière directe, c'est-à-dire par la lettre qui les représente le plus usuellement :

°p champ > champêtre
romps > rompre
°t plant > planter
fort > forte
port > portuaire
pont > ponton
°k il vainc> vaincre
°b plomb > plombage

°d bond > bondir
grand > grande
blond > blondir
regard > regarder
°g long > longue
oblong > oblongue
sang > sanguin

Les autres consonnes

- un /ʃ/ n'est pas inscrit directement, mais reçoit une inscription de rappel qui est +c, du moins si l'on en juge par :

franche > franc ; flancher > flanc ; blanche > blanc ; porcherie > porc

On peut cependant faire une analyse plus phonologique, disant que /ʃ/ n'est qu'un °k structurel, que l'on retrouve au masculin ou plus généralement en finale. Nous pourrons voir plus tard les difficiles rapports existant entre des éléments de surface /k/, /ʃ/ et /s/ et le phonème structurel °k, ce qu'on pourrait illustrer par des contrastes tels que :

blanc, blanche mais blanquette
tronc, tronquer, mais tronçon
porc, porcherie, mais porcin

- Un °s s'inscrit directement, ce qui peut se montrer par les phonèmes de liaison (sans aucun recours à une dérivation ou une flexion) avec les mots comme : dans, sans, après. C'est également le cas des personnes verbales, mais ce point sera travaillé plus loin (Ch.7). En dérivation, on peut contrôler par divers mots cette inscription directe de °s :
Encens > encenser ; pervers > perverse ; divers > diverse ; mors > morsure.

- Dans l'alternance f/v, c'est le +f qui est noté (ce qui n'était pas obligatoire : +v pouvait tout aussi bien servir) : cerf > cervidé ; serf > servile.

5.1.4. L'inscription d'une consonne après voyelle

Ici aussi les occlusives sont normalement inscrites d'une manière directe :

°p drap > draper
coup > couper
sirop > sirupeux
°t rat > ratière
plat > plateau
pot > potière

coût > coûter
goût > goûter
°k broc > brocante
croc > croquer
°d laid > laide
costaud > costaude
nœud > nodosité

En phonologie, dans ce contexte d'une voyelle qui précède, un °b et un °g ne se tronquent normalement pas. De ce fait, les mots masculins terminés par une de ces consonnes reçoivent un +e d'appui graphique : le lobe, le globe, le bègue, un terrain vague. On notera cependant : le legs (léguer), avec une complication graphique, par le +s final, ainsi que joug (jugulaire).

Pour les autres consonnes :

Le °s est directement inscrit, excepté dans un paradigme grammatical dont il sera traité ci-après : gris > grise ; soumis > soumise ; inclus > incluse (en grammaire, voir cependant les locuteurs qui ont inclu, incluse répondant à exclu, exclue).

Une séquence structurelle °ss est également rappelée. Elle l'est souvent, mais non toujours, par un seul °s : gras > grasse, gros > grosse, je puis > que nous puissions, je connais > nous connaissons.

On verra plus loin l'analyse particulière qu'il faut faire pour les verbes. Qu'il suffise ici de relever une « trace » du °ss en finale tronquée.

Il y a une exception de taille à l'inscription de °s. Il s'agit de la série adjectivale dont le dérivationnel est °øs et qui a toujours son inscription au masculin en +eux :

heureux > heureuse ; pieux > pieuse ; peureux > peureuse ; précieux > précieuse.

En fait, tant pour °s que pour °ss, °ç et /ʃ/, on trouve des inscriptions qui ne sont pas prédictibles :

Inscription de °s en +x : jalouse, jaloux ; choisir, choix
Inscription de °ss en +x : fausse, faux ; rousse, roux
Inscription de /ʃ/ en +s : fraîche, frais
Inscription de °ç en +x : précieux, prix ; douce, doux.
Inscription de /ʃ/ en +x : faucher, faux (et aussi faucille)

Toutes les séries ci-dessus posent évidemment le problème d'une prédictibilité de l'écriture dans la zone °s, °ss, °ç et /ʃ/. Déjà, la phonologie est largement inopérante pour rendre compte du +c de *douce* face au +ss de *rousse*. Quand il s'agit de marquer graphiquement la consonne tronquée, on ne peut pas dire que les principes soient très cohérents. Par exemple, on ne peut croire que +x marque °ç ou °ss, puisqu'il est utilisé aussi pour *jaloux*, dont le féminin *jalouse* dévoile bien un °s simple. Le +x n'est pas non plus réservé pour les mots à diphtongue graphique, du type *faux*, *choix*, puisqu'on le trouve avec prix également.

En fait, on peut se demander si une règle disant que le rappel de n'importe laquelle de ces consonnes se fait par +s derrière voyelle ne serait pas une manière intéressante de réduire les aléas. Il faudrait alors se préoccuper également des cas aberrants, comme *élan* (relié à élancer) où aucun rappel de la consonne tronquée n'a été opéré.

Un °r tronqué est toujours inscrit directement. Ceci se vérifie au mieux, d'une part dans les infinitifs (manger, forcer, porter) et d'autre part, dans l'usage du dérivationnel °ier (le fermier, le quartier, l'églantier). Ceci vaut également pour la forme de ce dérivationnel après palatale (le boucher, le boulanger, léger, ménager).

Un °l tronqué se marque également directement : cul, culasse, saoul, saoulerie. Mais les cas de troncation sont relativement rares pour cette consonne (voir fil, bol).

La troncation de l'élément °ll se fait dans plusieurs cas par un rappel qui marque simplement +l : fusil, fusiller ; outil, outiller ; gentil, gentille. Ce n'est cependant pas le cas pour le verbe *bouillir*, où il n'y a aucun rappel de la finale °ll dans *je bous*, *tu bous*.

Un °f se tronque rarement après voyelle (chef, bœuf, sauf). Si c'est le cas, il peut être inscrit directement, comme dans le mot clef, sous une forme des orthographes admises, ou évacué, comme dans clé. Pour être tout à fait complet, il faut rappeler que /f/ est un alternant de /v/, et qu'en cas de troncation une inscription par +f n'est pas plus évidente qu'une inscription par +v : clev (sur clavier, enclaver) n'aurait été pas moins logique que clef.

5.1.5. Prédictibilités graphiques dans la troncation

L'examen qui vient d'être fait montre qu'il existe au moins des règles fragmentaires sur l'inscription ou la non inscription d'une consonne finale tronquée.

Avec des règles d'inscription inverses, il y a solidité du système en ce qui concerne les nasales et les occlusives après une sonorante. La nasale n'est jamais inscrite (journée > jour) et l'occlusive l'est toujours, directement pour les non-vélaires °p, t, b, d ; respectivement par +c et +g pour les vélaires, même en cas d'alternances antériorisées : blanche, blanc, longévité, long.

Après une voyelle, les occlusives qui se tronquent, ce qui est courant pour °t et °d, plus rare pour les autres, s'inscrivent également directement. Le °k est noté par °c : escroquer, escroc.

La situation est encore assez bonne pour les sonorantes °r et °l qui ont des inscriptions prédictibles. La sonorante °ll est inscrite après /i/, mais non après /u/ : pou (pouilleux), genou (agenouiller).

Par contre, une grande confusion règne dans la zone des fricatives dentales après voyelle. On peut certes donner une instruction assez générale pour °s, disant de l'inscrire directement (soumis, soumise) mais il faut en même temps donner une instruction d'exception à caractère grammatical : s'il s'agit d'un adjectif en °øs, inscrire +x : heureux, heureuse. Même l'instruction générale est démentie par jalouse, jaloux et d'autres mots.

Ce qui vaut pour °s vaut a fortiori pour °ç et pour °ss : on ne peut guère prédire s'ils seront rappelés par +s ou par +x (ou même, pour le mot élan, s'il y aura vraiment un rappel). Seule une instruction négative peut être donnée pour °ss : « en tout cas, ne pas inscrire +ss : basse, bas ; jamais bass.

Là où les choses paraissent bien réglées - occlusives, nasales et sonorantes - les règles ne sont pas un gage absolu de prédictibilité de la graphie. Il y faut qu'il y ait une troncation repérable hic et nunc par le locuteur ; donc, qu'il puisse contrôler l'existence d'une consonne finale par une liaison naturelle, une dérivation, une flexion. Et la réalisation de cette condition dépend en partie du vocabulaire dont chacun dispose. Si le rapport masculin/féminin dans les adjectifs et certains noms s'établit aisément (fraîche/frais, lourde/lourd), il est des mots pour lesquels l'alternance est difficile à trouver : tort > tortueux ; et d'autres n'en laissent apparaître aucune comme dans *hors*. Pour ces derniers, la consonne n'est en effet plus qu'une trace historique, et son inscription est donc aléatoire.

Même s'il y a reconnaissance de la consonne finale, on peut avoir des graphies reçues comportant des lettres inanalysables. Le cas est connu pour temps, et corps dont le +s final ne peut se justifier par aucune alternance alors que le °p y est très clairement. C'est d'ailleurs le lieu de redire que le recours au latin comme règle est largement illusoire. On ne met pas un +s parce que le mot latin a un nominatif en –us, sinon on aurait vents (ventus). On ne le met pas non plus parce qu'on aurait un génitif en –is (temporis, corporis), car alors il faudrait écrire cœurds (cordis). Et ces deux mots sont loin d'être isolés.

Si l'on veut décrire le paysage devant lequel se trouve ici l'apprenant, et celui, plus agréable, qu'on pourrait lui proposer, on s'apercevra :

- qu'il ne serait pas inutile de se livrer à un petit nettoyage cas par cas des consonnes injustifiables. Qu'on écrive temp et corp ne heurterait que nos habitudes acquises, d'autant qu'on n'a même pas le prétexte ici de tomber dans une graphie ambivalente : corp ne serait pas cor, et temp ne serait pas tant.

- mais que plus fondamentalement, ici comme en d'autres endroits, le vrai problème qui se pose est celui de l'intrusion du +x. C'est cette lettre qui oblige à énoncer une règle particulière pour les adjectifs du type heureux, ce qui donne une prédictibilité, certes, mais sophistiquée et bien difficile à manier. Montrer le problème n'est pas donner la solution. Il en existe d'ailleurs peut-être plus d'une. Mais quelle que soit cette dernière, on pense avoir montré que le cadre dans lequel elle aurait à s'inscrire est tracé : il faut savoir si on pourrait rappeler uniformément par +s tout ce qui est °s, °ss, °ç et /ʃ/ après voyelle et en finale (soumis, soumise, souricière, souris, basse, bas) et si on n'en veut pas, il faudrait trouver des manières contrastées de marquer chacun de ces éléments, ce qui ne sera pas simple.

5.1.6. Troncation et prédictibilité de lecture

On ne serait pas complet sur ce chapitre de la troncation, si l'on y ajoutait un dernier commentaire.

Il a été indiqué dans un chapitre précédent que les seuls critères dont on dispose pour juger d'une écriture - et pour l'enseigner - sont ceux de la prédictibilité d'inscription et de la prédictibilité de lecture. Dans une écriture phonématique, ces deux critères n'en font qu'un, et c'est ce qui fait l'avantage de ce choix : tout phonème énoncé s'inscrit comme différent d'un autre, et tout phonème écrit se prononce et se prononce différemment d'un autre.

Lorsqu'une écriture est basée sur la phonologie structurelle de la langue, qu'elle dégage des règles d'inscription à partir d'une réflexion sur les alternants, il peut se passer que la prédictibilité d'inscription ne coïncide pas avec la prédictibilité de lecture. C'est ce qui est arrivé pour la troncation, et ceci parce que les règles de troncation, dans la langue française, ne sont pas absolues. Si, dans les conditions que nous avons relevés dans les pages précédentes, la troncation d'une consonne en finale était automatique (même limitée à certains groupes de consonnes), il n'existerait qu'un type de prédictibilité.

Comme ce n'est pas le cas, voici ce qui se produit. Une fois données les règles d'inscription pour les deux mots respect et contact, la prédictibilité d'inscription est acquise : on sait qu'on doit écrire aux substantifs la suite +ct, qui est prononcée dans le verbe en contexte intervocalique. Mais il n'y a pas de prédictibilité de lecture pour autant, car °kt n'est pas prononcé dans aspect, alors qu'il l'est par une grande majorité de locuteurs dans contact.

On peut admettre que l'aléa de lecture est surmontable pour l'apprenant natif de la langue. Qu'il soit surmontable ne signifie pas cependant qu'il ne constitue nullement une gêne, car l'enfant pose continuellement la question : pourquoi cette lettre ou cette suite de lettres se lit-elle une fois d'une manière, une fois de l'autre, une autre fois encore pas du tout ? Et ceci est un facteur qui retarde certainement l'adhésion de l'enfant à l'écriture qui lui est proposée. Si en outre, cette adhésion ne peut lui être arrachée progressivement, soit en lui fournissant les règles adéquates, soit en utilisant des exercices ad hoc pour traiter des exceptions, il est à craindre que ses réticences ne deviennent définitives. Si l'aléa de lecture peut être surmonté, c'est évidemment à cause de la prééminence de la langue sur l'écrit. A quatorze ans, un adolescent francophone se trouvant devant l'écriture des mots *respect* et *contact* les lira différemment sans effort particulier, parce qu'il les prononce différemment, depuis longtemps déjà, hors de la situation de lecture. C'est seulement pour les mots rares qu'il hésitera, et c'est d'ailleurs dans ce domaine, souvent, que des prononciations surgies de l'écriture-lecture se font place aujourd'hui, à côté de celles issues de longue date de la langue orale, comme on peut le vérifier pour les prononciations concurrentes des mots comme *serf*, *broc*…

Ce qu'il reste à souligner, c'est que l'étranger apprenant le français est soumis, pour sa part, à une tout autre situation. Pour lui, le constat qu'il fait que certaines consonnes finales ne se lisent pas, mais que d'autres (ou les mêmes dans d'autres mots) se lisent constitue un véritable casse-tête. Il faut donc, d'une part lui fournir les règles pour sa prédiction d'inscription lorsqu'elles existent, et d'autre part, il faut lui donner, quand c'est possible, des règles de prédiction de lecture. C'est un vaste programme, qui semble loin d'être assuré par les différentes méthodes d'apprentissage du français. Et ce programme va loin au-delà des frontières que se fixe cet ouvrage, mais pour illustrer au moins rapidement ce qu'on essaie d'indiquer, nous donnerons deux exemples :

Lorsque se produit une séquence +er finale, il faut pouvoir faire repérer par l'apprenant :

- qu'elle se prononce /e/ s'il s'agit d'un verbe à l'infinitif ou d'un vocable avec suffixe -er, -ier : marcher, chanter, métier, fermier, boulanger.
- qu' elle se prononce /ɛr/ s'il s'agit de substantifs ou d'adjectifs radicaux : fer, mer, amer, fier.

Il est entendu que, dans un premier temps, l'apprenant étranger aura de la peine à distinguer un mot radical d'un mot dérivé (fier et altier), un substantif pur d'un verbe à l'infinitif nominalisé (le mâchefer, et le souper), mais ceci révèle simplement qu'il n'y a pas à introduire dans une méthode les différents mots dans n'importe quel ordre, ni sans les mettre autant que possible en relation avec des alternants ou les radicaux (fermier, ferme). S'il faut juger de la valeur de la séquence +ent, il importe que l'apprenant sache en temps voulu qu'elle a toujours une valeur /an(t)/ ailleurs que dans le verbe, mais que pour un verbe à la troisième personne du pluriel, sa valeur phonique est nulle dans la plupart des contextes, et /t/ en construction inversée (ils sortent, sortent-ils).

5.2. L'inscription des nasales

5.2.1. Lorsqu'elles sont directement représentées au niveau phonématique, les trois nasales reçoivent respectivement les inscriptions suivantes : +m (labiale), +n (dentale), +gn (palatale).

Ceci se vérifie à l'initiale :

/m/ : main, mort, maçon, mur, marque.

/n/ : nom, numéro, nul, nageoire, nier, nettoyer.

/ɲ/ : gnon, gnôle.

Dans cette position, cependant, /ɲ/ est rare, parce que , historiquement, ce n'est pas un phonème à distribution large. Les deux mots cités ne viennent pas de l'ancien français. Dans le vocabulaire actuel, par suite de l'introduction de mots empruntés au grec, une suite +gn initiale renvoie à une suite phonématique /g + n/ : gnome, gnostique, gnète. Il y a donc imprédictibilité de lecture. Heureusement, les mots de l'une ou l'autre espèce se limitent à moins de dix termes. La vérification se fait également à l'intervocalique :

/m/ : humain, aimer, fumer, lamelle, chameau.

/n/ : lunette, minime, manuel, bénin, jeunesse.

/ɲ/ : rogner, cogner, moignon, baigner, nous craignons (mais avec une complication +ign dans oignon, encoignure).

/m/ et /n/, s'ils s'inscrivent toujours au moins par +m et +n, se doublent pour un nombre appréciable de mots :

/m/ : homme, pommette, femme, flemme, somme, flamme.

/n/ : donner, sonner, benne, hennir, tonnerre.

Nous réservons cette question, qui sera traitée plus loin. Remarquons que la nasale palatale n'est jamais redoublée ; on ne trouve pas d'inscriptions +gngn ou +gnn.

5.2.2. L'inscription d'une nasale en finale après voyelle

Dans une partie importante du domaine de la langue, une nasale finale précédée de voyelle se réalise par la nasalisation totale de la voyelle précédente ; il en est de même devant une consonne. Donc : lien, ban, son, tringle, danger, monter. Le cas n'est pas exactement semblable dans des dialectes méridionaux : en finale, un prolongement nasal vélaire est assuré, et devant consonne un segment nasal souvent homorganique à cette consonne se développe.

En finale, les principes d'inscription des nasales cessent d'être fermes. La nasale labiale /m/ est inscrite +m : faim (famélique), essaim (essaimer). Ce choix n'était pas obligatoire. Comme il y a neutralisation de toutes les nasales en un trait unique de nasalité, on aurait pu opter pour une lettre unique, par exemple +n, renvoyant à n'importe laquelle des trois nasales structurelles. Le marquage par +m renvoie au radical structurel, celui de famélique, essaimer.

La nasale dentale est toujours inscrite +n : don, ban, sain, mon, mien, fin, main, bon, foin, rein.

Par contre, il n'existe pas de traitement unique pour /ɲ/. Dans certains cas, il est inscrit par +n : soin, soigner ; besoin, besogne ; bénin, bénigne ; groin, grogner ; loin, éloigner ; bain, baigner. Cette inscription est régulière pour toutes les formes qui entrent dans un paradigme verbal : nous peignons, je peins ; nous teignons, je teins ; nous craignons, je crains ; nous joignons, je joins ; ils oignaient, il oint.

Mais, hors du système verbal, on trouve plusieurs mots qui attestent une +g: poignet, poing.

L'examen du mot sang montre qu'il existe un lien entre /ɲ/ et /ng/, puisqu'on a à la fois le verbe saigner et l'adjectif sanguinaire.

5.2.3. L'inscription par +m d'une nasale devant consonne labiale

Normalement, la convention en français est d'écrire +m une nasale structurelle devant une consonne labiale /b/, /p/ et /m/. On peut préciser qu'il s'agit de consonnes bilabiales, car +m ne s'écrit pas devant /f/ et /v/ qui sont des labiodentales. Dans des conditions assez semblables, des linguistes africanistes proposent aujourd'hui de choisir +n comme mode d'inscription unique pour une nasale devant une consonne quelconque. Ils savent bien entendu que le point d'articulation de la nasale varie en fonction de la consonne consécutive, et parlent d'ailleurs d'une nasale homorganique. Mais ils estiment que, dans cette position, le phonème est unique : c'est une nasale, sans plus. Et, dans l'écriture, ils proposent le +n, sans doute comme étant la lettre la plus simple pour marquer cette réalité.

Curieusement, nous avons trouvé par hasard, dans la reproduction d'un texte espagnol (du 16° siècle ?), l'application du même principe : tienpo (pour tiempo), canbio (pour cambio). D'une part, ceci montre qu'il y eut dans les siècles précédents des réflexions de valeur sur la phonologie et l'écriture. Mais, par ailleurs, la graphie actuelle du castillan nous administre la preuve que cette convention du « n partout » n'a pas résisté à l'épreuve des faits. Qui semblent être du ressort de la plus ou moins grande conscience qu'a le locuteur de ses organes articulatoires. Le niveau des lèvres paraît être le point d'articulation dont nous sommes le plus conscients. Autant il faut se livrer à des démonstrations et pratiquer des exercices, dans les classes de phonétique, pour prouver qu'une nasale homorganique devant /k/ ou /g/ n'est pas un /n/, autant il serait difficile de faire croire à quiconque qu'une nasale devant /p/ ou /b/ est un /n/. Pour chacun, elle est un /m/. Et ceci explique à suffisance que la plupart des langues inscrivent +m devant une consonne labiale ; comme cela explique peut-être la difficulté qu'ont eue les alphabets à cerner la nasale vélaire, que les langues germaniques inscrivent habituellement comme +ng.

La raison de la convention reste purement phonologique : parce que +m inscrit labiale et que +p, +b et +m inscrivent aussi des labiales (+ph, où là, c'est purement graphique : amphore, amphithéâtre). A travers les lettres, ce sont bien les phonèmes qui sont visés par la convention. Telle qu'elle est, la convention souffre peu d'exceptions en français. On peut admettre qu'il s'agit d'une bonne inscription, parfaite pour les locuteurs qui ne nasalisent pas entièrement la voyelle précédente, et très acceptable pour ceux qui le font. On a attiré l'attention parfois sur de rares mots qui y échappent. Bonbonne, en effet, se justifie mal. Mais le mot bonbon relève de phénomènes de réduplication du radical (bon-bon), de telle sorte qu'on peut prévoir pour ces types de mots des conventions d'écriture particulières, à condition qu'elles soient clairement énoncées et contenues dans les manuels scolaires. Une des indications en faveur de convention spéciales pour ces mots est qu'ils peuvent surgir à tout moment, vu leur caractère expressif. Le chien des Dalton, Rantanplan, devrait-il recevoir la graphie Rantamplan, pour obéir à la règle générale ? c'est douteux car le mot, ainsi, briserait la construction phonique et graphique ran-tan-plan.

Par contre, on s'est moins occupé - comme souvent - de la flexion, où apparaît cependant un cas d'exception assez curieuse. Il s'agit des formes verbales nous tînmes et nous vînmes, où, devant +m, la nasale reste +n. Cela ne provient pas d'une convention spéciale pour les doubles nasales, puisque l'on a deux +m dans immonde et immortel. On ne peut non plus invoquer un souci de préserver la prononciation /en/ dans la première syllabe de ces verbes : elle pouvait l'être autrement, et de toute façon immangeable, dans sa prononciation à /en/ devenue courante, pose le même problème. On y reviendra rapidement au chapitre consacré au verbe.

5.3. L'élément structurel °ll, le y épenthétique, le °i réalisé [j]

Il existe en français un °ll structurel. Il a été remarqué plus haut qu'une petite frange de la population francophone prononce encore ce phonème - ou cette séquence - comme un l palatal, au moins dans contexte intervocalique. Pour ces personnes, il n'y a pas de confusion possible entre cette consonne palatale et un /j/. Mais cette prononciation est devenue tout à fait minoritaire et même, semble-t-il, en voie de rapide extinction. Il est cependant possible, mais non certain, que, chez les descendants actuels de ceux qui possédaient le /l/ palatal, l'articulation /j/ en soit différente des autres phones de type /j/ (soit *nous travaillons*, mais *nous nettoyons*). Reste donc pratiquement partout - sauf erreur - et pour tous, une prononciation [j]. Et dès lors, dans quelle mesure y a-t-il confusion possible avec des réalisation [j] provenant d'autres éléments ou produites par d'autres séquences structurelles ?

De l'analyse phonologique en profondeur qui sera faite dépendra bien entendu, ici encore, le jugement que l'on peut porter sur la validité des injonctions graphiques qui nous sont faites.

5.3.1. Les réalités phonologiques

Habituellement, c'est donc un [j] qui est en cause. En faire une analyse distributionnelle paraît un bon point de départ.

5.3.1.1. Un [j] après consonne et devant voyelle

On possède des attestations multiples d'un [j] dans ce contexte. Des exemples simples sont : pied, pieux, biais, pion, tiens, viens. Mais il est bon de rappeler que le cas se présente également dans des flexionnels et des dérivationnels : pommier, vous chantiez, nous serions. Il existe une contrainte générale : ce n'est pas [j] qui apparaît, mais [i] après une séquence consonne + consonne sonorante : plier, crier, troublion, encrier. Cette distribution complémentaire est une indication qu'un [j] après consonne est une variante d'une unité °i et ceci devient pratiquement une preuve lorsque l'on peut faire varier le même morphème dans les deux contextes : ainsi, °-ier dans pommier [j] et dans encrier [i]. On peut repérer une autre contrainte, moins générale, mais qui mène à des conclusions similaires. Pour un certain nombre de locuteurs, et malgré l'indication contraire des dictionnaires standardisants, il y a réalisation [i] et non [j] si une suture morphologique se produit après la voyelle : nous li-ons, vous ri-ez, vous sci-ez, par opposition phonique à : vous voul-iez, compress-ion. Ici aussi, même pour les locuteurs chez lesquels [j] se présente, c'est à °i qu'il renvoie. Les personnes de la région parisienne qui prononcent *nous lions* avec le verbe en une seule syllabe, et donc avec [j], rétablissent un [i] dans je lierai. Dans cette position, donc, la relation entre [j] et °i paraît certaine. On verra plus loin, à propos du suffixe °ier, qu'il s'est néanmoins produit quelques accidents d'écriture sur ce point.

5.3.1.2. Un [j] intervocalique

Proposons le constat suivant, quitte à le discuter ensuite : une voyelle d'avant étirée ainsi que la diphtongue /oa/ est toujours séparée d'une voyelle consécutive par un segment [j]. Par contre, une voyelle autre ne précède pas obligatoirement un segment [j] dans ce même contexte. Mais on peut trouver ce [j] pour certains mots. C'est ici, en grande partie, que se joue le repérage contrasté du °ll structurel et d'un [j] épenthétique. Mais il faut d'abord imposer plus avant certaines analyses phoniques, pour bien assurer les faits. A propos des voyelles autres, donc d'arrière, ou d'avant labialisée (y, ø, œ), la réalité phonique est bien qu'elles présentent une épenthèse devant une voyelle. Le segment intercalaire se présente comme [w] ou comme [y] selon les cas. Mais ceci a peu attiré l'attention des auteurs, parce que, contrairement à ce qui se passe avec [j], il n'y avait là aucun enjeu phonologique ou graphique. Tout phonéticien, croyons-nous, admettra que la réalisation de trouer est bien [truwe], mais tous les dictionnaires indiquent [true]. Pour les voyelles étirées, les faits phoniques tels qu'ils viennent d'être énoncés exigent, pour être acceptés par le locuteur francophone, que ce dernier prenne un certain recul par rapport à l'orthographe, et même par rapport aux notations phonétiques qu'il peut trouver dans les dictionnaires. Voici, par exemple, une série relevée :

En séquence i-e : plier [plije] ; crier [krije] ; trier [trije] ; étrier [etrije] ; ouvrier [uvrije] .

En séquence i-a :

Dictionnaire Larousse-Sélection : friand [friã] ; friable [friabl] ; criailler [kriaje] ; mais triangle [trijãgl]

Dictionnaire Petit Robert : friand [frijã] ; friable [frijabl] ; criailler [kri(j)aje]; triangle [trijãgl]

L'unanimité ne règne pas !

Où elle règne, par contre, c'est lorsqu'il s'agit de séquences où la première voyelle est un +é. Jamais une épenthèse [j] n'est notée :

créer [kree] ; agréer [agree] ; réel [reɛl] ; réalisation [realizasjõ] ; péage [peaʒ] ; agréable [agreabl] .

5.3.1.3. Passage à une analyse structurelle

En introduisant des manipulations - ce qui est le propre des analyses visant à atteindre le niveau structurel de la langue - on peut relever ce qui suit :

On vient de voir, bien que les voyelles, autres que d'avant et étirées, n'aient pas un prolongement obligatoire en [j], certains mots peuvent présenter ce prolongement. Un bon exemple de contraste serait ici d'une part *nous trouons* et d'autre part *nous trouillons*. Quelques exemples avec [j] :

bou-ill-ant	é-bou-eur
mou-ill-er	lou-ange
dépou-ill-ons	nous clou-ons
feu-ill-age	bleu-âtre
recue-ill-ir	bleu-ir
trava-ill-eur	
encana-ill-er	a- érer

Une conclusion s'impose. Pour ces mots, il faut poser une réalité structurelle, phonème ou séquence, qui est le fondement d'une réalisation [j]. Et, bien entendu, dans un mot comme trouer, cet élément structurel est absent.

Si cet élément structurel apparaît ainsi comme [j] après ces voyelles, on peut penser que certains [j] après voyelle d'avant étirées ou /oa/ représentent le même élément. En d'autres termes, après les voyelles étirées d'avant, certains [j] peuvent être des épenthèses, et d'autres peuvent représenter un élément structurel. Ici surtout, les manipulations morphophonologiques seront nécessaires pour déterminer la différence entre un °ll structurel et un [j] épenthétique.

Il semble intéressant de profiter de l'occasion pour éclairer quelque peu les opérations linguistiques que nous opérons - consciemment ou non - pour contrôler notre écriture. Soit : nous réveillons, nous essayons, nous extrayons.

Une première opération possible est le passage de la première à la deuxième personne du pluriel : vous réveillez, vous essayez, vous extrayez.

C'est une opération « blanche », qui n'éclaire rien. Tous les [j] restent en place. Une autre opération est le passage à l'infinitif : réveiller, essayer, extraire.

Cette opération donne un résultat. Elle permet de supprimer [j] du radical de *extraire*. Evidemment, elle ne le permet que parce que nos exemples ont été sélectionnés exprès pour la démonstration. Si le dernier verbe avait été grasseyer, l'opération aurait encore eu un résultat nul.

Une troisième opération est le passage à une personne du singulier : il réveille, il essaie, il extrait. Cette fois, on pourrait montrer en multipliant les items du corpus, que la manipulation est cruciale. Dans ce contexte, tout [j] révèle son origine. La raison en est qu'ici :

- ou il s'agit d'un verbe à élargissement °E (essayer mais aussi crier, si l'on avait élargi le corpus),
- ou il s'agit d'un verbe sans élargissement, et dans ce cas, il est suivi directement d'une marque de personne (-s : 1° et 2° personne, -t : 3° personne)

Et ni °E, ni une flexion verbale ne sont susceptibles de maintenir un j épenthétique. Si [j] demeure, comme dans *il réveille*, c'est qu'il s'agit bien d'un °ll, en finale du radical.

A ce stade des constats, on serait tenté d'énoncer la règle suivante : on distingue un élément structurel °ll d'un [j] épenthétique en ce que °ll est toujours maintenu s'il n'est pas suivi de voyelle réalisée (le °E a une réalisation nulle), tandis qu'un [j] épenthétique disparaît dans ces conditions.

Malheureusement, les choses ne sont pas si simples. Le projet de règle ci-dessus inclut bien entendu la position finale. Mais en finale, °ll peut être tronqué à l'instar d'autres consonnes. Ceci se contrôle après une voyelle qui n'est pas étirée antérieure :

pouilleux > pou

brouiller > brou

Mais c'est également vrai après voyelle antérieure étirée :

fourmiller > fourmi

fusiller > fusil

gentille > gentil

En fait, le seul contexte réellement crucial est celui où le thème est suivi de °E. Et comme °E est un phonème qui est morphème de féminin, élargissement verbal, marque de subjonctif, les occasions ne manquent pas de contrôler le comportement d'un radical :

Exemples verbaux

°ll	disparition de j	absence de j
il veille	il essaie	il troue
il conseille	il nettoie	il pue
il travaille	il essuie	
il fouille	il crie	
il recueille	il extraie	

Exemples non verbaux

°ll	disparition de j	absence de j
gentille	voie (voyons)	boue
corbeille	scie (sciez)	queue
canaille	gaie (égayez)	Crue
feuille	bée (béer)	
dépouille		

La règle de troncation de °ll ne s'étant pas appliquée à tous les mots, certains éléments °ll sont également repérables dans cette position : cerfeuil, cercueil, recueil, fenouil, travail.

5.3.1.4. Un problème de phonologie structurelle

Ce qui vient d'être posé comme °ll est sûrement distinct d'un [j] épenthétique ; on pense l'avoir montré.

Est-il pour autant distinct d'un phonème °i ? Au commencement de l'examen des réalités phonologiques, il a été relevé que °i se présente comme [j] après consonne simple et devant voyelle. Ne peut-on pas dire que c'est le même °i qui se présente comme [j] aussi à l'intervocalique, devant °E et en finale ? Cette question a été traitée par plusieurs linguistes fondamentalistes. La réponse ne ferait évidemment pas de doute pour le locuteurs qui ont pour °ll un l palatal. Pour eux, °ll et °i restent clairement distincts. Mais pour les autres ?

Les linguistes qui travaillent surtout en phonématique, et qui se basent d'abord sur les oppositions minimales pour déterminer le nombre de phonèmes dans une langue concluent, parfois avec hésitation, à l'existence d'un /j/ face à un /i/. Ils voient, par exemple, une opposition entre *abbaye* /abei/ et *abeille* /abej/. Mais l'hésitation peut provenir du fait que *abbaye* pourrait être interprété comme /abeii/, avec une règle phonique de semi-consonantisation pour le premier /i/. Pour obtenir des oppositions entre [i] et [j], il faut des séquences de type Cvi et Cvj. En français, en effet, des contrastes CiC/CjC, ou iC/jC ne sont pas possibles : c'est une question de distribution des phonèmes. Les structures Cvi existent bien. Mais les plus nombreuses sont en /ɥi/ : lui, luire, fuir, truie, essuie. En face, il n'existe pas de structures Cɥu. Des séquences à +oui se présentent également : fouir, fouine, gouine. A ces dernières répondent des séquences à +ouil(l)e : fouille, rouille, il se mouille.

De sorte qu'on peut opposer en phonologie de surface il fouit et il fouille. Mais au niveau structurel, les comparaisons ne sont plus possibles : ni les coupures morphologiques, ni les morphèmes en cause ne sont les mêmes dans les deux verbes (fouir n'est pas un verbe à radical °foui, mais °fou-, avec un suffixe –iss).

Ici aussi, il y a intérêt à se hisser au niveau structurel de la phonologie. Et à ce niveau, le raisonnement le plus adéquat paraît le suivant : un °i est un phonème vocalique qui a dans certaines conditions une représentation /j/ s'il est suivi d'un autre voyelle, d'où *pied*, mais qui n'a jamais cette représentation s'il est précédé d'une autre voyelle, d'où *fuir*, *fouine*. En revers, °ll est un élément consonantique qui n'a jamais d'autres représentation que /j/. Cette répartition des fonctions, en voyelle pour °i, en consonne pour °ll fait que les bonnes oppositions à donner à °ll sont des types qui manifestent les mêmes structures morphologiques, et où les radicaux sont suivis des mêmes morphèmes, ou sont en finale :

assaill-i ~ assag-i
il réveill-a ~ il révèl-a
il brill-a ~ il bris-a
seuil ~ sœur

5.3.1.5. Conclusion

Il existe en français deux éléments phonologiques structurels distincts : °i qui est une voyelle et °ll qui est consonantique. Les voyelles étirées d'avant et la diphtongue /oa/[7] ont un prolongement épenthétique [j] devant une autre voyelle. Comme °i peut se réaliser [j] dans certains contextes, comme °ll se réalise normalement [j], et comme un [j] épenthétique apparaît, il y a clairement le choix entre une écriture à base morpho-phonologique ou une écriture en phonologie de surface.

5.3.2. L'inscription dans l'orthographe

5.3.2.1. L'inscription du [j] épenthétique

La première constatation est la suivante. Les thèmes qui ont une finale vocalique antérieure étirée prennent ou ne prennent pas +y (marquant l'épenthèse) devant une voyelle quelconque réalisée.

Pour prendre, d'abord, des exemples verbaux :

Les verbes à structure +C(L)i n'ont pas d'inscription du [j] épenthétique : nous rions, nous crions.

Les verbes à structure +C(L)é, pas plus : nous créons, nous agréons.

Les verbes à structure +C(L)ui prennent un +y, qui se substitue à +i : nous fuyons, nous nous ennuyons.

Les verbes à structure +C(L)ai, de même : nous payons, nous monnayons, nous extrayons.

Les verbes à structure +C(L)oi, également : nous voyons, nous déployons.

Enfin, les verbes à structure +Cey se manifestent, où +ey- n'est pas une transformation de +ei : nous grasseyons, nous asseyons. Ces verbes feront l'objet d'une analyse particulière.

---

[7] On préfère cette notation à celle de [wa], très discutable phonétiquement. Au niveau structurel, la proportionnalité entre éloigné et loin autoriserait à poser °oe.

La deuxième constatation concerne la position d'un radical devant une consonne finale ou devant ce que les auteurs appellent généralement le « e muet », lequel est en fait le °E lorsqu'il a une réalisation nulle. Il n'y a aucune hésitation devant une consonne. Le radical ne donnant lieu à aucune épenthèse, aucun +y n'est inscrit : extrayons > extrait.

La situation est fort différente devant le °E. D'une manière générale, il y a retour au radical, c'est-à-dire abandon de toute notation +y : je plie (rai), je crée (rai). Ceci vaut également pour les non verbaux : une raie, une proie.

Mais pour les verbes du type payer, les grammairiens notent généralement comme Grevisse : les verbes en –ayer peuvent conserver +y dans toute leur conjugaison. Cette particularité est difficile à expliquer. Grevisse ajoute : payer, je paye ou je paie. La première prononciation paraît renvoyer à un verbe qui a réellement un /j/ final au radical, donc un °ll structurel ; la seconde, à un verbe à finale vocalique. Mais dans le premier cas, +y n'est pas l'inscription normale pour ces verbes : réveiller, piller, mouiller.

Encore faut-il pouvoir étendre cette particularité morphologique, avant d'être graphique, d'un verbe ayant deux radicaux en libre concurrence (avec ou sans °ll final) à tous les verbes en –ayer. Pour payer, on peut en effet hésiter dans la mesure où le radical °pai- peut toujours être concurrencé par °paill-, puisque paie et paiement peuvent être reçus – au moins selon les dictionnaires – comme paye et payement avec prononciation [ɛje].

Mais ceci est inexact pour d'autres verbes en –ayer, qui laissent facilement découvrir leur radical finale vocalique : *étayer* correspond à *étai*, *égayer* à *gai*, *essayer* à *essai*.

Le moins qu'on puisse dire, c'est que la tolérance actuelle de l'orthographe (si peu tolérante pour d'autres variantes) pour le maintien partout du /j/ des verbes en -ayer a peu de fondements, et qu'elle rompt malheureusement une série d'inscriptions ou de non inscriptions du [j] épenthétique. La bonne formulation de cette tolérance implique, en effet, une instruction du type suivant : contrairement aux mots comportant +ui (essuyer) et +oi (nettoyer), ceux qui comportent +ai (essayer) peuvent garder le +y devant le e muet.

Reste le cas que les grammairiens abordent en général de la manière suivante : les verbes en –eyer conservent toujours /j/ : je grasseye. Les formes en +ey des verbes *asseoir* et *grasseyer* constituent, avec d'autres formes de ces verbes, un beau concentré de sophistication graphique. Faisons quelques remarques :

Parmi les verbes à finale de radical /ej-/, laquelle finale dévoile un morphème dont la valence sémantique est quelque chose comme vice de prononciation, seul grasseyer prend un +e ; les autres verbes un +a : bégayer, zézayer.

Une suite +ey- devrait logiquement avoir un alternant graphique +ei. Le +y peut se définir comme une lettre de substitution à +i lorsque ce dernier est placé entre deux voyelles. Mais on ne trouve nulle part de +ei dans le paradigme de nos deux verbes.

De toute façon, +ci en dehors d'une suite +cin est une séquence graphique rare, curieuse et aléatoire.

5.3.2.2. L'inscription de °ll

Il y a probablement peu d'inscriptions dans l'écriture du français qui ont dû causer autant de soucis que celle-ci à tous ceux qui ont participé à la construction de l'édifice. On peut supposer qu'au départ la graphie +ll a été envisagée. Malgré des ancêtres latins (*famille* vient de *familia*), une suite +li était osée, à cause des risques d'une lecture l+i, semblable à celle de folie, jolie.

Considérons les différents cas.

Après +i, c'est effectivement la suite +ll qui s'est imposée : la bille, il vrille, gentille. Mais ce choix n'était pas sans conséquence sur la bi-univocité entre phonèmes et lettres, car des anciennes géminées du latin ou d'autres séquences +ll ont valeur phonique /l/ : ville, mille, million, milliard, allié...ainsi que tranquille, pour tous ceux qui dans ce dernier mot ont réduit °ll à °l. Ainsi, lorsque l'on prononce /l/, on ne peut pas toujours prédire si l'on inscrit un seul +l ou deux (ballade, mais malade) ; si l'on prononce /j/ et qu'on peut assurer qu'il s'agit d'un °ll structurel, on peut prédire +ll ; mais pour l'étranger qui n'a pas encore mémorisé la phonie du mot, le décryptage de *ville* et de *bille* ne le renvoie pas automatiquement à la bonne prononciation.

Après les autres voyelles, la structure retenue est habituellement +ill à l'intervocalique : travailler, fouiller, feuillage. L'introduction du +i avant +ll permet théoriquement de différencier ici l'inscription de °ll de celle de °l quand ce dernier s'inscrit +ll : *nous travaillons* face à *nous allons*, *veille* face à *vieille*. Insistons sur le théoriquement, parce qu'il existe un cas où le danger de confusion est nul. C'est après +ou, parce qu'une des constantes remarquables de la graphie française est qu'après +ou elle n'ait jamais retenu une séquence /ll/ du latin, ni introduit +ll pour d'autres raisons. Pour le latin, voir *pulla donnant poule, *bulla donnant boule. C'est donc après +ou, plutôt qu'après +i, que °ll aurait pu s'inscrire +ll sans confusion avec d'autres lectures possibles. Ce qui ne signifie pas qu'il fallait le faire. Il faut rester un peu structurel : il est plus facile d'appliquer une règle disant « écrivez +ill après toute voyelle » que la règle édictant « écrivez +ill après çà, et çà mais pas çà ».

De +ill à +il. Une sorte de « retour au masculin », et donc en finale, a permis de ramener +ill à +il : le travail, le cerfeuil, un fenouil. Ceci a pourtant été évité après +i, les finales +il étant prises soit par des mots à °l (fil), soit par des mots à °ll subissant la troncation consonantique : fusil (fusiller), outil (outillage). D'où, *un joyeux drille*. Les finales du masculin en +il paraissent naturelles à l'ensemble des auteurs et des enseignants. Et l'on est généralement sévère pour l'enfant qui écrit le travaille. En fait, cet abandon graphique du deuxième +l n'a peut-être pas été un trait de génie. En effet, il faut rappeler qu'après les trois autres consonnes palatales, la pose du +e de soutien est de règle :

°ɲ : le peigne, le règne

°ʒ : le voyage, un crayon rouge

°ʃ : il est moche, un tissu rêche

Pourquoi la quatrième palatale doit-elle échapper à cette convention ? Si on l'avait appliquée, le réveille, le travaille et du fenouille ne paraîtraient bizarres à personne.

5.3.2.3. L'inscription d'un °i prononcé [j]

En général, un °i est inscrit comme +i, même s'il a une réalisation [j]. Il y a cependant deux cas où l'on peut constater des ruptures dans cette décision. On n'avait pas traité, dans les préliminaires phonologiques, de la prononciation d'un °i initial suivi de voyelle. C'est que les attestations en sont rares, et n'avaient pas de grande portée pratique pour l'étude de la relation entre phonologie et décisions d'écriture. Il faut cependant maintenant en traiter rapidement.

1) Pour noter ceci :

- Les mots commençant par °i suivi de voyelle ne sont pas rares, mais la plupart sont des mots d'origine grecque ou étrangère contemporaine. Ils appartiennent donc à ce lexique périphérique, à propos duquel on a relevé, dans d'autres chapitres, de quel poids il pèse sur la prédictibilité de l'écriture du français, un peu par sa phonologie, et beaucoup par les choix faits dans la transcription graphique. C'est donc le lieu de le redire que des mots d'origine grecque, comme hiérarchie, hiatus, hyène, hyoïde ne sont en rien prédictibles quant à l'inscription de leurs voyelles initiales. Que *yacht* ou *iode* auraient pu, tout aussi bien échanger leur voyelle initiale sans qu'on puisse faire d'objection. Que *ïambe* aurait pu s'écrire *iämbe* ou *yambe*. Sans définition de principes clairs et solidement argumentés qui puissent permettre une écriture prédictible de tous ces mots, ces derniers et bien d'autres ne pourront jamais être écrits correctement que moyennant un appel à la mémorisation brute, et terme par terme. Dans le lexique central, on repérera le cas de *yeux*. Le substantif a été tellement trituré par l'histoire qu'il est bien difficile d'affirmer que la première lettre vaut pour un °i. Mais au regard des apprenants, la séquence phonique est bien celle qu'on retrouve dans : factieux, contentieux, prétentieux, pieux, lieu, milieu. Qu'on ne s'étonne donc pas que des enfants écrivent des ieux. Cet +y initial ne peut se prévoir que si l'on explicite une règle comme : « un /i/ initial devant voyelle s'inscrit +y », mais il ne sert à rien d'édicter une règle pour un hapax, ou alors, comme il vient d'être écrit, il faut appliquer le même principe à tous les mots d'origine étrangère.

- Bien plus intéressant, parce que répétitif, est ce qui arrive au suffixe très productif qu'est °jer : pommier, épicier, piétonnier, dernier, ou à cet autre suffixe °iε~ : ancien, païen. Etant suffixe, cet élément - au plan phonologique - se prononce-t-il [i] ou [j] ? Et comment s'écrit-il ? Pour bien aborder cette question, il va être nécessaire , une fois de plus d'introduire un peu de phonologie. Le suffixe °jer a une représentation /er/ après consonne palatale. C'est une règle morphophonologique, et non graphique. Après une consonne labiale, dentale ou vélaire, et après la palatale °ɲ, on a toujours une représentation /jer/ écrite +ier : pommier, plombier, troupier, grenier, grenadier, compotier, figuier, banquier, vivier, saucier, chataignier. Mais après °ʒ, °ʃ : boulanger, harengère, potager, fromager, boucher, maraîcher. Après °ll, on peut relever groseillier mais oreiller. La conclusion provisoire est que des aléas graphiques se sont glissés après °ll.

La question est maintenant la suivante. Comment ces règles phonologiques se sont-elles traduites dans l'écriture ? Et, pour en juger, il est bon de se souvenir que le suffixe °jer n'est pas seul en cause. Dans les verbes, il faut traiter également des flexionnels complexes °jõ, °je (pluriel imparfait et subjonctif) ; ailleurs, il faut aussi rendre compte d'un suffixe °ε~ avec les différences d'inscription qu'il marque entre alsacien et méditerranéen.

Il faut avertir le lecteur. S'avancer dans les méandres des considérations qui ont mené à l'écriture reçue n'est pas une opération simple. Nous savons, par l'étude des verbes et autres éléments dans lesquels apparaît une épenthèse [j] que le +j s'y substitue aussi à un /i/. Peut-on donner une règle supplémentaire, disant que +j se substitue aussi à un /i/ venu, non pas du radical, mais du suffixe ? En d'autres termes, dans °métai-ier, le /j/,venant de l'arrière, sera-t-il inscrit +y ? On sait que, dans ce cas, la réponse est affirmative. Mais l'est-elle partout ?

Partons de *métayer*. Et opposons-y *caféier*. Ceci nous permet de risquer une prédictibilité graphique : un /j/ venu de l'arrière est inscrit dans les mêmes conditions qu'un [j] épenthétique, c'est-à-dire si l'on peut admettre qu'il est déjà précédé d'une structure graphique incluant un +i après une autre lettre vocalique. Cette règle permet d'opposer graphiquement *caféier* (qui n'a pas de +i précédant le °i) à *métayer* (qui a ce +i dans métai-) et à voyer, dans *un ouvrier voyé* (où l'on a +i de voi-), comme à noyer (°noi-ier, qui porte des noix). Mais cette injonction fonctionne-t-elle partout ?

2) en appliquant cette instruction, on ne peut qu'aboutir à une écriture identique de certaines personnes verbales à l'indicatif présent, à l'imparfait et au subjonctif présent. Les structures profondes pour étayer sont respectivement:

indicatif présent : nous °étai-ons, imparfait : nous étai-ions

Bien que la prononciation soit la même au présent de l'indicatif et aux autres paradigmes, on s'est trouvé devant une opportunité (plutôt qu'une nécessité) de marquer à l'écrit la différence ente temps et modes. On a donc recouru pour l'imparfait et le subjonctif, à l'inscription de la forme de base : °jõ, °je (z). Ainsi, on distingue : nous étayons, nous étayions, que nous étayions.

On peut remarquer, d'ailleurs, qu'avec des arguments différents, la même décision a été appliquée aux verbes à °ll final : nous travaillons, nous travaillions. L'absence du +i dans *que nous ayons*, *que nous soyons* se justifie alors du fait que les subjonctifs, ici, ne doivent pas s'opposer graphiquement à l'indicatif, à cause d'une alternance dans les radicaux : que nous ayons/nous avons ; que nous soyons/nous sommes. Mais les nombreux écarts constatés, pratiquement toujours les mêmes : *que nous ayions*, *que nous soyions*, montrent que cette convention n'était pas très convaincante. Les « fautifs » appliquent une convention beaucoup plus générale : dans le système verbal, les désinences °jõ, °je(z) sont toujours inscrites, même si une règle phonologique efface le °i. C'est d'autant plus de bonne guerre que les flexionnels °jõ, °je(z) ne perdent jamais le °i- après une palatale fricative, contrairement au dérivationnel °jer : vous bouch-iez face à un bouch-er.

3) Les cas comme pays et abbaye restent curieux. La notation phonétique n'est pas unanime. Un codage [pɛi] trouvé dans un dictionnaire a contre lui les locuteurs qui n'admettent pas de [ɛ] devant un /i/, et prononcent donc [pei], mais aussi tous ceux qui développent un [j] épenthétique, et prononcent [peji] ou [pɛji].

Dans *abbaye*, on constate d'abord la transformation du +é de abbé en +ai. Pourquoi cette transformation, sinon parce que l'épenthèse en [j] avait été relevée chez les locuteurs (comme dans asseyons et mareyeur, cas très voisins). La séquence de surface étant donnée, le yod est bien intervocalique pour la plupart des locuteurs. Tout ce qu'on peut placer ici est une convention, fabriquée sur mesure, du type : un +i précédé d'une autre voyelle et non suivi de voyelle réalisée est inscrit +y.

En fait, il faut être clair. Si des graphies comme payis et abbayie ou péis et abbéie avaient été sélectionnées en temps voulu, on n'aurait même pas à réfléchir sur ce type de problème.

4) en dérivation, il faut décider si les graphies *théière* et *caféier* sont prédictibles. Le suffixe étant °ier, l'épenthèse en [j] ne se fait pas et on inscrit café-ier, et non caféy-er. Ce serait parfait si l'on ne constatait un autre traitement pour le suffixe °ien. La forme de base de ce suffixe est °ien et non °en. Il a même la particularité, par rapport à °ier, de garder son °i-, après une palatale : collégien, autrichien. Mais après un +é, l'inscription est toujours en +en : lycéen, *vendéen*. Dans son précis, Grévisse (1969 : 22) note le suffixe –ien, -éen. Il est des plus importants de savoir ce que l'on attribue au thème et ce qu'on accorde au suffixe. Si –éen est une variante liée de –ien, on doit pouvoir montrer dans quelles conditions phoniques l'une et l'autre apparaissent. Or, si dans vendéen, par exemple, on dit que le radical est vend- et le suffixe –éen, on se heurte au fait qu'à finale consonantique°-d semblable, le radical ind- donne indien et non indéen. En fait, la variante –en s'appuie sur les

thèmes à finale °-a. Le problème est de savoir pourquoi on n'a pas tout simplement ici gardé le suffixe sous sa forme de base : lycéien, vendéien. Est-il vraiment exact que le /i/ ne se prononce pas sous forme de /j/ ? On peut en douter, sauf pour raison d'hypercorrection due à la graphie. Faut-il plutôt penser qu'il y a eu grande réticence à écrire toute suite e+i ailleurs que devant nasale ? La piste semble meilleure et probablement les mots en –éen, dans leur ensemble, plus anciens que théière et caféier, qui dérogent à cette aversion.

Toujours est-il qu'actuellement une ligne d'imprédictibilité sépare le traitement accordé aux suffixes °ier et °ien après °é : caféier et théière d'une part, lycéen et vendéen de l'autre).

5) Peut-on donner, à partir des principes relevés jusqu'ici, une certaine prédictibilité graphique à des mots contenant une séquence /ɥi/ avec le suffixe °ier, comme : gruyère, écuyer, bruyère ? C'est d'abord une question de possibilité d'analyse. On ne connaît pas de radical bru, ou brui d'où *bruyère* serait dérivé. De ce fait, bruyère n'est pas plus prédictible que cuillère. Le /j/ intervocalique peut être attribué à °ll comme à un autre élément : bruyère, cuyère, bruillère, cuillère, tout est possible, et tout se trouve de fait dans l'écriture des apprenants.

Par contre, il existe des répondants à gruyère comme à écuyer. Mais il ne s'agit pas de dérivations qui vont de soi. La gruyère est une endroit fréquenté par des grues ; un écuyer travaille dans l'écurie (et porte un écu, un bouclier). Le lien sémantique est trop ténu aujourd'hui pour pouvoir servir de guide à une graphie correcte. Ce qui nous intéresse donc ici est plutôt de savoir si ceux qui ont inscrit ces mots (à une époque où le lien sémantique était encore conscient) ont simplement suivi les consignes précédemment relevées à propos de °ier, ou s'ils ont dû en ajouter une nouvelle. Pour l'apprenant, il est assez sûr que gruillère, gruillaire, gruyaire peuvent être attendus. Pour écuyer, l'existence d'un féminin écuyère le guidera vers un +er final, mais il n'y aurait pas de surprise à trouver écuiller, écuillère.

Pourquoi n'écrit-on pas gruière, écuier comme théière et caféier ? On avait énoncé la règle d'inscription graphique disant que même un +i venu d'arrière, s'il est précédé d'un autre +i, fusionne en +y. Or ici, le °i n'est pas précédé d'un +i, mais d'un +y. On a donc, nécessairement, introduit une nouvelle convention. Et elle a dû l'être pour des raisons phonologiques : le /y/ étant une voyelle fermée, se transforme - comme le /i/ - en semi-voyelle lorsqu'il est suivi de voyelle. En phonologie de surface, il y a équivalence entre deux formes à structures morphologiques différentes comme °essui-er et °écu-ier. C'est de cette équivalence de surface qu'ont été tirées les graphies parallèles de *essuyer* et *écuyer*.

5.4. Le statut des fricatives dentales

Au niveau de ce qui est prononcé, l'ensemble des éléments en discussion se manifeste soit comme /s/, soit comme /z/. Les linguistes sont cependant réticents, assez souvent, à admettre que la langue française possède tout simplement un phonème /s/ et sa correspondante sonore /z/.

5.4.1. Les apparitions de /s/ et de /z/

Les linguistes peuvent faire remarquer que /z/ a une distribution assez curieuse. Il est courant entre deux voyelles, soit à l'intérieur du mot (oser, baser, douzaine, hasard) soit en liaison (vous avez, ils osent, petits enfants). On le trouve également en finale superficielle, devant un °E latent (ose, base, bouse), ce qui, à un niveau un peu plus abstrait, revient encore à le situer entre deux voyelles. Par contre, il est très rare en finale stricte : gaz. On le trouve rarement aussi après une nasale (onze, quinze, bronze, transitoire) et dans le vocabulaire courant, il n'existe guère qu'un exemple d'apparition après une sonorante non nasale : quatorze. Enfin, à l'initiale, une consultation de dictionnaire atteste un nombre très réduit de mots usuels : zèbre, zèle, zénith, zeste, zézayer, zigouiller, zig-zag, zinc, zizi, zizanie, zodiaque, zone, zoo, zouave, zozo.

En stricte problématique, ceci suffit pourtant à l'opposer à /s/, comme le montre le tableau suivant d'oppositions minimales :

zinc ~cinq ; onze ~ once ; rosé ~ rossé ; case ~casse.

En finale pure, le fait que l'on ait gaz d'une part et os de l'autre montre qu'il est difficile de réduire les deux réalités à une simple variation libre de prononciation.

5.4.2. Une convention d'inscription de /s/ et /z/

Saisissons-nous des faits qui viennent d'être décrits, et posons la question suivante : en laissant provisoirement de côté le problème de l'inscription +c valant pour /s/ dans l'écriture actuelle (cidre, ici, race, poncer), peut-on atteindre une prédictibilité d'inscription et de lecture à partir des conventions dominantes aujourd'hui, c'est-à-dire en inscrivant tantôt +s, tantôt +ss, ou encore +z, non seulement en fonction du phonème - sourd ou sonore - mais encore de sa position ? La réponse est potentiellement affirmative si l'on considère le tableau suivant :

Phonème	Initiale	après N, R	finale	Intervocalique	fausse finale
/s/	+s (singe)	+s (once)	+s (os)	+ss (casser)	+ss (casse)
/z/	+z (zinc)	+z (onze)	+z (gaz)	+s (caser)	+s (case)

Il y a une distribution complémentaire entre +s et +ss pour /s/, parallèle à la distribution complémentaire entre +z et +s pour /z/.

Ce tableau appelle cependant des commentaires :

- Pour un francophone contemporain qui se référerait au seul niveau phonématique, tout ceci ressemble fort à une machinerie arbitraire : il n'y a pas de raisons d'inscrire un même +s une fois pour /s/ (singe) et une autre fois pour /z/ (case). La différence de contexte permet bien de prédire l'inscription que l'on adoptera, elle ne la justifie pas pour autant. C'est tout simplement une complication - dangereuse pour le nouvel apprenant de la langue - qui fait mauvaise figure face à la limpidité biunivoque de l'inscription respective de /s/ par +s et de /z/ par +z, que prônent certains réformateurs, téméraires peut-être, mais cohérents en tout cas.

- Il faudrait en outre, pour que prédictibilité il y ait, que la convention soit générale. Or, elle ne l'est pas, car +z concurrence, et de plus en plus, un +s à l'intervocalique : azote, lézard, bizarre, suzerain, douze, rizière, bazar, bagouze (et quelle que soit l'origine des mots) sont autant de termes qui n'obéissent pas à la convention. Certes, on peut estimer que douze, treize, et seize sont prédictibles moyennant une convention grammaticale très limitée, spéciale aux numéraux, qui aligne ces nombres sur onze, quatorze et quinze, où le +z est nécessaire après sonorante. Mais il est impossible de faire entrer tous les autres mots à +z intervocalique dans une convention quelconque. A la suture des mots, après certains préfixes, la situation n'est pas plus claire. La convention générale aurait voulu que asocial, asexué, antisémite, antiseptique, contresigner soient écrits avec +ss. Une convention particulière peut, bien entendu prévoir : « sauf à la suture d'un préfixe et d'un radical », mais il faudrait encore marquer une exception pour re- (ressusciter, ressortir, ressurgir, ressemeler) et à l'intérieur de cette dernière, il y aurait lieu d'être très exigeants pour des apparitions du re- itératif dans la langue de tous les jours : ressaler, ressituer, ressaluer, resavonner, se ressoûler. Quant au préfixe trans-, il demanderait à lui seul une règle prévoyant qu'il garde partout une inscription +s, même lorsque la sortie phonique est un /z/ : transalpin, transaction, transhumance. Ainsi, de convention générale déjà compliquée en sous-convention contraires, pour aboutir à trouver de toute façon un bon petit lot de mots qui ne respectent rien, on se voit plutôt devant des lambeaux de conventions que devant un système clair.

5.4.3. Les autres transcriptions du /s/

En outre, sans être entièrement gratuit, l'examen qui vient d'être fait reste très partiel. Car on sait qu'il faut ajouter, comme représentants graphiques de /s/ :

- Un +c très courant devant +i et +e : cire, céder, percer.
- Un +ç dont il est nécessaire de fixer le statut : garçon, nous perçons, hameçon.
- Un +t, dont on peut déjà dire qu'il ne se manifeste que dans certaines suffixations : attention , partiel, balbutier.
- Dans les suites /ks/, quatre possibilités : +x (boxer), +cc (accent), et même +xc (excès) et +xs (exsuder).

Comme ailleurs déjà dans cette étude, cette surabondance de marques graphiques nous invite par elle-même à nous interroger sur le niveau auquel l'écriture de la langue nous rattache, pour les éléments que nous examinons : peut-on prendre des références au niveau structurel, plutôt qu'à celui de la sortie phonématique ? Et ce, tout en précisant bien qu'il s'agit de structure, et non d'histoire : on peut dire que le +c valant pour /s/ est inscrit en français pour des raisons historiques. Ceci n'apporte à l'usager aucune prédictibilité. Mais si l'écriture retrace une opposition structurelle entre, par exemple, un élément °ç et un élément °s, alors des prédictibilités sont possibles.

5.4.4. Les éléments en cause au niveau structurel

Il faut donc tenter de montrer quels sont les éléments, unités ou séquences, qui existent dans la phonologie structurelle de la langue. Après quoi l'on pourra examiner comment ils se projettent au niveau phonématique, puis comment l'écriture les retrace.

5.4.4.1. L'élément °s

En fait, le recours au niveau phonématique, tel qu'on l'a pratiqué dans les pages précédentes, et qui pourrait poser simplement en français une fricative dentale sourde /s/ face à une sonore /z/, ne tient pas compte de variations contextuelles qui, même pour un radical, voient alterner un /s/ et un /z/. Ce que l'on peut montrer par les exemples suivants :

/s/	/z/
1)consister	résister
absorber	résorber
conserver	réserver préserver
consignation	résignation
Consonance	résonance
assumer	résumer présumer
absolu	résolu
consulter	résulter
absent	présent
Assomption	présomption
2) transporter	transiter
transversal	transaction
Transformer	transiger
souscrire	sous-estimer
soustraire	sous évaluer

Dans la première série, c'est la consonne initiale du radical lexique qui subit l'alternance /s/ ~ /z/. Dans la seconde, la consonne finale du préfixe °trans- ou °sous-. On pourra arguer que ces phénomènes ne sont pas centraux dans l'appareil phonologique du français, et c'est assez vrai que la préfixation ne cause pas, de nos jours, une alternance dans un /s/ qui suit : supposer et présupposer, servir et resservir, saler et dessaler. Il n'en reste pas moins que ces variations fournissent une clé d'interprétation des faits phonémiques, qui est la suivante : il existe un °s, qui a une sortie /s/ normale, sauf à l'intervocalique, où la sortie est /z/. La résultante graphique, non pas obligatoire, mais assez logique, consiste alors à écrire +s, quelle que soit la variation phonématique : série, absorber, léser, blouse. Une fois connue par l'usager cette règle phonologique de variation du °s, il est amené à en tirer certaines conséquences.

Si un /z/ et non un /s/ se présente à l'initiale d'un mot, il ne peut s'agir de °s. Il s'agit donc de la manifestation de l'unité structurelle °z, qui sera inscrit +z : zèbre, zoo. Le même raisonnement vaut après une sonorante : onze, bonze, bronze, quatorze renvoient obligatoirement à °z.

D'une manière similaire et à la fois inverse, si l'on trouve à l'intervocalique un /s/ et non un /z/, ce n'est pas non plus un °s qui est représenté ni un °z. C'est donc autre chose, dont il faut déterminer la nature. Sont à traiter ainsi des mots comme fossé, facial, fesser, ficelle, fissure, faucille.

5.4.4.2. La séquence °ss

Selon ce qui a été vu aux paragraphes qui concernent le °e, lorsque ce dernier est phonématiquement /ɛ/, un /s/ intervocalique qui suit est nécessairement une consonne double structurelle chaque fois qu'elle ne se trouve pas elle-même devant un °E. Tous les mots qui présentent ce schéma phonique sont prédictibles si l'écriture assure bien une inscription +ss dans ce cas : dresser, fesser, presser, tresser. Il faut pourtant prendre la précaution de vérifier que le /ɛ/ est ferme. Dans *je dépèce*, il y a /ɛ/, mais l'ouverture du °e ne se maintient pas dans *nous dépeçons*, donc devant autre chose que °E ; de ce fait, le /s/ qui se trouve après /ɛ/ ne peut être une attestation de °ss. Le corollaire est donc que tout /s/ qui suit un /e/ ou un /ə/ renvoie à un autre élément que °ss, et qui ne peut pas plus être un °s simple (sinon il y aurait /z/ en sortie phonématique). On posera provisoirement le symbole °ç pour rendre compte de cet élément, qui se trouve inscrit avec +c dans des mots comme médecin, clavecin, rapiécer, dépecer.

Pour marquer les limites de cette détection de °ss, et corollairement de °ç, il faut bien préciser qu'elle n'a lieu qu'après /ɛ/. C'est dire du même coup qu'après toute autre voyelle, ou même après /ɛ/, mais devant °E, il n'est pas possible de faire directement la preuve qu'un /s/ renvoie bien à °ss (et doit, selon l'écriture reçue, s'inscrire avec +ss). On ne peut prouver que +ss plutôt que °ç. Au moins tant qu'on n'a pas montré qu'ils ne peuvent être issus de °ç.

5.4.4.3. Les éléments °k et °ç

Si l'on repère un °ç après °e d'une manière indirecte (parce qu'il ne peut s'agir d'un °ss), il est d'autres contextes où l'on peut montrer directement qu'une sortie phonématique /s/ est reliable à un °k structurel.

D'abord lorsqu'il existe une alternance entre /k/ et /s/ :

/k/	/s/
musique musical	musicien
mathématique	mathématicien
physique	physicien
pharmacologie	pharmacie
lubrique	lubricité
bercail	berceau

Ensuite, d'après le préfixe °ad-. Ce dernier ne peut être suivi d'une séquence °ss, dont la distribution est limitée à l'intervocalique. Il peut être suivi de °s, mais dans ce contexte le °-d du préfixe est assimilé (puis disparaît, en général, en sortie phonématique) : assumer, assagir, asservir, assurer, assimiler. Par contre, devant ce qu'on nommera °ç, le °-d du préfixe devient /k/ : accéder, accessoire, accepter, accentuer, accélérer, accident. La différence de comportement de °ad- devant °s ou devant °ç permet donc de prédire une écriture où ce dernier élément est inscrit comme +c.

La condition pratique est cependant que la formation °ad- suivie d'un radical soit repérable par l'usager. A cet égard, *accident* qui répond à *incident*, *accéder* qui fait pendant à *concéder*, ou encore *accélérer* et *décélérer* sont plus facilement segmentables que *accentuer*, qui ne livre nulle part ailleurs la preuve qu'on peut isoler –cent (décentuer ? concentuer ? concenter ? les tests sont tous négatifs). Il va sans dire que, lorsque l'existence d'un °ç peut être extraite d'une construction à °ad-, l'inscription d'un +c devient prédictible chaque fois que le même radical est utilisé. C'est ainsi que le verbe céder a, en fait, une écriture prédictible. Comme on le verra plus loin, le choix entre un +s (seller) ou un +c (cirer) à l'initiale est presque totalement aléatoire. Si *céder* échappe à l'aléa, c'est tout simplement parce que le dérivé *accéder* existe. Si le radical était °sed-, le dérivé serait, en effet, asséder.

5.4.4.4. L'élément °t

Devant des suffixes à contour phonique bien précis, un °t a une sortie phonématique /s/. Comme ce °t entre en concurrence, dans ces formations, avec d'autres éléments de la phonologie tels que °s et °ss, et qu'il s'agit d'un cas très précis de convention restreinte à un phénomène de dérivation, ce sujet sera traité pour lui-même ultérieurement (Chapitre 8).

5.4.5. Pour un bilan de la prédictibilité

Sauf erreur, la prédictibilité sur l'inscription de « tout ce qui s'entend comme /s/ (site, assurer, accéder, attention, excès, axe, prémisse) ou comme /z/ (rose, lézard, zeste, gaz, exutoire, transhumant) » se réduit, pour l'essentiel, aux situations qui viennent d'être décrites. Des recherches très approfondies, et très localisées sur certains préfixes ou suffixes apporteraient peut-être quelques lueurs supplémentaires, mais qui seraient de toute façon assez marginales. Ainsi, une étude de préfixe °ex- montrerait qu'il n'y a rien d'autre qu'un +x à inscrire lorsque la séquence sort phonématiquement comme /gz/ : exulter, exalter, exorbitant. Mais il n'y a pas de prédictibilité absolue sur une séquence /ks/ : le préfixe °ex- réagit partiellement, mais partiellement seulement, comme °ad- traité plus haut. On a bien excès, exception, exciter, excentrer, mais une suite +xs peut également se trouver avec exsangue, exsuder.

Proposons un bilan sinon totalement exact, du moins largement indicatif.

Relevons d'abord que, pour cette inscription de ce qui se présente comme des fricatives dentales au plan phonématique, l'écriture du français est largement historique, mais avec quelques aboutissements synchroniques encore analysables. Ces aboutissements sont à chercher dans la phonologie structurelle plus que dans ce qui est prononcé. Il existe aussi, cependant, une part plus phonématique, qui est surtout assurée par l'entrée en jeu de la lettre +z, destinée à couvrir certaines apparitions du /z/. Logiquement, ce qui n'a plus de fondements synchroniques, ce qui n'est plus que de l'histoire détermine une part au moins des aléas dans notre écriture reçue. Une autre part peut venir de conventions mal appliquées, de la concurrence de conventions. Les deux sources d'aléa se conjuguant ici, et n'en déplaise aux tenants de la grande valeur systémique de l'orthographe française, il faut reconnaître que les zones de prédictibilité sont plutôt rares. Puisqu'elles ont été explorées ci-dessus, il n'est pas inutile de nous attarder plus sur les aléas qu'elles laissent en place. Une analyse positionnelle semble un bon moyen de les démasquer.

5.4.5.1. La situation à l'initiale du mot

La sortie phonématique /z/ est prédictible, parce que c'est le lieu où la lettre +z s'est imposée : zèle, zoo.

Par contre, la sortie phonématique /s/ donne lieu à beaucoup d'imprédictibilités devant les voyelles d'avant (sauf /y/ et /ã/). Tout le monde peut remarquer qu'il n'y a d'autre lettre initiale que +s devant /a/, /o/, /u/, à l'exception du mot *ça*, qui est un raccourci de cela. Sinon : sa, son, soulier, sur, sage, sonder, soudain…et des centaines d'autres mots, d'autres radicaux. Cette fermeté de +s devant certaines voyelles est-elle pour autant une vraie prédictibilité ? Oui, si ce mot veut simplement marquer la sécurité qu'à l'apprenant sur ce qu'il doit inscrire. Non, si l'on admet que la prédictibilité découle obligatoirement des principes liant la phonologie et la grammaire de la langue à sa mise en écriture. S'il existe une règle énonçant qu'un phonème /s/ initial s'écrit +s, et pas autrement, le fait de dire : « et d'ailleurs, c'est bien ce +s que nous trouvons devant a, o, u (sauf dans ça) » n'est rien d'autre qu'un constat a posteriori. Qui énonce tout simplement qu'après avoir relevé des exceptions, on est parvenu à isoler un sous-ensemble (ouf !)...où elles étaient absentes, par hasard.

Il faut s'en faire une raison : dans la situation actuelle de notre écriture, aucun +s, +c ou +sc initial n'est prédictible par une autre approche. Il n'y a pas plus de raisons d'écrire scier que sier ou cier. N'importe quelle consultation d'un dictionnaire montrera l'étendue du vocabulaire qui tombe ainsi dans le champ de l'aléatoire.

5.4.5.2. La position pré-consonantique

Seul un /s/ sort dans cette position. C'est en tout cas l'avis des linguistes qui ne pensent pas que l'assimilation d'une sourde devant consonne sonore soit totale, donc qui estiment que nous ne prononçons pas réellement /azbɛst/ pour asbeste. S'il en est ainsi, on constate que la prédictibilité est bonne, qu'il y a très peu d'exceptions à une inscription normale en +s : sport, studieux, aspect, obstacle. On citera comme écart, relevant surtout d'une incapacité du français à intégrer à ses principes d'écriture les mots étrangers, la religion mazdéenne.

5.4.5.3. La position post-consonantique

Les sorties phonématiques peuvent être /z/ ou /s/. La sortie /z/ est limitée : elle ne se produit qu'après nasale ou °r dans quatorze. La prédictibilité sur +z est assurée dans le corps des morphèmes : bronze, bonze, gonzesse, onze, quinze, quatorze. On peut énoncer une prédictibilité inverse sur +s avec le préfixe trans- . Il suffit de noter une convention selon laquelle ce préfixe est inscrit dans sa forme de base °trans-, même si l'entourage phonique est cause d'un passage de °-s à /z/ : transhumance, transalpin.

La sortie /s/ présente dans cette position les mêmes aléas qu'à l'initiale, avec la complication de l'entrée en jeu de +ç. Il n'y a qu'un repère, comme le préfixe °ad- (accepter, mais assortir), ou une alternance renvoyant à °t (attentif, attention), à °s (démise, démission) ou à °k (parc, parcelle), on se trouve devant l'impossibilité de trancher entre l'inscription d'un +s, d'un +c, voire d'une suite +sc. Il n'existe plus de tests phonologiques disponibles aujourd'hui pour justifier de l'inscription du /s/ dans des mots aussi variés que danse, dense, rance, froncer, percer, persil, ancien, verser, valser, abscisse.

Le statut de la lettre +ç peut être défini comme suit : il s'agit d'un substitut du +c valant pour /s/ lorsque, par suite d'un phénomène de flexion ou de dérivation, ce +c se trouve placé devant +a, +o, ou +u. Vue sous l'angle des prédictibilités, la situation de +ç est très curieuse. Il s'agit, très précisément, d'un cas de prédictibilité en dépendance d'un aléa, ce qui peut guère se produire que dans des écritures très compliquées, comme l'est celle du français. Pour illustrer la chose, prenons le verbe commencer. La flexion verbale produira des formes telles que nous commençons, nous commençâmes, dans lesquelles le mécanisme qui consiste à inscrire la cédille jouera sans grande difficulté pour l'apprenant. Du moins, c'est ce qu'estiment souvent les enseignants, qui n'oublient qu'un point, mais d'importance : on ne peut écrire correctement *nous commençons* que si l'on sait comment écrire *commencer*. Mais la graphie de *commencer* est aléatoire, car rien ne peut expliquer qu'on écrive *commencer* mais *compenser*.

Parce qu'il intervient en cas de flexion ou de dérivation à l'arrière du radical, le +ç ne se présente normalement pas à l'initiale. Il n'en résulte malheureusement pas que son inscription soit toujours prédictible, comme substitut de +c. Dans la flexion, cette prédictibilité conditionnelle est généralement vérifiée, mais il n'en va pas de même dans la dérivation, qui est un cadre de faits beaucoup moins réguliers. Si l'on s'interroge pas exemple, sur le radical qui justifierait la graphie de charançon, on ne trouvera rien, de sorte que l'apprenant qui inscrit *charanson* comme échanson a peu de reproches d'ordre logique à se faire.

5.4.5.4. La position intervocalique

Ici aussi, les deux sorties phonématiques en cause sont /s/ et /z/. La sortie /z/ a comme particularité, dans ce contexte, de ne pas renvoyer automatiquement à un élément structurel °z. On peut, en effet, affirmer que tout ce qui se présente comme /z/ à l'intervocalique est un °s. Si ce n'est pas la seule option possible sur la phonologie structurelle du français aujourd'hui, c'est en tout cas une option défendable. Elle correspondrait, en fait, aux conventions d'inscriptions reçues si celles-ci étaient restées cohérentes. Ce qui en découle est ceci : les inscriptions blouse, oser, aise, vase, léser, viser, raison, usure et tant et tant d'autres seraient entièrement prédictibles si elles n'avaient été gênées par les malencontreuses apparitions de +z dans bizarre, lézard, dizaine (mais dixième !) et les récents balèze, tantouze, pèze. Le +z qui se présente à la deuxième personne du pluriel des verbes a aussi joué son rôle pour troubler la référence unique à °s et donc +s , mais il mérite une analyse particulière présentée au chapitre 7.

La sortie /s/ exige d'abord le rappel suivant : à l'intervocalique, cette sortie ne peut renvoyer à °s. Après quoi, on peut ajouter : après /ɛ/, elle peut renvoyer à °ss. Précisons bien qu'elle peut renvoyer à °ss, non qu'elle y renvoie nécessairement. Selon ce qui a été expliqué plus haut, un /ɛ/ précède deux consonnes structurelles. Il ne s'agit pas obligatoirement de deux consonnes identiques. Un °ç peut donc concurrencer un °s comme seconde consonne. C'est ainsi que si le verbe acquiescer avait encore quelque part un correspondant indiquant que la finale du thème est bien un °k, il y aurait prédictibilité sur +sc. Comme ce n'est pas le cas, et que ce ne l'est pratiquement jamais, il reste simplement à dire que +ss serait partout prédictible après /ɛ/...s'il n'y avait des mots comme escient, putrescible, acquiescer qui démentent la convention. On pourrait d'ailleurs ajouter que /ɛ/ lui-même n'est pas une attestation sûre de °e devant +ss, puisque l'on connaît les mots baiser, laisser, nous paissons avec des alternances bas / baisser, pâtre /paître qui laissent planer de sérieux doutes sur un °e structurel. Ici encore, ces verbes ont une inscription +ss.

Après toute autre voyelle que /ɛ/, les aléas reparaissent en masse. Eliminés les recours qui, radical par radical, permettent de prédire +c à cause de °k (optique, opticien), ou +t à cause de °t (instituteur, institution), il ne reste plus de possibilités de choisir +s plutôt que +c, dans nombre de mots : race mais crasse, crosse, mais féroce, souriceau mais arbrisseau, lice mais lisse, douce mais frousse. Les mots abondent, au dictionnaire, pour lesquels aucun critère ne permet de trancher entre l'inscription d'un +c, de +ss, ou d'une autre possibilité.

5.4.6. Conclusion

Il est important de relever que les inscriptions concurrentes de +s et +z ont en français des raisons qui ne sont plus que d'ordre historique (et parfois de dissimilation graphique comme dans scier et sceau). Précisément parce qu'elles ont ce caractère historique, une grande résistance se manifeste envers ceux qui voudraient « nettoyer » cette zone pour substituer à l'écriture actuelle un système s'appuyant au plus près sur les sorties phonématiques /s/ et /z/. On peut comprendre ces résistances. Mais il est essentiel d'affirmer d'abord que cette fidélité aux sources historiques de la langue n'est en rien un gage pour les élèves que *cidre* soit plus logique que *sidre*, ni que *signe* s'impose « naturellement » face à *cigne*. Il est essentiel de redire ensuite que quelques prédictibilités peuvent encore s'extraire aujourd'hui d'un recours à la phonologie structurelle de la langue (musical, musicien) et que ce fait permettrait de ne pas substituer +z à +s à l'intervocalique. Mais on le redit surtout pour regretter que ces régularités-là, qui sont parfaitement synchroniques, soient si rarement utilisées par les auteurs scolaires comme guides des prédictibilités restantes. Et il est essentiel, enfin, de souligner que les défenseurs des droits acquis de l'orthographe portent seuls la responsabilité d'avoir laissé se défaire une pièce essentielle du système, celle qui consistait dans la convention : « tout /z/ intervocalique est un °s, et s'inscrit donc +s. ». Il y a bien longtemps, ils n'ont protesté ni contre lézard, ni contre bizarre ; aujourd'hui, ils laissent s'instaurer les partouzes et les bagouzes, en dépit des ventouses. Qu'ils fassent donc leur mea culpa, au lieu de crier au scandale, lorsqu'un enfant - par ce fait - écrit le hazard comme il écrit le bazar(d). Car cet enfant n'est pas plus illogique qu'eux.

5.5. La fusion de °g et de °ʒ

Les deux phonèmes /g/ et /j/ laissent encore place, d'une manière ténue, au repérage d'un élément structurel dont les deux sorties phonématiques seraient des alternants contextuels. Ceci s'établit par des alternances des types suivants :

a)	
obliger	obligation

abroger	abrogation
b)	
réfrigérer	frigorifier
rigide	rigueur rigoureux
c)	
ériger	érection
éligible	élection
affliger	affliction
agir	action
fragile	fracture

Dans le groupe c), l'alternance est entre un /ʒ/ et un /k/, mais on voit que /k/ est provoqué par la consonne sourde suivante et un °g sous-jacent peut être rétabli. S'il n'y avait que ces mots pour inscrire +g quand /ʒ/ apparaît, on pourrait avoir une convention assurant une bonne prédictibilité : « tout mot à /ʒ/ présentant des alternances à /g/ s'écrit avec un +g. ». Mais l'intérêt de ces séries est ailleurs. Elles montrent que /ʒ/ n'apparaît comme représentant de °g que devant une voyelle antérieure étirée /i/ ou /e/, ainsi que devant °E : il oblige, il abroge. Comme on sait que le français présente de nombreux /ʒ/ devant les voyelles /a,o,u/ et devant /y/, on peut en déduire que ce /ʒ/ n'est pas lié à °g. Il y a donc, au niveau structurel un élément °g et un élément °ʒ. La projection sur la sortie phonématique peut se décrire comme suit :

°ʒ → /ʒ/

°g →/ʒ/ (contexte A) ; /g/ (contexte B)

Il devrait en résulter que la fusion partielle des phonèmes - devant voyelle antérieure étirée et °E- peut produire les résultats suivants si la graphie de la langue se veut articulée sur le niveau structurel :

a) Devant une voyelle autre que /i,e/, un /ʒ/ ne peut représenter que °ʒ, et s'inscrit donc +j. Or, si l'on excepte des graphies de noms propres comme George, c'est exactement ce qui se passe si l'on ne fait jamais appel à la dérivation ou à la flexion. En initiale par exemple : jamais, jadis, jacasser, jade, joli, jobard, joindre, joue, jouir, joute, jour, jubilé, juste, juteux, ainsi que jeu, jeune, jeudi (le /œ/ n'étant pas une voyelle d'avant étirée).

b) Par contre, devant /i,e/, un /ʒ/ peut aussi bien représenter l'élément structurel °ʒ que l'autre élément °g. La graphie est alors prédictible si +g n'intervient que pour les mots à alternance ʒ/g (rigide, rigueur) et si +j intervient pour tous les autres mots. Si l'écriture se comporte autrement (par exemple pour maintenir des formes étymologiques), le choix entre +j et +g devient aléatoire. C'est ce qui se passe : on ne peut prédire gîte ou gérer face à jésuite et jeter. En pratique, cependant, il se fait que seuls *Jésus* et *jet*, avec les dérivés, portent un +j. Tous les autres mots se comportent « comme si » ils projetaient le phonème structurel °g. Ceci vaut pour de nombreux verbes : manger, changer, obliger, charger, alléger, voyager. Et c'est vrai de nombreuses finales : courage, bagage, arrivage, prodige, luge, un bouge. Si des auteurs distinguent plus de possibilités de confusion entre +j et +g, c'est qu'ils confondent les phonèmes et les lettres. Comme on vient de l'écrire, c'est °ʒ qui apparaît devant /œ/. Comme ce phonème /œ/ est assuré par +eu, on se sent obligé de dire qu'il y a indécision sur +j ou +g « devant la lettre +e ». La référence au phonème a évité cette interprétation fautive.

c) Enfin, une règle - assez semblable à celle que nous verrons plus loin pour /k/ et /g/ - indique que dans la flexion verbale (c'est donc une règle à fondement grammatical) un thème à +g final valant pour /ʒ/ garde ce +g, en le préservant par un +e subséquent, devant toute voyelle non étirée d'avant. C'est ce qui s'est produit : manger, nous mangeons, je mangeais, en mangeant. Comme tous les verbes, sauf erreur, ont un +g final (sorte de calque sur °g), la sécurité d'inscription est complète. Le même principe vaut en dérivation mais cette dernière n'a pas les mêmes vertus que la flexion. Si l'on peut prédire surgeon sur la base du verbe surgir, il n'est pas possible de trouver un radical du même type à bourgeon, qui pourrait donc être écrit comme goujon. Remarquons enfin que la généralisation de +g dans la dérivation, qui le fait maintenir devant toute voyelle d'arrière, le fait aussi intervenir éventuellement devant une voyelle antérieure labialisée. Ceci produit d'une part gagure (gag-ure), pour lequel l'écriture reçue a omis un tréma qui aurait préservé d'une imprédictibilité de lecture (telle que de nombreux francophones énoncent le mot avec la même finale phonique que rageur). D'autre part, cela produit les nombreux termes du type nageur, ravageur, voltigeur, neigeux, qui confrontés à tort à jeudi, jeu, jeune font penser parfois qu'il y a vraiment une large zone d'impréditibilité devant +e. L'appel à la dérivation remet les choses en place. Il reste que, par résultat non voulu des cheminements historiques ayant mené *i latin et *g aux aboutissements actuels, l'inscription respective de +j et +g (valant pour /ʒ/) reste largement distributionnelle. On vient de voir que cette distribution n'est pas simple à établir, mais elle se fixe sans doute progressivement dans l'idée du système que se font les apprenants. De ce fait, sauf influence étrangère comme celle de l'espagnol, on constate rarement des écarts comme garaje ou afflijer. Il faut enfin noter que, dans cette distribution, +g est fortement majoritaire, car +j apparaît surtout à l'initiale hors contexte /-i,-e/, et très rarement à l'intervocalique. Une réforme sur base de la sortie phonématique, qui prendrait +j comme symbole habituel imposerait de profondes modifications à l'écriture reçue. C'est sans doute pourquoi elle fait reculer beaucoup de monde. Elle aurait pourtant l'avantage indéniable de permettre à la lettre +g représentant le phonème /g/, et lui seul, de ne pas devoir être suivie, comme actuellement, d'un +u devant +i,+e pour « sauver » la prononciation vélaire.

5.6. L'élément °h

Les seuls mots en français où un +h est prédictible sont ceux qui ont réellement à l'initiale un phonème qui est encore réalisé [h] dans plusieurs parties du domaine qui touchent aux langues germaniques, ou dont la souche fut jadis une population germanique (Normandie). Ailleurs, on dit habituellement que ce °h est muet. En fait, ce qui doit être dit est que, quelle que soit sa prononciation ou sa non prononciation, cet élément °h est à considérer comme une consonne. En phonologie, sa définition serait qu'il a le trait « consonantique », et rien d'autre (ni labial, ni nasal) pour les locuteurs qui n'en ont aucune réalisation. Là où on le prononce, il recevrait une définition phonétique : celle d'une émission sourde glottale.

Il est important de montrer qu'il fonctionne comme une consonne, parce que comme tel il met en jeu la morphophonologie commune aux réalités consonantiques.

Soit ceci :

A				
1	un parent	ce parent	mon parent	mes parents
2	un hareng	ce hareng	mon hareng	mes harengs
3	un arbre	cet arbre	mon arbre	mes arbres
B				
1	une bêche	cette bêche	ma bêche	mes bêches
2	une hache	cette hache	ma hache	mes haches
3	une oreille	cette oreille	mon oreille	mes oreilles

Les lignes A1 et B1 contiennent un mot à initiale consonantique ; les lignes A2 et B2, un mot à initiale °h ; les lignes A3 et B3, un mot à initiale vocalique. Dans le tableau A, les noms choisis sont du masculin et dans le tableau B, du féminin. On peut constater qu'un mot à °h initial se comporte toujours, après les déterminants divers que nous avons placés, comme un mot à initiale consonantique, et non comme un mot à initiale vocalique, et deux discriminants permettent d'en juger :

- la non réalisation d'une finale consonantique devant les termes à initiale consonantique ou °h, face à la réalisation devant les termes à initiale vocalique (mes parents, mes harengs vs mes arbres.).
- En cas de variation dans un déterminant, le mot à l'initiale °h appelle la même forme que le mot à consonne initiale : ce parent, ce hareng, ma bêche, ma hache et s'oppose à la forme à voyelle : ce hareng, cet arbre, ma hache, mon oreille (et non *ma oreille*).

On sait, en grammaire, que les nominaux à initiale vocalique appellent dans certains cas, quand ils sont du féminin, des déterminants du masculin. Les déterminants en jeu sont : l', mon, ton et son. Donc :

C-	°h	V-	V-masc.
ma copine	ma hache	mon amie	mon ami
ta femme	ta hâte	ton écharpe	ton arbre
sa maison	sa hargne	son image	son ordre
la porte	la haine	l'église	l'acte

Les séries de féminin C- et °h fonctionnent ensemble, et les séries V-, féminin et masculin fonctionnent ensemble mais contrastivement aux deux autres.

La conclusion à tirer pour la graphie est donc la suivante : un °h est de toute façon à inscrire. Soit parce qu'il est phonématiquement repérable - dans certaines dialectes-, soit parce qu'il est morphologiquement présent.

Face à cette réalité phonologique, les faits d'écriture en français sont retraçables ainsi : à une exception près (qui sera discutée), les mots ayant un °h sont inscrits par un +h, et sont donc prédictibles ; mais des centaines d'autres mots sont aussi inscrits avec un +h, alors qu'ils ne comportent pas cet élément dans leur structure phonologique : homme, habit, heureux, horreur. Dans tous ces mots, le +h est imprédictible. Il n'existe, en effet, aucune règle phonologique qui dise qu'en français, un mot ne peut pas commencer par une voyelle : étalage, omelette, onéreux, usage. Et tous les vocables qui s'écrivent avec un +h initial à valeur phonologique nulle sont tout simplement des mots commençant par une voyelle.

Outre sa valeur d' élément structurel ordinaire, le °h est peut-être aussi morphophonème (c'est-à-dire lié à une contrainte de caractère grammatical) dans un cas précis, celui du chiffre huit. Le +h initial n'y est pas un héritage du latin. Latin : octo- ; italien : otto ; espagnol : ocho ; portugais : oito ; wallon : ût. Comment et pourquoi s'est-il introduit en français et quelle y est sa prédictibilité ?

Les auteurs expliquent le +h de huit en même temps que celui de huile, huître, huissier, par une convention décidée jadis pour éviter une lecture vit, vile, vitre, vis de ces mots, à une époque où les graphes +u et +v étaient encore largement interchangeables. L'explication est certainement correcte quant à l'origine de ce +h très particulier. Mais on peut douter qu'il se serait maintenu longuement, une fois que la séparation graphique nette entre +v et +u triomphait. La raison du maintien se fait probablement par le biais du mot haut. Le +h qui lui a été assigné (latin : alt-) s'explique uniquement par le fait que le mot - sans doute pour des raisons d'usure phonématique- fonctionne comme un terme qui a un °h structurel. L'adjectif haut et ses dérivés n'admettent ni la liaison, ni l'élision d'une voyelle antécédente qui caractérisent les mots à initiale vocalique. On a : il est haut, et non il est-haut, la hauteur et non l'hauteur. Il en va de même pour huit et huitième. On énonce le huit du mois, comme on dit le hareng, et ma huitième semaine de travail, comme ma hache. On ne dit pas l'huit du mois, comme on dirait l'heure qu'il est, ni mon huitième fille comme on dirait mon heure n'est pas venue. Si huit se comporte ainsi, c'est parce qu'il est numéral. Le numéral onze, à initiale vocalique, réagit similairement aux règles interdisant la liaison : le onze du mois, le onzième jour, ma onzième sortie. Pour une bonne prédictibilité aujourd'hui, il fallait, soit une inscription huit et honze, accordant à ces deux numéraux un °h structurel, soit uit et onze, accompagnés d'une règle morphophonologique de rupture de liaison devant les numéraux.

Si l'on détache *huit* de la série des numéraux pour le rapprocher phonologiquement de huile, huître et huissier, on a une convention graphique arbitraire couvrant un tout petit ensemble. Elle s'énonce : un mot commençant par /ɥi/ s'écrit avec un +h initial.

Le +h se présente ailleurs qu'à l'initiale : ahaner, ahuri, bahut, cacahuète, cahier, cahot, cahin-caha, chahut, cohue, dehors, éhonté, souhait, tohu-bohu, véhément, véhicule pour la position intervocalique. En position post-consonantique : adhésion, abhorrer.

En position intervocalique, la prédictibilité peut être acquise lorsqu'une césure morphologique est praticable par l'usager. C'est ainsi que *dehors* et *éhonté* ont leur inscription fondée sur *hors* et *honte*, tous deux à °h structurel. Peu nombreuses, par contre, sont les personnes qui extrairont la hure de ahuri. Lorsque la coupure morphologique n'est pas possible, une chose est à remarquer. La plupart des mots à +h produiraient, s'il n'était pas inscrit, des graphies inhabituelles en français (ahaner -→ aaner) ou des groupes vocaliques à formatifs (tohu-bohu →toubou) porteur d'aléa de lecture. Un +h a donc là une fonction graphique de séparation de lettres, qui se vérifie bien dans l'écriture des mots argotiques récents comme mahousse ou crapahuter. Ceci pourrait devenir une vraie prédictibilité (par convention arbitraire), si +h n'était concurrencé dans ce rôle par le tréma. Entre cahier et païen se manifestent deux conventions incompatibles. Quant au +h en position post-consonantique, il se prédit, rarement, par coupure morphologique, comme dans exhausser (hausser) et reste, le plus souvent, imprédictible à l'instar des +h de l'initiale venus du latin.

5.7. Consonnes en contact

Rarement à l'intérieur des radicaux, plus souvent à leur suture avec un affixe, deux consonnes différentes peuvent entrer en contact direct. Ecartons les suites où la seconde consonne est une sonorante : cette structure est courante, même comme formative d'un radical : entr-er, crêm-e, aigl-e, pétr-i-r. Il reste les suites d'occlusives et fricatives, ainsi que celles où une nasale n'est pas le premier élément, mais le second : fragment.

Dans le champ phonologique, les linguistes ont tendance à enseigner que, lorsqu'une consonne sonore est suivie d'une sourde, ou l'inverse, chacune des consonnes garde son identité. Essayons d'expliquer leur argumentation, qui n'est pas facile à suivre, peut-être, pour des personnes extérieures à la linguistique, mais qui a des incidences sur les principes d'écriture. Pour ces linguistes, en phonologie du français, une consonne sonore (b,d,g...) n'est jamais seulement sonore : elle est également douce. Et une consonne sourde (p,t,k...) n'est pas seulement sourde, elle est également dure ou forte. Lorsque deux consonnes (autres que sonorantes) entrent en contact, la seconde garde son trait sourd ou sonore. C'est la première qui s'assimile. Mais elle ne s'assimile pas entièrement. Par exemple, s'il s'agit d'une sonore devant une sourde, comme dans *ab-sent*, la consonne perd sa sonorité, par influence de la sourde qui suit. Mais elle ne perd pas sa réalité douce. Il en résulte que, pour ces linguistes, le /b/ de absent ne devient pas un /p/, il devient un /b/ désonorisé.

Appliquée à un système graphique de type phonématique, cette règle aurait une conséquence directe : si le /b/ ne devient pas un /p/, il n'y a pas de raison de l'inscrire comme +p. Ainsi, en suivant ce point de vue, dans une écriture phonématique du mot absent, le +b que nous connaissons resterait. Il y a de bonnes raisons de suivre ces linguistes, avec une réserve, qui consisterait à faire remarquer que nous ne sommes pas sûrs que cette règle s'applique à tous les dialectes ; certains pratiquent probablement l'assimilation complète de /b/ à /p/, et ainsi de suite pour les autres consonnes. Mais ce qu'il faut noter, c'est que les dictionnaires suivent mal les linguistes. Ainsi, pour la suite °b-s, qui est une importante série lexicale, allant de abscisse à absurdité, le Petit Robert inscrit partout [aps] et non [ab̥s] dans ses encadrés phonétiques. Ceci indique que le message des linguistes n'a pas été reçu dans d'autres milieux. Si le français devait passer à une écriture phonématique, il en résulterait certainement des controverses entre ceux qui voudraient écrire *absan* et ceux qui préféreraient *apsan*, pour l'actuel *absent*.

Dans notre perspective, qui est celle de l'examen critique de l'écriture reçue, il importe de relater comment celle-ci a assuré cette réalité de la langue parlée, et si elle l'a fait avec cohérence ou non. Il faudra distinguer différents cas.

5.7.1. Préfixes et initiales du radical

Trois préfixes se terminent par une consonne sonore, qui peut entrer en contact direct avec une initiale sourde : °ab- (absoudre), °ad- (adsorber) et °ob- (obtenir). Dans tous les cas, la graphie établie maintient la consonne sonore du préfixe. Il y a régularité parfaite du traitement dans ce contexte, où l'on peut dire que l'écriture retrace la phonologie structurelle des préfixes. Pour autant, évidemment, que la consonne en soit prononcée, car °ad- n'est pas écrit +ad- dans affermir et tous les autres mots où /d/ n'est pas prononcé. Cette règle partielle (puisque limitée à ces contextes où apparaît un préfixe) est recevable et même adéquate. Elle a le mérite de ne pas casser inutilement des formes structurelles, de ne pas opposer, par exemple, *optempérer* à *oblitérer*.

5.7.2. Radicaux et suffixes

On accordera sans doute que le radical qui se trouve dans absorber et résorber a comme finale un °b. Cependant, les dérivés sur le suffixe +tion sont absorption et résorption. Dans ce contexte, l'écriture reçue agit comme si le phonème /b/ était réellement neutralisé par le phonème /p/, et l'inscrit comme tel. La convention d'écriture est donc inverse de celle qui a été relevée dans la rencontre entre un préfixe et un radical. Ceci introduit, sinon un aléa complet, du moins la nécessité de poser des sous-règles contextuelles peu économiques, faisant appel à des critères morphologiques : la consonne de base est maintenue si elle appartient à un préfixe, mais c'est la sortie phonématique qui s'inscrit s'il s'agit de finale de thème devant un suffixe. Il semble en tout cas que cette conversion graphique de la première consonne en sa correspondante soit assez générale dans ce contexte. Pour une consonne de base °g, voir par exemple : corriger et correction, éligible et élection, colliger et collection, agir et action. Le plus souvent, verbes d'une part et substantifs ou adjectifs de l'autre ont été puisés tels quels dans leurs inscriptions latines. Mais une fois de plus, des écarts dûment constatés chez les apprenants, comme *absorbtion*, montrent que des usagers réagissent à la synchronie de la phonologie, et à des fragments de règles d'inscription du français, et ne s'appuient évidemment pas sur des réminiscences du latin.

5.7.3. A l'intérieur du thème

Il y a peu de choses à dire. On constate cependant qu'entre *segment* et *sécateur*, *fragmenter* et *fracture* intervient une alternance graphique +g/k (on peut constater aussi que dans les deux premiers mots se trouve le suffixe –ment ; mais dans *augmenter*, ce dernier s'extrait difficilement ; nous sommes dans une zone où les coupures morphologiques ne vont pas de soi). On pourrait en conclure que, au moins devant nasale, on n'inscrit que des sonores. Ceci est démenti par quelques mots du genre *acné*. L'enjeu n'est d'ailleurs pas important. Mais si l'on voulait énoncer une convention disant que, hors d'une référence morphologique (préfixe ou suffixe), on n'admet en français que des suites de deux sonores ou deux sourdes, il faudra voir ce qu'on fait du °s, qui n'a pas de correspondant sonore en position préconsonantique (et, de ce fait, *mazdéen* est aléatoire), et aussi s'occuper d'inscriptions nouvelles, venues de l'argot ou d'ailleurs (locdu ne serait pas admissible, il faudrait soit loquedu soit logdu).

5.8. Fondements et manque de fondements dans le redoublement graphique des consonnes

5.8.1. Redoublement phonématique

Le redoublement des consonnes, dans la phonématique du français contemporain, est attesté en trois lieux, indépendants l'un de l'autre, et d'inégale importance.

a) Une prononciation dialectale scinde encore des nasales en une nasalité portée sur la voyelle antécédente, suivie de l'émission pleine de la sonorante : *l'année* est réalisé /ã-ne/ par les locuteurs de ce dialecte (qui reste ainsi témoin d'une époque où une bonne partie du domaine comportait ce trait, qui a causé le redoublement graphique de nasales qui n'étaient pas doubles en latin : bona →bõ-ne → +bonne).

b) Un nombre fluctuant de locuteurs articule une double consonne à la suture entre certains préfixes et un radical. Ils disent donc il-lettré, ir-réparable, ac-corder.

c) Enfin, nous avons droit à un retour de quelques redoublements pour cause d'emphase télévisuelle, par exemple, lorsqu'il s'agit de conférences au som-met (ce que certains, comme l'auteur, et sans autre com-mentaire, trouvent plutôt assom-mant, mais nul n'est libre de nier les faits sociologiques qui produisent éventuellement les changements phonétiques).

5.8.2. Des consonnes doubles après °e

La quête au niveau de la phonologie structurelle se révèle plus profitable. On y distingue des fondements recevables, sinon contraignants, à cette inscription doublée de certaines consonnes. Le premier fondement, qui vaut dans le corps même des radicaux, doit être mis en relation avec l'élément °e précédemment analysé. Rappelons-en brièvement une des conclusions : la sortie phonématique /ɛ/ de tout °e devant une suite de deux consonnes différentes dévoile du même coup que des consonnes qui paraissent simples au niveau phonématique renvoient à des doubles au plan structurel. Le fait est dialectal, mais largement partagé. La première séquence impliquée par cette analyse est °ss, non seulement parce qu'elle est très active dans la langue, mais aussi parce que l'apparition de /ɛ/ et non de /e/ ou /ə/ permet de l'opposer à °ç : *blessure* renvoie à l'existence de °ss, alors que *clavecin* atteste celle du °c.

D'autres consonnes doubles structurelles sont repérables par ce même test d'un /ɛ/, ferme quel que soit le contexte. La manipulation des verbes en donne quelques exemples : seller, je sellais ; mettre, je mettais ; guetter, je guettais ; ferrer, je ferrais. Mais on peut aussi les déceler sur des éléments non flexionnels. Soit par manipulations : bec, becqueter (où +qu est une variante graphique de +c) ; fer, ferreux ; soit, tout simplement, parce que le contexte phonique subséquent montre que la consonne est nécessairement une double : belliqueux, aberration, cresson, tesson, nettoyer.

Certes, il n'était pas nécessaire d'inscrire ces consonnes doubles structurelles. En partant plutôt du niveau du discours, il eût été possible (excepté pour °ss, à cause de la confusion avec °s) de tout marquer par un +è : j'entère, je sère, je fère. Dans tous les cas, l'inscription doublée reste parfaitement préditible pour tous les locuteurs qui distingue bien ici des /ɛ/, face à des /e/. Elle est prédictible, parce que son fondement structurel est ferme et en même temps bien assuré au stade phonématique par la présence du /ɛ/. Une question se pose alors, qui permet de passer du fait de l'existence de ces doubles structurelles à d'autres inscriptions redoublées de consonnes. Ne peut-on expliquer ces inscriptions par un phonème de calque graphique sur un ensemble pré-existant. Ou, pour montrer la chose par un exemple, n'est-ce pas l'existence de seller, je selle qui a mené à écrire appeler, j'appelle ? Le raisonnement étant : si le °e passe à /ɛ/, nous traiterons la suite dans l'écriture, comme s'il s'agissait d'une consonne double.

Il semble évident d'une part, que cette convention a bel et bien été prise ; d'autre part, qu'elle n'a pas eu un champ d'application suffisant pour déterminer des prédictibilités facile à assurer. La convention a eu lieu. D'abord dans le verbe. Il s'agit en fait de la fameuse question des verbes en –eler et –eter, qui agite périodiquement les cercles de ceux qui s'estiment chargés de la lourde responsabilité des normes de l'écriture. En fait, tout °e devient /ɛ/ devant un °E non entravé. C'est ce qui explique que jeter donne je jette, et que compléter produise je complète. La convention du redoublement, par calque de guetter, je guette, aurait pu s'appliquer dans les deux cas. Elle ne l'a pas été, et la pratique actuelle, qui ne la vérifie que sur les verbes à alternance ə/ɛ (appeler, j'appelle) signe donc en même temps deux démarches différentes : le recours à la convention susdite, qui n'est que partiel, et une distinction graphique qui veut préserver la reconnaissance à la lecture d'un verbe alternant e/ɛ (compléter, complète), face à un verbe alternant ə/ɛ.

Ce raffinement dans les signaux graphiques, qui vise à faire ainsi reconnaître deux groupes différents de verbes, alors que la neutralisation devant °E y est semblable, pose d'ailleurs une fois de plus la question de la validité des conventions d'écriture quand leur base phonique est mal assurée ou ne l'est pas du tout. D'un point de départ dans la phonologie structurelle, il n'y a pas de consonne double, ni dans *j'appelle*, ni dans *je complète*. Et d'un autre point de vue, je jette mais je complète sont bien comme je guette. Qu'apprend la graphie je complète à son usager ? Que l'infinitif est compléter et non completer ? Mais le fait sociologique de la primauté de la langue sur son code écrit montre que cela ne sert à rien. L'usager sait bien que l'infinitif est compléter. A la rigueur, le message est valable pour le seul apprenant étranger : mais l'écriture française n'a pas la réputation d'avoir été fondée d'abord pour eux.

Pour la bonne marche des prédictibilités, il y a plus que cette limitation contestable de la convention de calque sur la consonne double aux verbes à alternance ə/ɛ. S'y ajoute d'abord le fait que, dans la pratique, certains verbes en -eler ou -eter n'ont pas suivi la convention, ce qui en diminue la portée, même à l'intérieur de ce sous-ensemble. En outre, il n'y a pas tellement de raisons objectives à ce que la convention ne couvre que les séquences –eler et –eter. Lorsqu'il ne s'agit pas du verbe, les nasales peuvent aussi être impliquées dans cette convention de calque. C'est elle qui prévoit chien, chienne ; mien, mienne. Dans ces conditions, y avait-il des motifs de récuser mener, je menne et semer, je semme ? (Rappelons, par contre, que le verbe comporte aussi le redoublement lorsqu'il présente la séquence –ien : venir, que je vienne ; tenir, que je tienne.). On sait que la situation a mené récemment l'Académie française à édicter que tous les verbes en –eler et –eter seraient à écrire avec un +é : j'appèle. Cette proposition, exemple typique de ces réaménagements partiels, suggérés de temps à autre avec les meilleures intentions, mais qui ne tiennent pas compte des imbrications diverses d'une écriture, doit être jugée à la lumière, non seulement de ce qui s'est passé dans le verbe, mais aussi des applications de la convention de calque de la consonne double à d'autres domaines de la morphologie.

Si l'on prend les mots renouveler, je renouvelle, nouvelle, nouvellement, renouvellement, l'on s'aperçoit bien que la convention a aussi été appliquée devant d'autres °E que ceux de la flexion finale. Elle l'a été, en particulier, sur le °E du féminin : beau, belle ; nouveau, nouvelle ; chameau, chamelle ; coquet, coquette ; muet, muette. Elle est tout à fait régulière pour les adjectif en –el : actuel, actuelle ; mensuel, mensuelle. Et, comme dit ci-dessus, elle couvre également le champ de la séquence °ien : ancien, ancienne ; alsacien, alsacienne. C'est dire que son champ d'application a une certaine ampleur. Il est essentiel cependant de noter, pour fixer mieux les frontières de prédictibilités possibles - y compris en cas de volonté de restructuration de notre système graphique- que, comme dans le verbe, les alternances é/è ont été exclues de la convention. C'est assez souvent mal ou pas retracé par les auteurs, mais c'est très exactement ce qui explique pourquoi on a concret, concrète (concrétiser) ; complet, complète (compléter), alphabet, analphabète (alphabétiser).

Voyons maintenant ce que produirait comme résultats l'obéissance des usagers à la nouvelle instruction de l'Académie française. On peut donner la réponse immédiatement : un simple déplacement d'aléas.

En effet, si seule la flexion verbale est affectée d'un +è, au lieu du redoublement actuel assez généralisé, il en résultera :

- que tout verbe en –eter, -eler qui a des correspondants non verbaux se verra coupé d'eux par une convention différente. La nouvelle directive de l'Académie se restreignant au verbe, on écrira je renouvèle, mais il faudra continuer à écrire une nouvelle et non nouvèle, et aussi renouvellement. On écrira la nuit étincèle, mais une étincelle. C'est très exactement ce qui a été nommé plus haut un simple déplacement d'aléa.
- que, par la disparition de tout un pan de la règle de calque sur consonne double, les fragments restants vont se trouver fragilisés. Ils le sont déjà actuellement, parce que la convention ne s'est pas imposée totalement hors du verbe. A côté des adverbes, qui ont toujours une consonne redoublée (coquettement, nouvellement, fraternellement), et de substantifs qui l'ont souvent, nous trouvons, en effet, les exceptions, plus ou moins prônées par les dictionnaires, que constituent halètement, écartèlement, démantèlement, martèlement, ainsi que le très curieux congélation. Ils seront plus fragilisés encore dans l'avenir, puisque l'usager – si tant est qu'il suive l'Académie – aura des raisons de se demander pourquoi la convention n'est plus désormais, applicable au verbe, pourquoi face au couple formé par pucelage et pucelle, il faut inscrire un autre couple qui est morceler et je morcèle. De sorte que, remaniement partiel pour remaniement partiel, on peut se demander s'il n'aurait été plus opérant que l'Académie propose le mouvement exactement inverse : l'alignement de tous les verbes et de tous les autres mots qui n'y ont pas obéi jusqu'à ce jour sur la convention de calque. Les seuls verbes courants qui auraient alors créé quelques difficultés d'adaptation (d'ailleurs passagère) pour des usagers d'un certain âge auraient été j'achette, je halette, je gelle, je décelle, je pelle. Ou alors, mais ceci nous rapprocherait beaucoup de cette écriture à base phonématique qui fait tellement peur aux francophones, il fallait proposer l'abandon complet de la convention de calque. Ce qui donnerait : chamèle, allumète, mortèlement, crevète, chiène, rondèle, la miène.

5.8.3. La double consonne après une voyelle autre que °e

On aimerait pouvoir affirmer qu'il existe d'autres fondements phonologiques à l'inscription d'une consonne redoublée, mais ce ne semble pas être le cas.

Le meilleur candidat à la preuve qu'il y a deux consonnes identiques qui suivent aurait été le °o. On aurait pu imaginer que cette voyelle moyenne d'arrière se comporterait comme la voyelle moyenne d'avant °e, qu'elle s'ouvrirait dans les mêmes conditions, donc aussi devant une séquence de deux consonnes similaires. A dire vrai, dans un système phonologique marqué, sur ce point précis du °o, par d'importantes variations dialectales, il existe quelques pseudopodes à pareil comportement après +o :

Avec /o/ fermé	avec /ɔ/ ouvert
tome paume	pomme
atome chaume	homme
home baume	sommet
clone aune	tonner
Rhône faune	donner
cyclone jaune	monnaie
voter fauter	flotter
sauter	trotter
beauté	crotté
rôle saule	folle
môle chauler	molle
drôle épauler	coller
rose pause	rosser
oser cause	brosse
doser	désosser

Dans ce dialecte-là, et par rapport aux règles qu'il cherche à se constituer pour son écriture, le locuteur constate qu'un mot à /o/ fermé n'est jamais suivi d'une consonne double à l'écrit. Par contre, lorsqu'il prononce un mot à /ɔ/ ouvert, les doubles consonnes abondent. Il se trouve donc devant un ensemble assez parallèle à celui du /ɛ/, et il a tendance à faire des prédictions du même type, c'est-à-dire à placer une double consonne (pour celles qui acceptent d'être doublées) chaque fois qu'il y a /o/ ouvert. Mais comme les conventions ne correspondent pas à ses prédictions, il devra déchanter et se soumettre aux aléas. C'es une des raisons pour lesquelles les auteurs scolaires insistent toujours sur les oppositions graphiques entre –ote et –otte, -one et –onne, et y cherchent des régularités mineures. Ces régularités mineures ne constituent malheureusement pas des prédictibilités. Invoquer, pour les nasales, un traitement différent selon que les dérivés sont jugés comme français (et alors donner → donneur) ou comme latins (donner → donation) n'apporte aucune sécurité d'inscription à l'apprenant. En règle générale, même celui qui apprendra le latin aura dû écrire tous ces mots en français avant de savoir quels sont les suffixes dits populaires et ceux qu'on nomme savants.

On se permettra ici une remarque, qui va à l'encontre des tendances actuelles dans la réflexion sur l'écriture du français. Pour tous les locuteurs qui ont des /o/ fermés et des /o/ ouverts bien opposés, c'est la généralisation du doublement graphique après /o/ ouvert qui aurait constitué la véritable prédictibilité. Et si l'on supprimait toutes les doubles consonnes, on ne pourrait les satisfaire qu'en multipliant les accents circonflexes pour marquer leurs /o/ fermés. Il y a là un problème de phonologie interdialectale. Dans les faits d'écriture actuels, les gens à phonologie maximale au niveau de la voyelle moyenne d'arrière se fabriquent un système dans lequel on a, d'une part, /o/ fermé + consonne simple et, d'autre part, /ɔ/ ouvert + consonne double, système qui est ensuite démenti par de nombreuses exceptions, dont la plupart viennent des dérivations dites savantes (consonne mais consonantique), et quelques autres d'incohérences pures et simples dans les conventions prises jadis (crachoter, mais frissotter). Quant aux locuteurs qui n'ont qu'un seul /o/, avec des réalisations ouvertes ou fermées selon les contextes, il ne leur reste aucun critère pour décider si la consonne qui suit doit être simple ou double.

En dehors du /o/, il n'y a pas de prédictibilité sur l'inscription simple ou l'inscription double. On peut rappeler que, dans la majorité des cas, ni /i/, ni /y/ ni /u/ n'admettent de double nasale : fine, saline, parfumer, résumer, résumer. Il n'y a pas là de véritable prédictibilité, faute d'un principe qui guiderait l'écriture : c'est une aide à l'apprenant (moyen mnémotechnique).

5.8.4. A la suture des morphèmes

L'autre fondement au redoublement graphique d'une consonne se trouve à la suture des morphèmes, soit entre un préfixe et un radical, soit entre un thème et un suffixe. Il faut donc qu'un préfixe ait sa forme de base terminée par une consonne pour qu'une discussion sur sa meilleure interprétation graphique puisse avoir lieu. Prenons le préfixe pour lequel nous posons une base °ad-, celle que l'on trouve inchangée au niveau phonématique dans ad-apter, ad-opter, ad-hérer, c'est-à-dire devant voyelle. Une graphie entièrement référée à la phonologie structurelle inscrirait +d partout (ad-caparer, ad-pauvrir), laissant au locuteur le soin de prononcer les harmonisation et les assimilations qui s'imposent avec la consonne initiale du radical (+ad-caparer serait lu acaparer). A ce stade, le redoublement du +d n'aurait lieu que lorsque le °-d du préfixe se trouverait devant lui-même, ce qui est d'ailleurs réalisé dans notre actuelle écriture avec le mot adduction (ad-duction).

Comme nous savons qu'on n'écrit pas adcaparer ni adpauvrir, nous pouvons conclure que nous n'écrivons pas aujourd'hui, dans les mots de ce type, ce préfixe avec sa forme de base. Mais nous ne l'écrivons pas non plus selon sa représentation au niveau phonématique, dans la mesure où nous ne prononçons pas de /k/ redoublé dans accaparer, ni de /p/ redoublé dans appauvrir.

En fait, la graphie reçue inscrit un niveau intermédiaire entre la forme de base °ad- et la forme phonématique /a/. Comme ce niveau intermédiaire est celui qui résulte d'une règle d'assimilation de °d à la consonne initiale du radical, placer la graphie à ce niveau de référence multiplie les redoublements de consonnes : annoncer, ap-préhender, ac-cuser, at-tirer, af-faiblir, ar-river, al-léger. La généralisation de cette pratique à tout préfixe qui se comporterait comme °ad- donne lieu à une règle : la consonne finale d'un préfixe, si elle n'est pas directement représentée au niveau phonématique (ad-apter), est retracée dans l'écriture par une consonne assimilée à la consonne initiale du radical qui suit. Cette convention rend prédictible la graphie de très nombreux mots, avec divers préfixes :

°in- : immatriculer, innover, illettré, irresponsable. Le préfixe °in- a une autre représentation phonématique devant les consonnes non sonorantes, mais là ce n'est pas la nasale qui est impliquée dans l'écriture, c'est la voyelle. La nasale est présente dans le discours et est inscrite. Par contre, la voyelle °i est inscrite comme +i, bien qu'elle figure phonématiquement comme /ε~/ dans imbécile, insupportable.

°con- : commotion, connotation, correction, collusion. Seules les sonorantes à l'initiale du radical provoquent une assimilation. Les autres consonnes laissent intacte une séquence coN- : combattre, consumer, composer.

°ad- : annoncer, adduction, agglomération, apparaître, attrouper, accoucher, affiner, arroger, allonger. Ce préfixe est celui qui présente le champ le plus large à l'assimilation.

°sub- : supposer, supporter, supplanter, suffrage.

Si tous les mots formés avec ces préfixes suivaient la même convention d'inscription, il y aurait dans l'écriture un ensemble à prédictibilité totale, sous réserve que le locuteur puisse réellement, dans chaque cas, repérer la présence du préfixe. Une fois encore, ceci différencie assez fortement la dérivation de la flexion. Le nombre de mots à redoublement de consonne avec ces préfixes montre bien qu'elle joue, mais le nombre d'exceptions montre aussi qu'elle ne joue pas à plein, loin de là.

Il en résulte un ensemble de mots dont l'inscription se trouve, malgré les efforts des auteurs scolaires pour chercher à fournir des règles mineurs ou tout simplement des « trucs » de mémorisation. Tout enfant qui écrit *annoncer* peut légitimement se demander pourquoi on l'empêche d'écrire ammener. On ne peut inscrire apparaître sans le confronter à apercevoir, ni adduction sans remarquer la différence de traitement d'avec adresse ; et atermoiement s'oppose à atterrer, comme aggraver s'opposer à agrémenter.

Il faut donc se faire une raison. Le bilan du redoublement graphique d'une consonne pour cause d'assimilation de la consonne finale d'un préfixe est le suivant :

1) la règle n'est pas universelle. Il y a donc une bonne part d'aléa.
2) L'examen cas par cas, ou plutôt préfixe par préfixe, montre que si l'inscription de °in-, °sub, et °con obéit bien à cette convention, elle est mal assurée pour le préfixe °ad-
3) Il ne sert pas à grand chose de dire qu'un préfixe °a- concurrence le préfixe °ad-. On peut les distinguer seulement devant °m. Ailleurs, l'aléa surgit obligatoirement, renvoyant l'apprenant à la mémorisation terme à terme.

Si l'on veut une conclusion qui indique aussi dans quelle direction on pourrait changer la graphie actuelle pour la rendre plus prédictible, la voici :

Soit l'on généralise la convention de marquage de l'assimilation. Alors : ammener, abbattre, aggréer, comme apparaître, attirer, accabler.

Soit on se dessaisit de cette convention, et alors : imobile, inocent, suporter, conaissance, corection, aparaître, aténuer, acoucher, afecter, comme amener, abattre, agréer, atelier, apaiser (le +ss reste à part).

5.8.5. Autres fondements au redoublement par la préfixation

D'autres préfixes provoquent aussi une inscription doublée de la consonne placée à la suture, mais pour d'autres raisons que l'assimilation entre deux consonnes :

°des- : ce préfixe produit un redoublement devant consonne identique : dessaler, desservir. On peut donner deux interprétations divergentes de ce phénomène. L'une, phonologique, consiste à dire que le °-s du préfixe est inscrite parce qu'elle est bien là, au niveau phonématique (prononciation /ɛ/ du °e antécédent. L'autre invoquerait plutôt une convention purement graphique, destinées à déjouer une prononciation /z/ du °s initial du radical, vu la position intervocalique qui donnerait la même configuration graphique à déservir qu'à désosser et déserter.

°eks- (ex-) : un raisonnement semblable peut s'appliquer à ce préfixe devant un °s initial. Soit affirmer qu'il passe à /ɛ(s)/ dans ce contexte, ce qui justifie essangler, essorer, esseulé. Soit montrer qu'une variante /e/ du préfixe ne pouvait s'inscrire devant +s sans qu'on prenne la précaution de redoubler graphiquement ce dernier, pour la même raison qui vient d'être évoquée à propos de °des-. On notera en outre qu'il existe dans la langues des mots où °eks a une représentation /ɛk/ devant °s : exsuder. La graphie reçue puise au niveau structurel, sinon c'est ecsuder qui eût été retenu.

La raison du redoublement du +r avec des préfixes comme inter-, sur-, super-, hyper-, qui ne se produit qu'avec une initiale °r au radical a aussi un double fondement. La base phonologique est que le °-r des préfixes est directement représenté en sortie phonématique par les personnes qui allongent le /r/, dans interrelation, hyperrécent, superraciste. Ou qu'il l'est indirectement, parce qu'il maintient /ɛ/ pour le °e qui précède. Les deux raisons font qu'il est à inscrire.

Il n'y a aucune base à finale consonantique dans le préfixe °re-. Ceci se vérifie bien devant voyelle : réanimer, réorienter. Le doublement du +s, constaté avec ce préfixe répond à la décision d'éviter une lecture /z/ du phonème initial du thème ou veut préserver la prononciation /ɛ/ qui s'est imposée dans quelques mots comme ressusciter. Il y a manque de prédictibilité, parce que des inscriptions plus anciennes marquent un double +ss : ressusciter, ressurgir, ressaisir, ressasser, tandis que des mots récents se contentent d'un seul +s : resaler, resigner, resonner. On ne peut se fier à des valences sémantiques différentes de re- pour trancher en faveur d'une écriture ou d'une autre : ressurgir est bien surgir de nouveau, comme resaler est saler encore.

5.8.6. Un redoublement en suffixation

Le seul suffixe qui cause un redoublement graphique est –ment. Ce redoublement marque, en synchronie, un palier intermédiaire entre le niveau structurel qui a, pour les mots qui tombent sous la convention, une suite °anC-mant (élégant-mant) et la sortie phonématique, qui présente /aman/ (élégaman). Ceci donne de nombreux exemples : récemment, fréquemment, savamment. La convention actuelle est totalement prédictible.

Chapitre 6

Une convention arbitraire pour les occlusives vélaire /k/ et /g/

6.1. introduction

Il s'agit ici de la représentation graphique des sorties phonématiques que sont /k/ et /g/. on a vu ailleurs que l'élément structurel °k avait des sorties phonématiques /k/, mais aussi /s/ et /ʃ/, et l'élément °g est susceptible de sortir comme /ʒ/. En outre, tous deux peuvent être tronqués : banc (banquette), long (longue).

Entre le niveau phonématique et la graphie, on constate que /k/ s'inscrit soit comme +c (corde), soit comme +q (u) (quel, coq) ; /g/ s'inscrit pour sa part +g (gamin) ou +gu (guimauve). Nous excluons ici, comme inscriptions du /k/ celles qui viennent du grec et portent +ch : chiromancie, chœur ; de même, sont exclues les graphies périphériques +k : képi, coke.

6.2. Le parallélisme incomplet des symboles graphiques

L'inscription de /k/ et /g/ donne lieu à des parallèles incomplets. Un tableau simple permet de mettre le doigt sur le rapport symétrie/asymétrie existant entre ces inscriptions.

g	gu
c	qu

Les deux aspects de la symétrie sont les suivants : 1) à gauche, il y a une lettre, à droite, deux lettres ; 2) la deuxième lettre est dans les deux cas un +u. l'asymétrie consiste en ce que le +g, passant à droite dans le tableau est suivi lui-même d'un +u, mais que +c est remplacé par +q.

Il y a là matière à des réflexions préliminaires, avant même d'interroger sur les contextes dans lesquels +gu et +qu apparaissent.

Ainsi :

1) Pourquoi +q remplace-t-il +c ? On aurait pu garder +cu dans les mêmes conditions que +gu, et le maniement de la convention graphique n'en aurait pas souffert, au contraire.

On pressent que la réponse à cette question serait : comment aurait-on alors écrit cuisse, cuire, écuelle ? A quoi on peut rétorquer : comment devrions-nous aujourd'hui, pour lever toute ambiguïté, écrire anguille ?

2) Puisque +q remplace +c, et que cette lettre n'a pas d'autre usage, quel besoin avait-on d'y adjoindre un +u ? Il paraît clair que qiter, qémander, qerelle seraient lisibles sans équivoque.

3) Si +qu s'impose, aura-t-il ou non la même distribution que +gu ? Par exemple, si l'on écrit aigu, écrira-t-on vainqu ?

4) Si l'on estime que +qu n'est pas une suite de deux lettres autonomes, mais un bloc où +q appelle nécessairement +u (et alors on ne peut écrire vainqu, mais bien vaincu), que doit-on penser de mots tels que coq et cinq ? Ils sont certainement imprédictibles, face à d'autres choix tels que coqu, coc, ou coque.

On sait qu'il faut recourir à l'histoire de l'écriture du français pour esquisser des réponses sur certains points qui viennent d'être soulevés. On devine que, très probablement, c'est +qu qui s'est imposé d'abord, et que le parallélisme avec cette formation (déjà inscrite en latin) a été cherché ultérieurement en créant +gu. Une fois de plus, l'explication historique n'a pas valeur de prédictibilité : aiguille, vaincu, coq sont déjà des imprédictibles repérables avant même que nous ayons commencé l'investigation sur la distribution des symboles représentant /k/ et /g/.

6.3. Le parallélisme incomplet de la distribution des symboles graphiques

L'objet de ce chapitre sera de vérifier si nous avons affaire en français, à une convention graphique arbitraire mais acceptable, parce qu'elle ne met pas en cause les prédictibilités. On commencera l'examen par la sonore vélaire /g/, parce qu'il apparaît que son traitement est plus ferme que celui de /k/.

6.3.1. Prédictibilité et aléas dans les inscriptions de °g

La meilleure démarche semble être de suivre l'hypothèse que la distribution entre +g et +gu est réellement gouvernée par une distribution complémentaire, et admettons provisoirement que cette distribution est la suivante : on écrit +g devant les voyelles d'arrière et labialisées, ainsi qu'en finale, mais +gu devant les voyelles d'avant étirées. S'il faut remanier l'instruction, on le fera en cours de route.

6.3.1.1. Une première difficulté, externe à la convention

Cette difficulté vient du choix de +gu comme l'un des alternants graphiques. Cet altenant est digraphique : +g et +u. Si +u a déjà une fonction phonique, on peut se trouver devant des cas où des inscriptions de la séquence +gu valant soit pour °g, ou au contraire pour °g + °u, risquent d'aboutir à une graphie équivoque. On sait qu'il existe, de fait, en français des suites phoniques °g + °u : aigu, ambigu, contigu. Lorsque cette séquence est finale, on admet bien que son inscription en +gu n'est pas équivoque, car +gu ne peut renvoyer à °g que devant une voyelle.

Mais que survienne une dérivation par suffixation, et l'équivoque risque de surgir. Dans ces cas, on ne pourra prédire la prononciation des mots, sauf à introduire un symbole supplémentaire. Ce symbole a été introduit dans l'écriture du français, et c'est le tréma. Lorsqu'on écrit ambiguïté, le tréma donne le signe d'une coupure phonique entre la lettre précédente et celle marqué par lui.

Notons cependant une chose, qui paraît avoir une certaine valeur pédagogique. Si le signe supplémentaire, ici le tréma, s'utilise lorsqu'il faut « dénouer » les voyelles, c'est que le bloc constitué par +gu est vu comme symbole dominant, tandis qu'une suite +g-u-i (avec prononciation distincte) est vue comme exceptionnelle, d'où sa marque supplémentaire : +guï. Cela paraît aller de soi, et probablement parce que, statistiquement, il y a beaucoup plus d'occasions d'inscrire +gu pour °g, que pour °g +°ü. Mais le contraire n'aurait pas été inacceptable, loin de là. Si l'on crée des conventions graphiques, il vaut mieux donner la priorité à la valeur de traduction d'un phonème que peut porter une lettre. La non-application du principe « un phonème- une lettre » provoque des conséquences en chaîne.

Il est une première conclusion à tirer sur la graphie reçue. Seuls les mots à séquence °g + ü + V qui portent un tréma sont prédictibles. Ceux qui ne le portent pas, comme aiguille, aiguillage, aiguilleur sont aléatoires. Et ils le sont tellement qu'on vérifie ici un effet boomerang d'une écriture amphibologique : dans aiguiser, qui vient bien de aigu, mais que la grande majorité des locuteurs s'est habituée à prononcer comme déguiser. Toute réintroduction du tréma dans les mots qui ne le comportent pas aujourd'hui serait donc bienvenue.

6.3.1.2. Une inscription +gu devant les voyelles d'avant étirées

A première vue, l'instruction de distribution complémentaire qu'on a posée comme hypothèse de départ résiste bien à l'analyse. Devant /i/, /e/, /ɛ/, °g semble toujours inscrit +gu : guise, guide, anguille, déguiser, gué, blaguer, guet, guêtre, guêpe.

Pour certains /ɛ/, ce n'est pas toujours le cas. On a vu, dans les inscriptions des voyelles, que des /ɛ/ - qu'ils proviennent de °a ou d'autre chose – sont inscrits comme +ai (traiteur, lait, fait, maître). Lorsqu'un /ɛ/ est ainsi inscrit, c'est toujours +g et non +gu qui apparaît : gai, gain, rengaine, gaine. Passons à un autre cas avant de faire le bilan.

Les phonologues admettent qu'en français, au moins /y/ et /œ/ sont des voyelles d'avant, mais non étirées. Elles sont labialisées. Comme telles, elles ne devraient pas être précédées de +gu, mais de +g, selon la convention admise comme hypothèse. C'est effectivement le cas pour °y : légume, coaguler, gustatif, guttural, aigu. Mais ce ne l'est pas pour /œ/ : gueux, rugueux, rigueur.

On peut traiter de ces deux phénomènes par une seule règle conventionnelle : lorsqu'un voyelle étirée est inscrite par un symbole dont la fonction principale est de figurer pour une voyelle autre, et symétriquement, lorsqu'une voyelle non étirée est inscrite par un symbole dont la fonction principale est de figurer pour une voyelle d'avant étirée, l'inscription de °g se fait en référence à la fonction principale du symbole.

Et l'on s'aperçoit qu'on peut éviter cette formulation assez compliquée (bien qu'exacte, pensons-nous), en passant à une convention purement graphique. Tout simplement celle qui est donnée par les auteurs scolaires, bien qu'ils la rédigent rarement sous cette forme : le phonème °g est inscrit +gu devant toute lettre +i et +e (é, è, ê) et +g devant toutes les autres lettres. C'est évidemment plus facile.

Mais le prix à payer pour cette facilité est que l'on détache complètement le fait écriture du fait phonologique. L'emploi de +gu s'est imposé pour éviter une prononciation /ʒ/ et cette prononciation avancée était bien celle du phonème *g ancien lorsqu'il était suivi d'une voyelle d'avant. Dans l'histoire des faits de langue, comme dans la situation actuelle, c'est une réalité phonologique qui sous-tend d'abord les artifices d'écriture auxquels il a fallu recourir. Les conventions graphiques ne viennent qu'ensuite.

De toute façon, quelle que soit la perspective qu'on prenne : considérer qu'on a affaire à une distribution complémentaire à fondement phonologique, puis remodelée graphiquement (devant +ai et devant +eu) ou à une convention graphique – celle indiquée ci-dessus – le résultat reste le même quant aux prédictibilités. Elles sont les suivantes :

1) Devant tout °i, l'inscription +gu est prédictible. Ceci vient du fait que °i n'a d'autre traduction graphique que +i, en système central, ou +y comme élément périphérique.

2) Devant °e, l'inscription de /g/ n'est prédictible que si la sortie phonématique de la voyelle est /e/. Ceci vaut donc uniquement pour les locuteurs qui, à ce niveau, distinguent bien un /e/ d'un /ɛ/. Pour les autres, même une graphie courante comme guérir n'est pas prédictible ; elle est contradictoire à celle de gainer.

3) Devant un /ɛ/ - pour les locuteurs qui le possèdent – il y a aléa dans presque tous les cas. Si le /ɛ/ vient d'un °a avancé, on peut théoriquement prévoir +g lorsqu'on est certain que le °a avancé s'est inscrit par +ai. Mais en pratique, il n'y a guère que le mot gain qui soit prédictible, à partir de son alternance avec gagner. Dans tous les autres cas, il est difficile à l'usager de savoir ce que /ɛ/ représente : un °e devant consonne, apparente ou latente (guetter, guet) ou un fantôme de °a avancé (gaîté). Une petite partie des locuteurs peut parfois trancher entre °e et « autre chose » par une distinction de longueur (guetter vs gaîté).

4) Devant +eu – après la convention graphique – l'inscription +gu devient prédictible : gueuse, gueule.

6.3.1.3. La règle d'alignement dans la conjugaison

On sait que dans le verbe la distribution complémentaire entre +g et +gu ne vaut pas. En réalité, il n'y a qu'une cause possible à cette extension de l'inscription +gu devant n'importe quelle voyelle. C'est ce qu'on pourrait appeler un souci d'alignement tabellaire. La conjugaison forme un ensemble. Un ensemble mais aussi un ensemble pédagogique, lorsqu'on demande à l'enfant d'apprendre ses conjugaisons. Et si l'on voulait aligner, il n'y avait qu'une solution, qui était de généraliser +gu. En effet :

A	B	C
nous distingons	nous distinguons	nous distingons
vous distinguez	vous distinguez	vous distingez

A : règle générale de distribution de +g et +gu ; pas d'alignement dans le verbe

B : alignement sur +gu, celui qui a été adopté

C : alignement sur +g, mais alors devant °e et °i, il y aurait ambiguïté d'interprétation à la lecture : /g/ ou /ʒ/ ? Ces ambiguïtés à la lecture existent en français –voir attention, nous tentions- mais on comprend que l'on ait reculé à les introduire dans un ensemble si important que celui du verbe.

Après avoir ainsi relevé cette généralisation de +gu, les auteurs arrêtent en général leurs commentaires. Mais si l'on travaille sur la prédictibilité de l'écrit, on peut difficilement se passer de faire des remarques.

1) L'alignement tabellaire ne va pas de soi. On peut admettre qu'il s'agit d'une instruction acceptable. Mais comme elle rompt et avec la phonologie et avec une instruction graphique plus générale (la répartition combinatoire de +g et de +gu), il faut un minimum qu'elle soit bien expliquée, ce qui ne semble pas toujours être le cas lorsqu'on parcourt les manuels scolaires. Même ainsi, elle n'est pas sans inconvénients. Lorsque j'écris *je conjuguais*, je suis d'accord avec l'instruction d'alignement, mais je suis en rupture avec la règle générale qui me fait écrire une conjugaison, mot du même radical et avec même suffixe phonique. Il est évident qu'il y a des hésitations et des écarts chez les apprenants. Ceci est dû au fait que ce type de prédictibilité n'est pas une prédictibilité directe, comme celle disant qu'un phonème /p/ est toujours écrit +p, mais une prédictibilité soumise à plusieurs conditions.

2) Il faut aussi s'interroger sur un concept grammatical, poser la question : qu'est-ce que la conjugaison ? Si l'on examine le concept de conjugaison à partir de l'extension qui a été donnée à la généralisation de +gu, on obtient la définition suivante : la conjugaison, ce sont toutes les formes verbales fléchies aux personnes, plus l'infinitif, plus le participe passé, plus le participe présent, donc : nous distinguons, vous distinguiez,…, distinguer, distingué, distinguant.

Linguistiquement, ce n'est peut-être pas une très bonne définition. L'infinitif est une forme nomino-verbale, les participes sont largement adjectivaux, comme le montrent des formes telles que la nuit passée, une route passante.

Essayons de définir un ensemble qui permette l'alignement par +gu, mais à partir d'une base plus grammaticale. Cela donnerait : par alignement tabellaire, on maintient +gu dans toutes les formes verbales, c'est-à-dire fléchies aux personnes :

nous distinguons, je distinguais,... L'infinitif, les participes sont exclus. Ainsi que se passe-t-il ? L'infinitif est écrit distinguer et le participe passé est écrit distingué. Non pas par alignement, mais tout simplement parce qu'ils tombent sous la règle générale de distribution entre +g et +gu (ils sont tous deux suivis de +e).

Reste le participe présent qui serait écrit *distingant*, en vertu de la règle générale. La réaction des auteurs est prévisible. Ils vont demander : « mais alors, comment distinguera-t-on le participe présent en fonction de gérondif ou en fonction adjectivale ? » Rappelons :« intriguant trop, il n'a rien obtenu » et « c'est un intrigant », « son comportement intrigant m'agaçait ». Nous pouvons à notre tour interroger les interrogateurs.

a) Connaît-on un autre exemple de mots que l'on veut écrire différemment dès lors qu'ils entrent dans des classes syntaxiques différentes ? Si fermière est substantif dans « la fermière s'est levée tôt », mais adjectif dans « une société fermière s'est créé une succursale dans la ville », qui a pensé à demander qu'on écrive fermière pour le substantif, mais fermiaire (par exemple) pour l'adjectif ? Ou encore, les différentes valeurs de *que* ont-elles jamais incité à en moduler l'orthographe (que veux-tu, je sais que tu mens, que ça se sache, que de monde !) ?

b) A part le cas des verbes à °g final, où a-t-on introduit une variante graphique permettant de distinguer un gérondif d'un adjectif actif ? Que nous sachions, on écrit un ton cassant comme tout en cassant des noisettes. Nous verrons plus bas que même les verbes à °k final (marquer, fabriquer) ne sont pas fidèles à cette règle de distinction de la fonction gérondive et de la fonction adjective.

C'est un peu une constance des auteurs qui traitent de l'orthographe française de souligner les finesses d'analyse qu'elle permet (en direction de la logique, de la grammaire, de l'étymologie). Mais lorsqu'on vous dit : « on peut (et doit) distinguer un gérondif d'un adjectif actif, à condition que le verbe se termine par °g », alors on peut sérieusement se demander si la finesse d'esprit ne cède pas la place ici à un goût prononcé pour la torture mentale. Ou alors, il fallait être cohérent jusqu'au bout. Par un artifice d'écriture, on pouvait permettre de distinguer tous les gérondifs des adjectifs actifs :

Intriguant, intrigant
Marquant, marcant
Obligeant, obligent
Commerceant, commerçant
Passeant, passant (pour tous les phonèmes à une seule inscription habituelle)
En imprimeant, une imprimante

Une dernière remarque est à faire, concernant la généralisation de +gu. L'ensemble où elle a lieu est-il bien défini ? Peut-on assurer que seuls les éléments verbaux réagissent de cette façon ? En principe, la réponse est globalement affirmative. Les substantifs comme les adjectifs, même liés à des verbes, sont inscrits selon la distribution générale de +g et +gu. On a déjà utilisé ci-dessus le mot conjugaison. On peut y joindre des exemples divers : conjugal, infatigable, interrogation, bagage. Il y a deux exceptions. On trouve dans certains dictionnaires distinguable, et dans tous, sauf erreur, camarguais. Ce sont évidemment des écritures aléatoires. Mais il est intéressant de chercher à comprendre comment elles se sont fait jour. Pour ce faire, suggérons d'examiner d'abord le fonctionnement graphique du phonème °k.

Prédictibilité et aléas dans les inscriptions de °k

Ce qu'il est fructueux d'examiner, dans les décisions d'écriture concernant °k, c'est autant les points de décrochage que de similitude avec le traitement de °g.

En fait, à y regarder de plus près, /k/ n'a pas deux inscriptions possibles, mais trois. La troisième est +cu, et elle n'a lieu que devant une séquence phonique /œj/. Il s'agit des bien connus cueillir, cueillette, recueillir, accueil, recueil, cercueil. Avec +cu, on arrive à ce magnifique résultat, sur une masse phonique plutôt mince, de créer deux ambivalences de graphie successives :

- la suite +cu a une valeur /k/, alors qu'elle a une valeur /ky/ dans un mot comme écuelle.
- La suite +eil a une valeur /œj/, alors qu'elle a une valeur /ɛj/ dans n'importe quel autre mot : vermeil, soleil.

Qu'on ne s'étonne donc pas de voir tellement d'écarts, chez les apprenants, mais aussi dans les journaux lorsque le correcteur n'a pas eu le temps de passer, pour l'écriture de ces mots à finale –cueil, ainsi que pour orgueil, et pour œil.

Une fois écarté ce +cu malheureux et heureusement peu opératoire, il reste +c et +qu.

Tous les enseignants savent que le parallèle entre +gu et +qu, quant à leur distribution, n'est pas complet. On a bien +qu, comme +gu, devant +i et +e. Mais on ne peut affirmer que +qu n'intervient que devant +i et +e, alors que c'est le cas de +gu (hors système verbal). La séquence +qu intervient devant +a et +o : quoi, quotient, quantité, quand, qualité, quatre.

Il s'agit d'une graphie étymologique, le +qu rappelant là des mots qui en latin, comportaient /kw-/ et ont évolué en français vers /k/. Dans ce contexte, devant des voyelles d'arrière, +qu est en concurrence avec +c : quand ou camp, quoi ou coi...L'inscription d'un +c ou d'un +qu est donc aléatoire devant +a et +o ; elle est par contre prédictible, au profit de +c, devant +u : culasse, curieux, culture. Une exception est *piqûre*, et l'étrangeté de cette graphie – où l'accent circonflexe a une fonction pratiquement inanalysable- n'en fait pas un modèle de trouvaille graphique. Si l'on avait à temps prévu *picure*, personne sans doute ne s'en serait plaint.

Dans le verbe, il y a parallèle entre la distribution de +qu et celle de +gu. L'un et l'autre sont généralisés à la conjugaison ainsi qu'au participe présent. Donc, pour rappel : nous remarquons, je remarquais, en remarquant. Mais alors que pour +gu l'ensemble « verbe » est clairement défini (même si, comme nous l'avons vu la définition de l'ensemble est contestable), il n'en va absolument pas de même pour +qu. Il faut suivre pas à pas l'intrusion de +qu hors du système verbal pour se rendre compte du désordre qui règne ici :

a) Le participe présent en fonction adjectivale

Certains d'entre eux sont considérés comme non verbaux. C'est-à-dire qu'ils quittent l'ensemble du +gu généralisé, et s'écrivent donc avec +c : vacant, provocant, suffocant, communicant, fabricant. Mais d'autres restent à l'intérieur de l'ensemble verbal, bien qu'avec valeur adjectivale : choquant, craquant, piquant, manquant.

On constatera que pour les verbes à finale °k, on ne peut - et contrairement aux verbes à finale °g- énoncer l'instruction suivante : s'ils sont gérondifs, écrivez +qu ; s'ils sont adjectifs (puis nom, comme fabriquant), écrivez +c. On peut le dire pour certains, non pour d'autres.

b) Le grand flou de la dérivation nominale et adjectivale

Dans tout cet ensemble, non verbal, une seule série est totalement homogène, c'est celle formée par la suite dérivationnelle °-ation. L'inscription de °k est toujours +c : abdication, provocation, fabrication. Les autres séries dérivationnelles présentent toutes des mots à +qu et d'autres à +c, si le dérivé est initié par +a (-aire, -ade, -able, -age, -aille). La série du dérivationnel °-ot, sauf erreur, a partout +c : tricoter, fricoter, picoter.

Pour les dérivés en °-able, tous ceux qui ont un correspondant en °-ation s'écrivent avec +c : application →applicable. Pour les dérivés en °-age, ceux qui ont un correspondant nominal masculin à +c final s'écrivent avec +c : bloc →blocage. Pour les dérivés en °-aire, ceux qui proviennent d'un mot à final +ique prennent +qu : moustique →moustiquaire ; les autres prennent +c : bibliothèque → bibliothécaire. Pour les dérivés en °-ade et en °-aille, toutes les inscriptions sont en +c, avec l'exception de toquade.

On peut maintenant examiner la situation d'ensemble. Si les pratiques actuelles sont maintenues, la répartition sera la suivante :

a) Seront inscrits par +c : tous les dérivés en –ade, en –aille et en –at ; les mots en –able sans correspondant verbal (impeccable, inextricable) ; les dérivés en –able s'ils ont un correspondant en –ation (application →applicable) ; les dérivés en –age s'ils ont un correspondant radical à +c final (bloc →blocage) ; les dérivés en –aire s'ils n'ont pas un correspondant plus simple en –ique. Pour être plus exhaustif, il serait bon d'y joindre des dérivations ou élargissements comme –atif (démarcatif, fricatif), -asse (fricassée), -as (tracas, fracas), et peut-être –ard (flicard, tocard mais toquard aussi pour ce dernier).

b) Devront par contre être inscrits par +qu : les dérivés en –able ayant un correspondant verbal mais pas de correspondant nominal en –ation (marquer →marquable) ; les dérivés en –age qui n'ont pas de correspondant radical à +c final (remorque →remorquage) ; les dérivés en –aire s'ils ont un correspondant plus simple en –ique (moustique →moustiquaire).

Ceci demande réflexion :

Le fait qu'il y ait deux listes, une à +c et l'autre à +qu introduit de toute façon un aléa, et ceci par rapport au traitement de °g. Dans tous les faits relevés, on doit dire : l'inscription +qu ne fonctionne pas comme l'inscription +gu. Il n'y a plus ici de distribution complémentaire entre +c et +qu : l'un comme l'autre peuvent se trouver devant +a. Remarquons en passant que cette rupture de convention se fait au profit de +qu, qui empiète sur le domaine de +c (théoriquement devant a, o, u) et non le contraire.

La véritable discussion porte donc sur la valeur opératoire de ces règles en termes de psycholinguistique et de pratique de l'apprentissage. Alors que la distribution complémentaire entre +g et +gu est pratiquement assurée par des règles assez simples, les responsables successifs de l'écriture n'ont pas réussi à verrouiller l'ensemble +qu, qui a empiété de plus en plus sur l'ensemble +c. Ceci s'est probablement produit de proche en proche, à partir du verbe. Dès qu'on acceptait « une étape marquante » (et non pas marcante), il était tentant d'écrire aussi un effort remarquable (et non pas remarcable).

A partir de ce moment, le recours mental à une référence a été troublé. On est passé d'une instruction phonico-graphique (+c devant telle lettre, +qu devant telle autre, avec comme arrière-plan une certaine valence une certaine valence phonique de ces lettres) à des impressions que l'écriture devait dépendre du sens de la dérivation. On s'est dit qu'on pouvait écrire en toute sécurité si on répondait à la question « ce mot est dérivé de tel autre ? ».

Le résultat montre que c'était une mauvais piste, et la linguistique peut nous indiquer la raison : autant la flexion est un phénomène régulier, massif, souffrant peu d'exceptions, autant la dérivation est peu prévisible, primesautière. Nous pouvons prendre un verbe quelconque et renouveler des centaines de fois l'opération suivante : « donnez la première personne du pluriel du futur antérieur », il y aura toujours une réponse. Mais il suffit de demander « quel est le dérivé en –ation de critiquer ? » pour s'apercevoir qu'il n'existe pas. Ou, inversement, de chercher le verbe qui correspond à inextricable.

On peut donc dire que la tentative de fonder l'écriture des mots à finale °k sur des rapports de dérivation a été une erreur grave. Les faits le montrent aujourd'hui. Un suffixe très populaire comme –ard (braillard, ringard, peinard, paillard) développe aujourd'hui ses incertitudes lorsque °k est impliqué : toquard ou tocard, fliquard ou flicard ? Le recours au radical peut mener à des discussions sans fin. Ainsi, on trouve aux dictionnaires *piquage* (à la machine) et picage : maladie propre aux gallinacés qui les porte à s'arracher les plumes entre eux. L'un des dérivés viendrait donc de piquer, mais l'autre de pic. On ne peut s'empêcher de penser que, même s'il existe des hypercorrections phonologiques, ceci ressemble beaucoup à une hypercorrection morpho-sémantique.

Et c'est maintenant que nous pouvons juger de *distinguable* et de *camarguais* (tous deux au Robert). Il s'agit tout simplement des premiers signes que le mauvais recours à la dérivation, qui se développe comme un chancre pour l'inscription de °k est en train de grignoter le domaine de °g. On a inscrit camarguais en faisant appel à Camargue (qui, bien sûr, présente +gu) et contrastivement à portugais, qui a +g « à cause de » Portugal. Quant à distinguable, tout le monde sait qu'il va s'opposer à irrigable, navigable, conjugable. Mais distinguable au Robert nous aide à comprendre pourquoi, sous la plume des francophones les moins pathologiques, on trouve de plus en plus régulièrement irriguable, naviguable et conjuguable. Quand on donne des mauvaises « règles », on ne peut obtenir que de mauvais résultats.

Lorsque l'on critique l'écriture du français, on éprouve parfois des scrupules. Les instructions sont tellement enchevêtrées, les contradictions si nombreuses qu'on hésite parfois à baliser la voie pour proposer une règle rendant les choses prédictibles. On se demande si l'on ne va pas tout simplement déplacer l'aléatoire d'un point à un autre, ou si l'on ne met pas le pied dans une telle fourmillière qu'il est préférable de le retirer au plus vite. Mais ici, avec l'inscription de °g et de °k, et en admettant cette distribution complémentaire dans les inscriptions, on se trouve devant un sous-ensemble bien délimité et suffisamment isolé pour qu'il ne puisse amener des conséquence inattendues si l'on y décide des remaniements. En outre, les hésitations des usagers y sont telles qu'on peut penser que les éditeurs eux-mêmes ne verraient pas d'inconvénients à une remise en ordre, si une instruction précise pouvait être énoncée.

Or, cette instruction, la voici, avec ses variantes possibles :

Pour °k comme pour °g, la distribution d'inscription est la suivante : +qu et +gu devant les lettres +i, +e (é, è, ê) et +c, +g partout ailleurs, ceci à l'exception du système verbal, où +qu, +gu sont généralisés (nous pratiquons, nous distinguons). Comme variantes : il y aurait un intérêt certain à exclure le participe présent du paradigme verbal, et donc : en navigant, en fabricant. Mais si l'on veut l'y maintenir comme gérondif (alors : en naviguant, en fabriquant), il faut une règle unique pour °k et °g lorsqu'il devient adjectif ou nom (alors une étape marcante, à l'instar de le personnel navigant). La logique de cette décision devra aller jusqu'aux mots comme cercueil, et imposera picure au lieu de piqûre ; en finale, il faudra régler les cas de coq et de cinq.

Les zones aléatoires resteront les suivantes :

1) Tous les +qu devant voyelle d'arrière qui représentent un °k.
2) Les mots où °e est inscrit +ai, puisque cette inscription est peu ou pas prédictible.

Si les choses devaient rester en l'état, il n'y a guère lieu d'être optimiste sur les chances de voir les usagers inscrire en toute sécurité leurs °k, et même leurs °g dans les dérivés à +a (-ant, -aire, -able, -age, -ard). Il recourront au dictionnaire, et les quelques exemples du Robert, cités ici, nous montrent des auteurs de dictionnaire parfois aussi perplexes que les usagers. Enfin, nous maintenons avec fermeté notre objectif majeure à ce type d'opération, formulée plus haut : il est dangereux de baser une instruction arbitraire sur un processus mental qui fait appel à des correspondances d'ordre dérivationnel, étant donné le caractère peu prédictible de la formation des dérivés. Le reste de cette étude montre qu'il n'en va pas nécessairement de même lorsqu'il s'agit d'une convention qui choisit le niveau structurel plutôt que la sortie phonématique.

Chapitre 7

Conventions dans la flexion

7.1. La marque du pluriel et l'intrusion du +x

7.1.1. La marque du pluriel en général

La marque flexionnelle de pluriel et les signes phonologiques qui l'assurent dans la langue intéressent en français les nominaux, certains adnominaux et les verbaux. Le paradigme des numéraux y échappe largement, malgré une finale homophone à celle du pluriel sur deux, trois, six et dix. Dans les nombres supérieurs, quatre-vingts est souvent considéré comme pluriel (il ne l'est pourtant pas dans quatre-vingt et un), cent est pluralisable pour une partie des locuteurs et mille ne l'est théoriquement pas.

On peut estimer que le morphème de pluriel des première et deuxième personnes dans le verbe et ses pronominaux (nous avons ; vous arrivez) est identique à celui des nominaux : c'est un °s. Il peut cependant recevoir une inscription particulière et, de ce fait, ils en sera traité plus loin ; la marque de troisième personne n'est pas un °s dans le verbe même (ils chantent) et sera également examinée dans la suite de ce chapitre.

Le pluriel est objet d'un phénomène de rection, habituellement appelé accord en nombre par les auteurs. Ce point posant des problèmes particuliers lorsque le participe passé est impliqué, il en sera longuement discuté au titre 7.3.

Aucune étude ne sera faite ici sur le pluriel des noms composés. C'est une question assez insignifiante, bien qu'elle soit régulièrement amenée à la surface dans les milieux didactiques. De même qu'on admet des libertés pour celui qui écrit, tant dans le lexique (saoul ou soûl) qu'avec des formes fléchies (je ciselle ou je cisèle), de même il serait urgent de décider que les usager gardent leur liberté de se fier à leur conscience linguistique pour marquer ou non un pluriel aux noms composés, selon les types de formations grammaticales qu'ils comportent.

Ces précisions apportées, le morphème dont il reste à examiner les inscriptions dans ce chapitre est celui de tous les nominaux et des adnominaux. Il est °s, même dans les mots où une alternance entre le singulier et le pluriel (animal/animaux ; amical, amicaux) incite à lui accorder une forme phonique plus étendue.

La marque graphique la plus courante en est +s. Il s'agit d'une inscription pratiquement directe du phonème /z/, chaque fois que se produit ce que l'on appelle couramment la liaison, et qui n'est rien d'autre que la représentation normale du °s dans un contexte intervocalique sans pause. Lorsque la sortie phonématique n'a pas lieu, le +s devient l'inscription d'un phonème structurel °s, dont la réalisation nulle peut être expliquée par des règles de troncation en finale, applicables à beaucoup d'autres °s, qui ne sont pas le morphème de pluriel.

7.1.2. L'intrusion du +x

Un +x se présente comme substitut de +s pour marquer le pluriel de certains mots (il est aussi présent ailleurs comme concurrent de +s). Comme il est minoritaire, la prédiction d'un +x par les apprenants dépend de la réponse à la question : pour quels mots ou types de mots dois-je écrire +x au lieu de +s comme marque de pluriel ? Si les conventions graphiques présentent des réponses catégorisables claires à cette question, il y aura prédictibilité. Au cas contraire, l'apprenant est renvoyé à l'aléa.

En fait, la réponse est simple, et se fait en trois temps.

Tout mot dont le pluriel masculin présente une alternance phonique par rapport au singulier ou au féminin (singulier ou pluriel) est marqué d'un +x. Cette convention complexe, qui fait intervenir à la fois la grammaire et la phonologie (et est, au titre de cette complexité, mise en cause avec raison par des analystes réformateurs), permet la prédictibilité :

- Sur les pluriels masculins en +-aux des substantifs et des adjectifs dont le singulier alternant est –al ou –ail, et le féminin (pour les adjectifs) –ale et –ales. Donc : les travaux, animaux, principaux.
- Sur les pluriels masculins des adjectifs à finale -eau, parce que l'alternance féminine est /ɛl/ (nouveau, nouvelle). Quand les auteurs scolaire indiquent que tous les mots en –eau prennent +x au pluriel, il n'énoncent qu'une prédictibilité sous aléa ; les locuteurs qui ont un seul phonème /o/ ne peuvent prédire une finale +eau que s'ils disposent d'un alternant -el- et si c'est le cas, par flexion, pour un adjectif, et par dérivation pour les substantifs (chameau/chamelle ; chapeau/chapelier).
- Sur les pluriels ceux (alternance féminine : celle, celles), cieux (alternant singulier : ciel), yeux (alternant singulier : œil), aïeux (singulier : aïeul).

Tout mot à finale /o/ qui manifeste un alternant à finale /el/ dans la dérivation est individuellement prédictible comme devant prendre un +x au pluriel. Ainsi marteau/marteler. Le dérivé *marteler* assure qu'on écrit marteau au singulier, puis marteaux au pluriel. Le même recours à l'alternance permet de prédire +x à cheveux (chevelure). Par contre, on doit exclure l'alternance ou/ol, qui ne produit pas une inscription +x au pluriel, comme le montrent *les fous*, *des caramels mous*. Cette complication empêche d'utiliser à plein le principe d'alternance pour prédire +x.

Tous les autres +x de pluriel sont aléatoires, ou prédictibles seulement sous aléa. La règle des auteurs scolaires, disant que les substantifs en –au (tuyau) prennent +x au pluriel est démentie par des mots comme landau et sarrau, et présuppose que le locuteur n'écrive pas tuyau comme piano, boléro ou salaud. La règle sur –eu ne vaut guère mieux : bleus, pneus. Quant à la fameuse série des sept substantifs en –ou (chou, bijou,...), ce n'est pas une règle, c'est une énumération.

Une dernière règle peut être donnée sur le marquage du pluriel. Celle qui énonce qu'un mot ayant déjà au singulier une finale +s ou +x n'y ajoutera pas un autre +s ou +x au pluriel. La prédictibilité sur le pluriel dépend ici de la prédictibilité sur le singulier. Celui qui ne sait pas qu'il faut un +x au singulier de perdrix ne peut savoir s'il mettra un +x au pluriel.

7.2. La flexion verbale

7.2.1. Remarques préliminaires

Avec son système flexionnel abondant - aux personnes, aux temps-aspects, aux modes - le verbe français représente dans la réalité de la chose écrite comme de la langue parlée un des principaux lieux d'analyse et de réflexion. Un de ceux aussi où le réglé et l'aléatoire (parlé d'abord, écrit ensuite) sont le plus difficile à démêler ; un de ceux où, par conséquence, la norme graphique imposée connaît le plus d'écarts chez les usagers.

Le verbe fléchi apparaît dans la plupart des phrases utilisées, mais lorsqu'il s'agit d'aborder l'écriture, ou de vouloir la réformer, cette réalité est en général traitée par prétérition. La plupart des auteurs, traditionnels ou réformateurs, le regard fixé sur le dictionnaire et ses infinitifs, semblent oublier que *vainquons* et *courrai* sont des mots, à l'instar de *vaincre* et *courir*, et qu'il faut pouvoir en justifier ou en critiquer la graphie. Et dans les tableaux grammaticaux des ouvrages scolaires les auteurs ne justifient ni ne critiquent ces graphies ; ils les reproduisent et les imposent.

Pour le verbe, plus qu'ailleurs, on ne peut faire une critique de l'écriture que précédée d'un examen morphophonologique approfondi, parce que c'est dans le verbe que les alternants sont les plus nombreux, non seulement dans les radicaux, mais également dans les marques flexionnelles. C'est bien à cause de ces alternances que ceux qui se sont succédé pour construire au cours des siècles l'écriture de la langue ont dû élaborer besogneusement des solutions, parfois géniales, parfois partielles et partiales. Si tous les verbes étaient comme chant-er, les affaires seraient relativement simplifiées. Mais elles ne le sont pas, et tout notre effort doit consister à comprendre pourquoi l'on a un jour reçu une lettre dans laquelle le correspondant inscrivait « je joinds à ce mot... », ou pourquoi, malgré la présence vigilante de A.Cellard, des journalistes du Monde écrivent régulièrement il résoud.

Les grammaires modernes ont abandonné les quatre conjugaisons au profit de trois. Nous n'y avons sans doute pas perdu grand-chose, mais nous n'y avons guère gagné. En tout cas pas en clarté d'exposition des faits. Lorsqu'on isole, désormais comme deuxième groupe, les verbes dérivés par la séquence °-i-ss (nous fin-i-ss-ons), et qu'on renvoie les autres verbes à l'infinitif –ir à un troisième groupe comprenant également les verbes à finale –oir ou –re, on pratique une césure plus que douteuse, car il y a bel et bien des convergences entre tous les verbes en –ir. Ce dont l'ancien classement, au moins, rendait compte.

En fait, on pourrait tout aussi bien affirmer qu'il n'y a qu'une conjugaison en français, une fois admis les principes suivants :

1) Les verbes dits de première conjugaison ne sont pas des verbes à radical suivi d'une marque d'infinitif °-er. Ce sont des verbes dont le radical est suivi d'un élargissement °-E (et l'on peut même suggérer que cet élargissement est le morphème °E du féminin : train --- une traîn-E --- traîn-E-r) ; et la marque d'infinitif y est °-r, comme pour tous les autres verbes.

2) Ni le participe passé, ni l'infinitif ne sont des formes verbales. Ce sont des formes nomino-verbales, fondatrices de la distinction entre le perfectif et l'imperfectif. Ces formes n'ont donc pas nécessairement un lien direct avec les formes conjuguées ; elles peuvent avoir ce lien, elles peuvent être autonomes.

On s'est souvent demandé pourquoi l'infinitif de *nous finissons* n'était pas *finisser* ou *finissir*, pourquoi le participe passé n'était pas *finissi*. Notre hypothèse est que, pour ces verbes, ni l'infinitif ni le participe passé ne contiennent le suffixe causatif-inchoatif °-ss, qui n'apparaît que dans certaines formes conjuguées, parce que c'est là seulement qu'il a un sens. L'infinitif et le participe passé ont seulement un élargissement °i, dans lequel on peut voir un suffixe, parfois dénominalisant : fin →fin-i, et fin-i-r.

Presque tout le reste de ce que les auteurs traitent en général comme étant des exceptions ou des difficultés du verbe français - ce qui est souvent tracé dans leurs listes de verbes irréguliers - relève en fait de règles de morphophonologie, les véritables exceptions étant, somme toute, très rares, comme celles représentées par *vous faîtes*, et *vous dîtes*, ou les verbes comme aller qui ont des radicaux alternants non phonologiques.

Pour une analyse de l'écriture, toutes les règles de phonologie ne sont pas utiles, mais un certain nombre le sont. C'est pourquoi on ne présentera pas ci-après une batterie complète de ces règles, mais seulement celles qu'il faut nécessairement invoquer pour comprendre une écriture ou la critiquer.

7.2.2. Les marques de personnes

7.2.2.1. La première personne du singulier

Les grammaires usuelles notent généralement qu'à l'indicatif présent, les verbes en –er ont une marque de 1ps qui est zéro ou –e, tandis que les autres verbes ont un –s final. On ne comprend pas toujours très bien s'ils visent une réalité phonologique ou une réalité graphique.

En phonologie, poser une marque –e pour la 1ps est certainement une erreur. Ce –e fait partie de tout le paradigme du présent, et non de la seule première personne du singulier. S'il n'existait pas ailleurs, la consonne finale d'un verbe comme donner serait obligatoirement tronquée aux trois personnes du singulier ; on aurait *je don*, *tu dons, il don(t)*. C'est ce -e qui préserve la prononciation pleine de la dernière consonne du verbe, tout comme un –e du féminin (bonn-e, mais bon ; blanch-e mais blanc). Comme il vient d'être indiqué, le -e (caduc) est tout simplement, dans ces verbes, l'élargissement °-E, et pas du tout une marque de personne.

On est donc amené, toujours pour ces verbes en °-e-r, à penser que la marque de 1ps est plutôt zéro. Et cependant, dans l'état actuel du français parlé, il serait tout aussi admissible de dire que la 1ps est -s pour ces verbes comme pour les autres, ou d'admettre que la 1ps est partout zéro. Si la graphie n'avait pas imposé +e ici et +s là, permettant et interdisant de ce fait des liaisons de pure lecture (je prend-z-aussi ; mais attention à je mange-z-encore !), il y a longtemps que les faits se seraient régularisés, et de telle manière que cela n'aurait aucune importance que l'on pose pour la marque de 1ps du présent de l'indicatif soit zéro, soit °-s.

Une première conclusion est donc que faire écrire *je chante* et non *je chantes* est une instruction arbitraire. On ne peut fournir aucune preuve que le °-s marque cette forme.

Faire remarquer que *je chante* mais *je prends* sont parmi les premiers contrastes que l'on enseigne à l'école primaire, que le risque de faute d'orthographe est, par conséquent minime, tout cela ne change rien à l'affaire. Un aléa reste un aléa. D'ailleurs les risques d'écart ne sont pas si minimes qu'on voudrait le penser, principalement chez les enfants dont la rigueur logique est trop puissante pour s'adapter facilement à l'écriture du français.

Lorsque l'écart se produit, on remarquera que c'est d'ailleurs habituellement par l'adjonction d'un +s à un verbe comme *je donne*, et non par retrait du +s à un verbe comme *je dois*. Les raisons en sont compréhensibles. Elles sont à la fois d'ordre logique et statistique :

1) Malgré toute la masse des verbes en –er au dictionnaire, la présence des verbes à autre finale est continuelle dans un écrit (ces verbes sont peu nombreux, mais d'un emploi fréquent : je dis, je vais, je vois, je fais, je prends, je tiens…)
2) La 1ps du présent à –e est isolée, car pour tous les autres verbes, 1ps et 2ps fonctionnent ensemble, avec un °-s
3) Tous les verbes en °-i-ss ont nécessairement à la première personne du singulier un +s, qui représente au moins le dérivationnel (mais peut-être aussi la 1ps).

7.2.2.2. Les autres premières personnes du singulier

Pour déterminer quelle est la marque de 1ps dans les autres paradigmes de conjugaison, il est bon de présenter d'abord un tableau rapprochant les verbes à structure °-e-r des autres verbes, lesquels sont tous identiques sur ce point. On prendra la précaution de ne pas se servir des formes écrites comme critère d'appréciation.

°-e-r	autres
j'aimai	je sentis
j'aimais	je sentais
j'aimerai	je sentirai
que j'aime	que je sente
que j'aimasse	que je sentisse

Il faut d'abord relever un cas de pluriphonologie. Les contrastes inscrits par -ai/ais dans j'aimai / j'aimais (verbes à °-e-r seulement) et dans j'aimerai / j'aimerais (tous verbes confondus), s'ils sont satisfaisants pour tous ceux qui maintiennent une opposition en surface entre /e/ et /ɛ/, ne le sont pas pour les locuteurs qui opèrent la fusion. On s'est laissé dire que des instructions furent données naguère pour éviter, dans certaines régions de France, les dictées scolaires opposant le futur simple et le conditionnel, tellement les résultats en étaient aberrants d'un point de vue normatif. Tout simplement, il faut admettre que ces locuteurs ont bel et bien neutralisé les deux formes à la 1ps :

Futur simple		conditionnel
	J'aimerai (s)	
tu aimeras		tu aimerais
il aimera		il aimerait

A partir de là, tant pour le futur simple que pour le conditionnel, il devient malaisé de prévoir quelle marque, de toute façon en surface, ces locuteurs attribuent à la 1ps. Il n'y aurait rien d'étonnant à ce qu'ils alignent la 1ps sur la 2ps (puisque de toute façon c'est le cas de verbes au présent de l'indicatif : je ris, tu ris) et que, de ce fait, ils prédisent un +s final, même au futur. Mais l'alignement inverse peut aussi se produire bien entendu.

Pour les locuteurs qui maintiennent le contraste /e/ ~ /ɛ/, il faut juger différemment du futur simple et du conditionnel (et, pour les verbes °-e-r, du passé simple et de l'imparfait). Ce qu'il est difficile de faire comprendre, si l'on s'obnubile trop sur l'écriture, c'est que prononcer j'aimer-é, face à j'aimer-è n'implique ni exclut pour l'un et pour l'autre un °s final de 1ps. Structurellement, *j'aimerai* peut très bien être °aimer-é-s, exactement comme *vous aimerez*. Et l'on peut d'ailleurs se demander si *j'aimerai* n'est pas, en fait, une écriture de dissimilation face à la deuxième personne du pluriel, ou au conditionnel.

Le cas de ces inscriptions +ai n'a rien de clair, d'ailleurs. Si l'on consulte les dictionnaires standards, on remarque qu'en général ils donnent les substantifs comportant un +ai final comme ayant une réalisation [ɛ] : bai, rai, délai, balai, quai.

La prononciation dans le verbe paraît donc être une exception, ce qui confirmerait l'impression qu'il s'agit d'une graphie de dissimilation.

Pour terminer le tour d'horizon sur la 1ps du futur simple, on peut encore rappeler que les grammairiens (mais rarement les scolaires) établissent que les formes du futur font appel au verbe avoir au présent : j'ai, j'aimer-ai ; tu as, tu aimer-as ; il a, il aimer-a ; ils ont, ils aimer-ont. Mais c'est le lieu de dévoiler encore une bizarrerie, car un autre verbe porterait exactement les mêmes désinences s'il ne présentait une particularité graphique, à la 1ps précisément. Il s'agit du verbe aller. Car à la 1ps, il présente un +s : je vais (pour la suite : tu as, tu v-as ; il a , il v-a ; ils ont, ils v-ont).

A) la deuxième personne du singulier.

Les habitudes graphiques imposent l'idée que la marque de deuxième personne du singulier est habituellement un °s : tu parles, tu sors, tu parlais, tu sortais, tu parleras, tu sortiras, tu parlais, ... On retire cependant de cet ensemble l'impératif des verbes à élargissement °E : parle !, entre !

Paradoxalement, au niveau d'une phonologie structurelle, c'est cependant l'impératif et lui seul, y compris celui des verbes à °-E, qui assure clairement l'existence d'un °s comme marque de la deuxième personne. Et le seul test valable pour s'en assurer est celui de la liaison obligatoire devant en et y.

Verbes autres :

Prends-en ! vas-y, viens-y !

Verbes avec °-E :

Manges-en ! mêles-y un peu de sucre !

Ici aussi, on donne la liaison comme test de la présence de °s à toutes les 2ps. Par exemple : *tu mangerai /z/* aussi. Ce sont des liaisons ni obligatoires ni toujours heureuses. En outre, le mouvement phonique qui amène à opérer une liaison semble soumis à des contraintes qui diversifient l'argumentation, comme le montre assez bien, à notre sens, l'expérience suivante.

On posait cette question à une enseignante : pourquoi n'acceptes-tu pas de dire qu'il existe un °s à la 1ps dans je parle ? La première réponse, spontanée, fut : parce que je ne peux pas dire « je parle /z/ aussi », « je parle /z/ encore ». Mais après un temps de réflexion, elle ajoutait : « il est vrai que je ne me vois pas non plus dire « tu parles /z/ aussi », « tu parles /z/ encore ». Autant la liaison paraît acceptable après une voyelle, comme dans vous parlez /z/ encore, autant elle est peu naturelle après une consonne et ceci vaut autant pour *tu sors encore* (verbe sans °E) que pour *tu parles encore*.

Appliqué à la 2ps, le test de la liaison facultative aurait donc comme résultat de couper en deux le paradigme des verbes, et selon une démarcation purement phonique : sans °s les verbes à finale consonantique –ou suivis d'un °-E structurel- : tu mange, tu dor, tu par ; avec °s, les verbes à finale vocalique : tu dis, tu fuis. En outre, le cas d'une finale VN serait sans doute l'enjeu de disputes entre locuteurs :prends /z/ encore ou pren(d) encore ?

Ainsi donc, la liaison obligatoire à l'impératif devant *en* et *y*, à quoi on peut joindre en pointillé des liaisons facultatives lorsqu'elles sont acceptables, constitue le fondement en phonologie structurelle de l'existence d'un °s comme marque de 2ps. Mais alors il faut en tirer une conséquence majeure : l'écriture reçue des verbes à °-E à l'impératif est bien une inscription contrainte. Ecrire sans +s, mange ! donne ! joue ! est une imposition particulièrement arbitraire, comme le démontrent les milliers d'adultes francophones qui, malgré leurs longues études, s'obstinent à écrire : manges ! donnes ! joues !

On a tenté de justifier cette écriture en énonçant que la 2ps de l'impératif s'écrit comme la 1ps de l'indicatif : je mange, mange !; je viens, viens ! Mais c'est un moyen mnémotechnique, non une règle ayant une base objective. Il n'existe aucun lien sémantique entre un impératif de 2ps et un indicatif de 1ps, alors que le rapport direct est évident entre un impératif de 2ps et un indicatif de 2ps.

Une autre justification serait de dire qu'on a tenu à différencier l'impératif, graphiquement, de l'indicatif, contraster *tu manges* et *mange* ! L'argument est de peu de valeur théorique et pratique, car alors il aurait fallu appliquer à tous les verbes, et non pas seulement aux verbes à °-E, cette convention au demeurant assez inutile puisque, à la lecture comme dans la langue parlée, un indicatif se repère comme distinct de l'impératif simplement parce qu'il est normalement précédé de *tu* et que l'impératif ne l'est jamais.

Une fois admis que la marque de 2ps est uniformément un °s, l'écriture de l'impératif des verbes à °-E lorsqu'ils ne sont pas liés à *en* ou *y* est donc bien à voir comme une contrainte, particulièrement difficile à accepter par de nombreux locuteurs.

B) La troisième personne du singulier

On peut poser que le morphème est uniformément °t.

L'existence du °t est habituellement admise par les auteurs pour le présent de l'indicatif des verbes qui ne sont pas à °-E (donc il vien-t, contrastant avec il donne). Ils l'admettent également pour l'imparfait, le conditionnel et le subjonctif passé mais l'excluent d'ordinaire - au vu de la graphie reçue- pour le passé simple des verbes à °-E (il parla) ainsi que pour le futur, et le conditionnel présent de tous les verbes (il parlera, il rira, qu'il parle, qu'il rie). Dans cette partie des paradigmes, la seule exception qu'ils admettent est celle des verbes avoir, et être : qu'il ait, qu'il soit. On sait que des apprenants, et même des francophones chevronnés, écrivent souvent qu'il soie, qu'il aie, alignant ainsi ces formes sur toutes les autres formes écrites à la 3ps du subjonctif. A l'inverse, d'autres personnes sont tentées d'écrire *qu'il voit*, au lieu de *qu'il voie* et ce, probablement, par attraction de *qu'il soit*.

En phonologie structurelle, on peut établir l'existence de °t par le test de la forme syntaxique inversée. Ce test vaut pour toutes les formes autres que le subjonctif. Ce dernier présente très rarement l'inversion entre le sujet et le verbe. Si le test ne peut se faire pour les subjonctifs, nous pensons cependant que le °t ne peut être refusé au subjonctif présent, d'autant qu'il existe une explication, qui sera vue plus loin, à l'absence graphique du °t.

Les formes inversées, face aux formes non inversées, sont les suivantes :

Verbes à °-E-	verbes sans °-E-
Il parle parle-t-il	il rit rit-il
Il parlera parlera-t-il	il rira rira-t-il
Il parla parla-t-il	il fit fit-il
Il parlait parlait-il	il riait riait-il
Il parlerait parlerait-il	il rirait rirait-il

Ici aussi, les commentateurs invoquent souvent une consonne euphonique là où l'écriture ne donne pas un +t à la forme verbale. Nous pensons avoir montré pourquoi ils se trompent. Il y a donc un morphème °t pour la 3ps et ce morphème se tronque en finale. Et les subjonctifs *ait*, *soit* en sont une attestation supplémentaire.

Il semble qu'on puisse retracer assez facilement la raison pour laquelle un +t n'a pas été inscrit au présent de l'indicatif des verbes à °-E et au subjonctif présent de tous les verbes « réguliers ». C'est qu'il ne pouvait l'être sans troubler la lecture, une fois que le code graphique établi avait comme consigne générale sur la lettre +e : un +e se lit toujours /ɛ/ devant un +t. Considérons cette graphie : il parlet, il chantet, il manget. Il y aurait similitude d'inscription avec banquet, effet, baudet, complet, coquet. Et l'on a reculé devant cette amphibologie de lecture.

Un observateur attentif rétorquerait sans doute qu'il existe une amphibologie semblable pour +es. Il y a prononciation /ɛ/ avec des mots comme : les, ces, mes, tes, ses. On peut regretter cette équivoque, mais elle a une base très différente de celle qu'aurait eue +et. Habituellement, en effet, les formes à +es se lisent comme +e-s, parce qu'il s'agit à la fois des formes de pluriel de substantifs, d'adjectifs ou autres adnominaux et des formes de 2ps dans le verbe. Les déterminants nominaux comme l'article et les possessifs pluriels ne forment qu'un petit ensemble qui fait exception, avec leur prononciation /ɛ/, de sorte qu'on s'est permis de ne pas les marquer par l'accent grave, face à des mots comme excès, accès, décès, près.

Si l'on veut exprimer autrement les choses, disons qu'on aurait une règle d'inscription du genre : un +e vaut pour /ɛ/ devant une consonne finale autre que +s ; si l'on avait inscrit le °t à la 3ps du présent de l'indicatif et du subjonctif, cette instruction eût été mise à mal.

Peut-on suggérer ici une transformation des instructions d'écriture ? c'est douteux, car nous sommes dans un de ces cas où, de choix risqué en choix risqué, on aboutit à une impasse totale. Une fois qu'on a décidé de se passer d'accent sur tout +e suivi d'une consonne finale autre que +s, et se prononçant /ɛ/, /e/ (legs, fier, pied, bref), il n'y a plus grand-chose comme solution pour la 3ps de °il parle-t. On a pu trouver un recours dans les formes inversées, en introduisant le trait d'union (parle-t-il ?) qui permet (à condition que les enseignants le fassent comprendre, car c'est une convention ad hoc) de ne pas prononcer le +e final du verbe comme /ɛ/.

Du coup, il n'existe plus qu'une solution d'ordre pédagogique. Elle consiste à édicter la règle suivante : bien que les 3ps des verbes à °-E au présent de l'indicatif (il parle) et de tous les verbes au subjonctif présent (qu'il parle, qu'il fasse) soient °t comme partout ailleurs, elles ne sont jamais inscrites, pour ne pas amener une lecture de +e-t comme /ɛ/ ; sauf dans les formes inversées, où elles sont inscrites précédés d'un trait d'union (parle-t-il) ». Une instruction d'exception réglerait le cas de *soit* et *ait*, non comme des bizarreries, mais au contraire comme des verbes qui ont maintenu l'inscription du °t.

Note sur une convention de simplification graphique à la 3ps.

On sait qu'on écrit : il rend, il pond et non il rendt, il pondt. Il faut prendre ce type d'inscription comme un des rares cas où l'on a décidé, en français, de raccourcir la graphie. Commençons par noter qu'en traitant de ce cas ici, nous nous prononçons sur la suppression de la marque °t de 3ps, non sur la validité de l'inscription +d (en effet, on verra un peu plus loin qu'il y a beaucoup à dire sur ces +d). C'est une instruction qui vaut ce qu'elle vaut. Les écritures avec –dt, que l'on trouve sous la plume des apprenants, montrent qu'elle n'en impose pas à tout le monde, que certains préfèrent écrire une lettre de plus que de rompre un paradigme bien établi. Elle serait en tout cas plus acceptable si on lui avait donné un fondement solide, par exemple, en la maintenant strictement sous la contrainte d'apparition du seul °d, qui est la contrepartie sonore de °t. Or, on ne l'a pas fait, et si on remet °d dans un ensemble plus large, comprenant d'autres occlusives, on s'aperçoit que l'on impose il rompt (+t inscrit après °p), mais il vainc (+t non inscrit après °k). Ce *il vainc* est une petite merveille. Aux formes inversées, on est obligé de lui ajouter un trait d'union, puis le +t (vainc-t-il ?), et pour cause, puisque la liaison en /t/ ne peut se faire entre un °k et une voyelle. Tandis que pour les verbes à +d, on se contente - dans les mêmes formes inversées- du trait d'union (descend-il ?), en jouant sur le fait qu'en français un °d peut se lier en /t/ à une voyelle (voir : un grand enfant).

Il est heureux qu'en français le verbe vaincre soit devenu d'emploi rare, encore que le dérivé convaincre soit, lui, plus fréquent. S'il s'agissait d'un verbe de grand usage, il suffirait à troubler toute prédictibilité chez les apprenants quant à une règle de simplification de la 3ps, permettant d'éliminer +t. Pour le moment, les francophones se contentent d'écrire sans trop de scrupules *il vainct* et *il convainct*. Et si les maîtres de la graphie officielle faisaient comme eux, ils permettraient d'avoir une règle sûre : le °t de la 3ps au présent de l'indicatif ne s'inscrit pas lorsque la consonne précédente est un +d.

7.2.2.3. Les personnes du pluriel

Les personnes du pluriel portent-elles la marque du pluriel, c'est-à-dire un °s ? On peut raisonnablement répondre par l'affirmative pour la 1pp et la 2pp, pour leurs représentations respectives : -ons, - :mes (au passé simple), et –ez, - :tes (toujours au passé simple). Si cette vue est admise, l'inscription d'un +s est donc assez facilement prédictible, y compris dans les formes irrégulières comme *vous dites*, *vous faites*.

Doit être examiné le +z qui apparaît à certaines 2pp (en fait hors passé simple). Pourquoi le °s est –il ici inscrit +z ?

Nous suggérons l'explication suivante : +z a été choisi, comme alternative à +s à l'intérieur d'une convention graphique pré-existante, cette convention étant qu'un +e non accentué suivi d'un +s final - ou lui-même suivi de consonne- vaut pour un /ɛ/ et non pour /e/, et ceci dans la série les, mes, tes, ses, ces. Il fallait donc, soit se résoudre à placer un accent aigu sur le +e (vous parlés), soit recourir à +z, lettre peu employée et pratiquement disponible pour cette convention un peu spéciale.

Nous ne donnons pas à cette explication une valeur historique, mais bien logique. Au plan historique, il semble que +z a été employé dans certains écrits avec une distribution plus large qu'aujourd'hui, et en particulier comme un substitut de °s final. Dans ce cas, la question s'est posée au moment des restructurations et il faut expliquer pourquoi +z a été maintenu pour la 2pp. On retombera certainement sur la même problématique. Il faut d'ailleurs remarquer que le même subterfuge est valable pour quelques autres mots, qui n'appartiennent pas au système verbal. Le +z préserve également un /e/ ; chez, assez, rez-de-chaussée, nez, et l'ancien lez.

On peut imaginer également que la solution avec accent sur le +e (vous parlés) avait le désavantage de confondre la 2pp du présent avec une forme du participe passé (des journaux parlés) ; au vu des différences de contextes syntaxiques entourant respectivement un participe et une forme conjuguée, le danger de confusion n'aurait sans doute pas été bien grand, mais on peut admettre que les formateurs successifs de l'écriture en ont été préoccupés. Il faut signaler qu'ils ont alors dû passer sur leurs scrupules pour *dites* et *faites*, ces formes étant aussi celles du féminin pluriel du participe passé.

Le résultat aujourd'hui, quant à la prédictibilité de ces formes +z est le suivant : on ne peut donner une instruction unique énonçant qu'il faut inscrire un +z au lieu d'un +s (pour tout °s) après un /e/. En effet, on se heurtera aux pluriels où le /e/ reste marqué par +é et où °s est directement inscrit : les blés, les prés, les abbés.

Il y a donc une certaine prédictibilité, mais il faut en énoncer clairement les contraintes : pour le verbe et pour des mots qui ne sont pas des pluriels. A moins qu'on ne se résolve à régulariser ces derniers, ce qui est déjà tenté dans des écritures concurrentes de lez : les, lès (tenté, mais peut-être pas réussi).

Face à la 1pp et la 2pp, la 3pp n'a pas la marque centrale °s de pluriel. En grammaire, on pourrait d'ailleurs arguer de ce fait pour refuser également le °s de pluriel aux autres personnes et estimer que le °s y est seulement comme celui du pluriel, mais ce débat a peu d'incidence directe sur la graphie.

Le contenu phonique de la 3pp est assez difficile à déterminer. Il y a au moins un °t final, qui se manifeste dans les formes inversées (sortent-ils ?). Il est plus que probablement précédé d'un °-E- : si le °t final était seul, il n'y aurait pas de différence entre une troisième personne du singulier et du pluriel, or celle-ci apparaît clairement dans certains verbes (il sort vs ils sortent ; il vient vs ils viennent). Le fait qu'il y ait fusion dans les verbes à °-E (chante-t-il, chantent-ils ont la même représentation phonique de surface) est une bonne indication que ce qui précède le °t à la 3pp est justement un °-E-.

En passant à l'examen de l'écriture de personne verbale, on doit évidemment traiter de la présence du +n : ils parlent. Les pédagogues se privent trop facilement d'un point d'appui phonologique en oubliant souvent que le +n inscrit réellement un °n à toutes les formes du futur (ils arriveront) ainsi qu'à des formes minoritaires comme ils sont, ils font, ils vont, ils ont. Le maintien ailleurs de toutes les formes +ent (ils parlent, qu'ils sortent, ils reçurent, ils mangeaient) se comprendrait mieux alors comme un calque formel visant à signaler par un +nt unique toutes les formes de 3pp. Nous n'avons, pour notre part, jamais entendu invoquer cette argumentation, qui nous paraît séduisante. Il est vrai que les inscriptions +ent rompent avec la phonologie de surface et même avec la phonologie structurelle, car on ne peut poser un °n par aucun moyen. Mais les solutions de rechange sont peu nombreuses et toutes discutables (ils chantet, ils chante-t, ils chantt ??), à moins de passer à une écriture phonématique, et elles rompraient obligatoirement le rapport étroit existant entre +ont et +ent.

Ceci dit, il y a un prix à payer. Hors cette désinence verbale, une suite +ent représente /an(t)/ et non pas cette absence phonique commune dans le verbe, sauf liaison. Il y a donc équivocité de +ent tant que les conditions grammaticales d'apparition n'en sont pas clairement définies. Pour les enfants francophones, le handicap peut être assez rapidement surmonté, mais il n'en va pas de même pour les apprenants étrangers, et l'on peut s'attendre à de curieuses réalisations phoniques d'une phrase comme : *ils entendent lentement*, à moins de leur révéler très vite la valeur phonique de +ent en général, et du +ent de 3pp, par contraste.

Face à ce délicat problème du contenu de la 3pp, il y a peu de choses à noter sur le contenu phonique préfinal des autres personnes du pluriel. Le +on de ons (part-ons) est une projection graphique directe de la séquence structurelle °-on-. Le +e de -ez (part-ez) est moins prédictible, on l'a vu, mais acceptable.

Il reste le cas du passé simple : nous mangeâmes, vous mangeâtes, nous vîmes, vous vîtes, nous fûmes, vous fûtes. C'est un problème interdialectal, où les locuteurs les mieux placés sont ceux qui disposent de voyelles longues dans leur stock de voyelles. Pour eux, la pose d'accent circonflexe est recevable à ces formes. Il n'en va pas de même pour les locuteurs qui n'ont plus de voyelles longues. Dans ce cadre, un accent circonflexe ne va pas de soi. Quant aux autres lettres impliquées dans ces formes du passé simple, elles sont toutes prédictibles, renvoyant à °m, °t et °E.

7.2.3. Les alternants du thème verbal à la suture des marques de conjugaison

Le titre demande une explication rapide. D'abord, nous utilisons le concept de thème plutôt que celui de radical. On verra en effet plus bas que, pour certains types de verbes, ce n'est pas le radical qui entre en contact direct avec les finales représentant les temps-aspects, les modes, les personnes. Il y a quelque chose qui s'interpose entre le radical et ces finales : le radical suivi de ce quelque chose est un thème.

Ensuite, nous parlons d'alternants. Le terme a déjà été rencontré ailleurs dans cet ouvrage. Rappelons rapidement que si pour *tenir*, on trouve les formes *je tiens*, et *nous tenons*, il y a deux formes alternantes du même radical, une forme /tjɛ~/ et une forme /tən/. En introduisant la contrainte « à la suture de », nous signifions qu'il ne sera pas traité ici d'alternances dans les radicaux et les thèmes lorsqu'il ne s'agit pas de la finale. Pour illustrer ceci, prenons le cas suivant : nous avons une forme *nous voulons*, une autre forme *je veux*. L'alternant le plus long révèle une finale /l/. « A la suture de » signifie que nous sommes autorisés à poser la question « que devient ce /l/ tronqué dans *je veux* ? Pourquoi ne l'a-t-on pas inscrit ? Par contre, le /u/ se transformant en /ø/ est préfinale. Il ne tombe pas dans notre champ d'examen ici.

7.2.3.1. Les types de formations verbales

Un examen des types de radicaux et de thèmes s'impose avant de traiter de la graphie. C'est le lieu de préciser ce qui a été écrit au début de ce chapitre sur la conjugaison du verbe en français.

La typologie que nous proposons est la suivante :

a) Verbes radicaux

Une partie des verbes français se présentent sous leur forme radicale. Dans les formes conjuguées, ils sont donc directement suivis des « terminaisons », c'est-à-dire des marques de temps-aspect (ex : le °r de l'infinitif et du futur : je rend-r-ai), le mode (ex : le /i/ du subjonctif dans : que nous ven-i-ons), des personnes (ex : le °ons de 1pp dans nous vend-ons).

Pour bien aborder à la fois les enjeux phonologiques et les enjeux d'écriture, il est assez important de distinguer trois types de verbes radicaux.

- Les verbes à finale vocalique.
  - C'est le cas de verbes comme fui-r, ri-re, trai-re (arbitrai-re, distrai-re), croi-re, brai-re, conclu-re (exclu-re, inclus-re), auxquels on peut ajouter voi-r, qui a un alternant /vɛ/, dans *je verrai*.
  - Une particularité de la finale vocalique est qu'elle est toujours présente en surface, ce qui ne signifie pas qu'il n'y ait pas de problèmes d'écriture, puisque l'on a *nous rions*, face à *nous fuyons*.
- Les verbes à finale consonantique.
  - Dans les listes des auteurs, ce sont les verbes qui apparaissaient naguère dans la troisième (infinitifs en –oir) et quatrième conjugaisons (infinitifs

en –re), lorsque la « marque de l'infinitif », telle qu'on la donnait à l'époque, est clairement précédée d'une consonne : recev-oir, voul-oir, connaît-re, peind-re, romp-re, vainc-re. Et nous ne prétendons pas pour autant que ces formes trouvées devant la marque d'infinitif représentent le radical structurel de ces verbes, au contraire. On verra plus bas ce qu'il en est. En attendant, le classement par –oir et –re se révèle suffisant.

- Les verbes à finale consonantique et à épenthèse vocalique.
  - Il s'agit des verbes de l'ancienne conjugaison (la deuxième) en –ir à l'infinitif, mais qui n'ont pas de forme –iss-. Donc un verbe comme partir, nous partons, mais non finir, nous finissons, la définition que nous donnons de ces verbes vient de ce que, à l'infinitif, ils développent un segment /i/ avant l'articulation de °r : nous part-ons, part-i-r ; nous dorm-ons, dorm-i-r. On peut donner les conditions phonologiques qui régissent cet ensemble. Ce sont des verbes à finale sonorante °r, °ll, ou à finale sonorante +fricative, nasale ou °t. Les verbes tenir et venir peuvent être rangés dans le même groupe, sous cet angle, mais ils présentent des particularités phonologiques (comparez par exemple : je part-i-r-ai et je vien-d-r-ai).

b) Les verbes à élargissement et à suffixe.

- Il y a deux groupes de verbes à élargissement.
  - Tous les verbes à infinitif en –er. L'élargissement est °-E et il en a été suffisamment traité ailleurs pour que nous ne nous y attardions pas.
  - Les verbes à élargissement /i/, pour lequel on a déjà suggéré qu'il était peut-être un véritable suffixe dénominalisant (rappel : fin → fin-ir). On n'oubliera pas la particularité de ces verbes. Dans une partie de leur paradigme de conjugaison, ils présentent seulement cet élargissement /i/, mais ailleurs, ils y ajoutent le dérivationnel inchoatif-factitif °-ss. Nous pensons qu'une assez bonne analyse grammaticale consisterait à dire que l'apparition de l'inchoatif est lié aux aspects imperfectifs de la conjugaison, donc essentiellement au présent et à l'imparfait. Mais ceci relève plutôt d'une discussion grammaticale ; les rares incidences que l'analyse a sur l'écriture seront explicitées en temps voulu.

A côté de ces verbes, on trouve des verbes simplement dérivés. Les dérivationnels verbaux ne sont pas très agissants en français, au moins en position post-radicale. Les principaux dérivationnels, les plus productifs, sont en position pré-radicale : re-, dé-, in-, … Pour notre étude, les dérivationnels post-radicaux, comme -ot- (siffl-ot-er), ou -on- (chant-onn-er) ont la particularité de fonder presque uniquement des verbes à °-E. De ce fait, tous ces verbes retombent dans le groupe déjà défini ci-dessus en b).

7.2.3.2. Les verbes à °-E

Ils posent peu de problèmes graphiques.

Dans la suture, il faut noter que le radical n'est pas atteint. Par contre, le °-E peut l'être. Une règle phonique est que le °E ne se prononce jamais devant voyelle, et la correspondance graphique édicte qu'il ne s'écrit pas non plus : *nous parl-E-ons, je parl-E-ais* deviennent *nous parlons, je parlais*.

On peut noter des phénomènes qui sont graphiques. Ainsi, le doublement des consonnes, soit en tout contexte (je donne, nous donnons, je donnais), soit en certains contextes (nous appelons, mais j'appelle). Ou encore d'autres types de variations, comme dans *je commence, nous commençons*, avec l'apparition de la cédille, ou comme dans *je partage, nous partageons*, où il faut attribuer le +e du singulier à l'élargissement °E, mais celui du pluriel à une fonction de protection de la prononciation /ʒ/ de +g. Mais l'énoncé même des situations que nous relevons ici montre qu'il s'agit tout simplement de l'application, au niveau du verbe, de conventions générales de l'écriture du français, dont plusieurs ont déjà été examinées ailleurs.

7.2.3.3. Les verbes radicaux à épenthèse /i/

C'est un groupe qui pose, contrairement au précédent, de sérieux problèmes phonologiques, puis graphiques.

Un examen détaillé s'impose à son sujet.

A. Les verbes se terminant par une sonorante °r ou °ll.

Se terminent par °r : nous cour-ons, nous mour-ons, nous ouvr-ons, nous offr-ons, nous souffr-ons, nous acquér-ons.

Se terminent par °ll : nous cueill-ons, nous assaill-ons, nous bouill-ons, nous défaill-ons.

En phonologie, on peut distinguer des sous-groupes. Ainsi, courir et mourir ont des futurs sans /i/ : je courrai, je mourrai. Se pose déjà un problème de graphie, car une séquence +rr, en français, ne renvoie pas habituellement à °rr, mais simplement à °r, voir : nous fourrons, nous bourrons. Les écritures qu'on trouve et qui incluent un +e (je courerai, je mourerai) sont intéressantes. Elles constituent une tentative, peut-être valable, de contourner la difficulté. Dans la pratique, en effet, un +e de futur, entre deux /r/, ne se prononce pas : nous fourrons, tu bourras et non nous fourrerons, nous bourrerons. Le verbe cueillir a aussi un futur sans /i/, et dans ce cas, il a été inscrit +e : je cueillerai, et cet +e n'est pas non plus prononcé. Contrairement à une opinion qui semble assez répandue, nous estimons donc que je courerai, je mourerai seraient des graphies nullement aberrantes (pour verrai, voir plus loin). Elles seraient plutôt régularisantes. Il est amusant de remarquer que le Grevisse (28e éd.), dans des listes de verbes irréguliers ne donne pas le conditionnel de courir et mourir.

D'habitude, le conditionnel fonctionne comme le futur, et il n'y a donc pas de raison de le signaler. Mais pour ces verbes, il faut admettre qu'il y a bien un problème, et ce au niveau de la phonologie contemporaine.

Aux 1pp et 2pp, que dit-on exactement lorsqu'on veut énoncer par le conditionnel l'équivalent de « si nous courions plus vite, ça ne nous ferait pas de tort ? » Dit-on « nous courrions plus vite, que ça ne nous ferait pas de tort ? » Et dans ce cas, prononce-t-on un /r/ long, comme cela se devrait ? Ou dit-on « nous courerions plus vite, que ça ne nous ferait pas de tort ? » Il y a de bonnes raisons de croire que cette forme serait plus souvent choisie, et il s'agit peut-être tout simplement d'une forme correcte, et ancienne, de la langue - parce qu'elle inclut le °E, ici prononcé- mais biffée des listes parce qu'elle ne correspondait pas à ce qu'on a voulu écrire.

Si l'on veut vérifier la validité phonique de l'apparition de /ø/ dans *nous courerions*, face à *nous courrons*, on peut faire le test de similitude avec *nous cueillerions*, face à *nous cueillerons* ; la suite /rj/ oblige pratiquement à rétablir le /ø/ latent.

Ceci est cependant marginal par rapport au point principal qu'il nous faut maintenant aborder, et qui est celui de la troncation ou du maintien de la finale de ces verbes aux trois personnes du singulier de l'indicatif.

Le fait phonologique est que la consonne finale est maintenue pour tous ces verbes, sauf bouillir. Je cours, je meurs, j'offre, je souffre, je cueille, j'assaille, je défaille. En face : je bous.

La troncation de °ll dans je bous est conforme à d'autres troncations de cet élément ailleurs, dans le traitement graphique : pas de rappel de la structure profonde : pouilleux, épouiller →pou ; verrouiller → verrou.

Pour les autres verbes, la non troncation provoque des choix graphiques divers qu'il faut apprécier :

a) Les deux verbes qui ont un °r final suivant une voyelle prennent directement les marques de personnes : je cour-s, je meur-s, il cour-t, il meur-t. Aucune objection ne peut-être formulée contre cette écriture.

b) Les verbes qui ont un °r final précédé de consonne tombent sous la convention qui oblige à introduire un « e de soutien graphique » : j'offr-e, je souffr-e. Du coup, ces verbes sont visuellement confondus à ces personnes avec des verbes à °-E, ce qui cause parfois des problèmes aux auteurs scolaires pour les classer. Il est certain qu'une fois le +e introduit, on ne pouvait faire autrement que d'écrire j'offre, tu offres, il offre : on a traité au début de ce chapitre des contraintes pesant sur l'inscription des marques de personnes du fait de ce +e. Peut-être aurait-on pu maintenir un +s à la 1ps, pour marquer que ces verbes ne sont pas des verbes à °-E, mais ce clin d'œil eût été probablement peu opérant.

c) Les verbes qui ont un °ll final prennent aussi cet +e. Ce n'est pas le même cas que ci-dessus. En effet, cette écriture au niveau des verbes crée une rupture de convention avec les nominaux.

On a vu que les substantifs masculins à °ll final non tronqué reçoivent une inscription °il : réveil, travail, bétail, rail. Cette même inscription aurait pu être choisie pour les verbes : je défails, j'assails. On ne peut pas dire que la présence de +s empêche une lecture /aj/, puisque c'est le cas aussi pour les pluriels : les rails. C'est plutôt la 3ps qui eût été gênante : il défailt.

De toute façon, il faut admettre qu'il existe un élément d'aléatoire qui est la différence entre l'inscription du substantif et du verbe. L'aléa peut être brisé par une règle à base grammaticale, disant clairement la différence d'inscription graphique dans le verbe et dans le substantif, mais on a souligné déjà que si l'on avait cet élément sur les autres palatales, on aurait écrit *le travaille* et que les prédictibilités sérielles s'en seraient trouvés renforcées.

Ici, comme pour les verbes du type *offre*, il faut retenir que l'inscription du « e de soutien graphique » aligne je défaille, je cueille, j'assaille sur les verbes à °-E. Quant aux futurs différents : je cueillerai face à je défaillirai et j'assaillirai, il s'agit d'une question de grammaire, non d'une question de graphie.

B. Les verbes se terminant par un complexe consonantique dont le premier élément est une sonorante.

Tous ces verbes à /i/ épenthétique à l'infinitif ont en commun de tronquer leur consonne finale aux trois personnes de singulier de l'indicatif présent, c'est-à-dire là où le radical même du verbe est syllabe finale du mot. Cette règle phonologique ne leur est pas particulière ; elle est présente dans toute la phonologie du français, presque sans exceptions.

Ce qui est plus particulier, c'est que la consonne tronquée, dans ces verbes, n'est pas inscrite.

Nous dorm-ons, je dors
Nous sort-ons, je sors
Nous ment-ons, je mens
Nous sent-ons, je sens
Nous part-ons, je pars
Nous serv-ons, je sers
Nous nous repent-ons, je me repens

Ceci est contraire, et au principe général d'inscription de la consonne tronquée après sonorante et à ce qui est pratiqué pour les verbes radicaux sans épenthèse. Il y a donc rupture de convention qui explique bien les écarts constatés comme : je ments, je sorts, je parts.

On peut deviner les raisons qui ont fait abandonner, pour cet ensemble de verbes, l'inscription de la consonne tronquée. L'une de celles qu'on peut avancer serait l'alignement de toute la série sur *dormir*. Ce verbe a, comme consonne tronquée, une nasale. Nous avons vu qu'une nasale n'est jamais inscrite dans ces conditions : *je dorms* serait totalement isolé dans un ensemble contraire. Mais n'aurait-il pas mieux valu renvoyer *je dors* à cette règle générale, et maintenir je ments, je sorts, je parts qui, dans leur écriture actuelle, sont aussi des exceptions ?

D'autant que la règle grammaticale fondant cette exception n'est pas simple à formuler. Revenons à la dernière convention d'écriture fondée sur la grammaire : on inscrit –aille dans le verbe, mais –ail dans un substantif masculin. Il s'agit d'un repère grammatical relativement facile à contrôler. Il n'en va pas de même ici. Les verbes visés sont des verbes parmi d'autres : il est plus difficile de donner une instruction à l'intérieur d'une même catégorie qu'entre des catégories grammaticales différentes. La présentation même de la grammaire par les éducateurs jouera également : comment isoler à nouveau ces verbes lorsque la plupart des manuels les reclassent dans la troisième conjugaison, avec rendre, rompre, …, tous verbes où l'on inscrit la consonne tronquée ?

C. Les verbes venir et tenir

Ces deux verbes ont également une épenthèse en /i/. Par un autre aspect, ils se rapprochent des verbes à épenthèse en /oa/ car leur futur se bâtit sur la forme alternante des personnes du singulier de l'indicatif présent, non sur le radical de base :

Nous ven-ons	je vien-s	je vien-dr-ai	ven-ir
Nous val-ons	je vau-x	je vau-dr-ai	val-oir

Dans ces deux verbes, la finale structurelle °n est régulièrement inscrite devant la marque de personne : tu viens, tu tiens, il vient, il tient.

7.2.3.4. Les verbes radicaux sans épenthèse

On distinguera ici les verbes à finale vocalique, qui posent peu de problème d'écriture, et ceux à finale consonantique, qui constituent sans doute l'ensemble le plus délicat à manier en ce domaine.

A. Verbes à finale vocalique

Phonologiquement, la voyelle entre en contact direct avec les désinences, elles-mêmes vocaliques ou consonantiques :

Je fui-s, je ri-s, je trai-s, je croi-s, je conclu-s.

Nous fuy-ons, nous ri-ons, nous tray-ons, nous croy-ons, nous conclu-ons.

Il suffit de regarder la série devant voyelle pour s'apercevoir que les alternances graphiques –essentiellement l'introduction d'un +y - relèvent de conventions générales d'écriture qui ont déjà été discutées.

Deux remarques :

Sur le radical °kly. Ce radical non autonome, qui produit les verbes conclure, exclure, inclure est assez isolé. Il s'agit du seul radical à terminaison /y/. Tous les autres verbes à finale vocalique ont une finale à voyelle d'avant étirée ou /oa/, qu'on peut mettre sur même pied. Alors que son maniement ne paraît pas spécialement difficile dans la langue parlée, il semble poser des difficultés d'écriture à de nombreuses personnes. On trouve *il concluera*. Et des subjonctifs du genre : il faudrait qu'il conclut. Ou encore, *je conclue*, comme s'il s'agissait d'un verbe en °-E.

Le futur du verbe voir est *verrai*. L'alternance est phonologique, et comme elle atteint le vocalique, elle est donc normalement retracée dans l'écriture. Le +r doublé est dû au souci de préserver la prononciation /ɛ/ du +e non accentué qui précède. On a analysé ailleurs les aboutissements de cette convention. Constatons ici que *verrai*, où l'on ne prononce pas de /r/ long, s'oppose à *je courrai*, *je mourrai*, où il doit être prononcé.

B. Verbes à finale consonantique.

Ces verbes méritent un examen phonologique série par série. Seule cette opération permet un regard critique sur les écritures qui nous en sont proposés.

Une première série est celle des verbes qui ont en finale une sonorante suivie de consonne. Selon la règle habituelle, cette consonne reste inscrite :

Nous perd-ons	je perd-s
Nous mord-ons	je mord-s
Nous tend-ons	je tend-s
Nous pond-ons	je pond-s
Nous romp-ons	je romp-s
Nous vainqu-ons	je vainc-s

La consonne tronquée est inscrite, et ceci correspond à une règle générale de l'écriture du français. Il vend rejoint un différend, il mord rejoint bord, il pond rejoint bond, il rompt rejoint champ, il vainc rejoint banc, il répand rejoint truand.

Un cas curieux est celui de prendre. A la graphie, il paraît fonctionner comme un verbe de la série précédente, à l'infinitif, au futur, aux personnes du singulier de l'indicatif présent. Mais il ne l'est pas. Quand on teste le pluriel de l'indicatif présent ou imparfait, on obtient : nous pren-ons, je pren-ais. Le verbe prendre est un verbe qui n'a pas de °d final.

Ce verbe nous fournit l'occasion d'une analyse phonologique plus détaillée. Les manuels font souvent comme si l'infinitif était une forme qui donne le radical directement. C'est faux. L'infinitif est une forme qui, par son morphème °r, cause des altérations de radicaux. Lorsqu'une consonne précède le °r, il peut se faire que la nature phonique de cette consonne détermine une épenthèse. C'est le cas ici, avec le °n final de °pren-. Cette nasale détermine une épenthèse /d/ avant l'articulation du /r/ de l'infinitif : pren-r →pren-d-r. Et ce premier cas d'épenthèse ne fait qu'en annoncer d'autres, que nous recenserons ci-après.

En attendant, il faut conclure pour *prendre*. Les formes des trois personnes du singulier de l'indicatif présent sont aléatoires. Il n'y a pas de °d radical, elles devraient donc être je prens, tu prens, il prent.

Les verbes à occlusive finale après voyelle.

Ils sont peu nombreux. Phonologiquement, ils perdent tous la consonne finale en syllabe de fin de mot. Leur écriture montre trois traitements différents :

Mettre, battre : ces deux verbes comportent deux +t en finale graphique. Phonologiquement, seul *mettre* peut s'analyser synchroniquement comme °mett-, uniquement pour les locuteurs qui distinguent /e/ et /ɛ/. Pour eux, le /ɛ/ est gage de ce que la suite est faite de deux consonnes, ici identiques. La graphie de *battre*, même pour eux, est aléatoire : elle pourrait être *batre*. Comment la ou les consonnes tronquées se trouvent-elles inscrites ? Si l'on accepte qu'il y en a deux, la réponse est la suivante : par un seul +t devant °s : je met-s, je bat-s ; et par fusion graphique avec la marque de personne devant °t : il met, il bat. Ni la réduction à une seule consonne, ni la fusion en une des deux consonnes semblables ne sont imprédictibles. C'est une convention générale. Les formes à troncation de ces deux verbes sont donc régulières.

Foutre : il s'agit d'un verbe qui fait l'objet d'évitements soigneux de la part des auteurs scolaires, et même dans certains dictionnaires. De ce fait, sa conjugaison a dû être laissée au bon plaisir des écrivains ne reculant pas devant la gaillardise. Malheureusement, la non inscription du °t (nous fout-ons) reste un accroc dans la règle générale : je fout-s, tu fout-s, il fout seraient les formes prédictibles.

Les verbes à finale nasale.

A l'exception de prendre, tous les verbes à finale nasale ont la nasale palatale /ɲ/ : astreindre, atteindre, ceindre, contraindre, feindre, geindre, peindre, plaindre, joindre, oindre, poindre.

Le test de l'imparfait ou des pluriels de l'indicatif présent montre bien le °ɲ : nous atteign-ons, je joign-ais.

La nasale, qui n'est pas entièrement tronquée, mais juxtaposée à la voyelle précédente est inscrite non +gn, mais comme +n : je pein-s, tu join-s, il restrein-t. Cette inscription serait entièrement prédictible si il n'existait un flottement de convention au niveau des nominaux : poing (avec inversion de +gn) face à soin (avec réduction graphique de +gn à +n).

Les verbes à °ss.

On distinguera deux sous-ensembles :

- Les verbes naître, paraître, connaître, se repaître, croître. La finale °ss est décelable par le test habituel : nous naiss-ons, nous connaiss-ons, nous paraiss-ons, il croiss-ait. En phonologie, il faut souligner un fait rarement mis en valeur. De même que certaines consonnes finales sonores produisent à l'infinitif une épenthèse en /d/, la séquence sourde °ss produit une épenthèse en /t/, en même temps que °ss s'efface : connaiss-r, connaiss-tr-, connaître (°ss s'efface, en laissant une trace de longueur vocalique /konɛ :tr/ chez certains locuteurs).

Pour la troncation, ces verbes ont un traitement régulier, bien que la description en soit un peu délicate. Si l'on admet que °ss s'efface devant les marques de personnes, on dira tout simplement qu'on inscrit le radical tronqué devant elles : connaiss→connai→je connai-s, tu connai-s, il connai-t.

- Le verbe unique maudire

C'est un curieux verbe. Même une personne peu habituée aux exercices de langage admettrait qu'il est formé de « mal » et de « dire ». Mais il ne fonctionne pas comme dire : nous disons, mais nous maudissons.

Le verbe maudire s'est glissé dans le paradigme des verbes à °-i-ss. Y résiste seulement jusqu'à présent la participe passé : maudit, maudite. Mais le participe passé n'appartient pas au paradigme verbal. Dès lors, découvrir un infinitif écrit maudir n'a rien d'étonnant : finir, blanchir, maudir…la boucle est bouclée.

Les verbes à °s

Dans la liste, nous avons : suffisons, closons, faisons, circoncisons, plaisons, conduisons, construisons, luisons, nuisons, disons, occisons, taisons.

Il faut isoler *coudre*, qui est le seul à produire une épenthèse /d/ à l'infinitif, car c'est le seul verbe à /u/ devant °s, mais un cas unique peut difficilement être pris comme règle phonologique. Constatons simplement le fait.

Les autres verbes sont, en cas de troncation, du type : je plais, tu plais, il plaît. L'explication est la même que pour les verbes à °ss : fusion de consonnes semblables et marquage par l'accent circonflexe à la 3ps.

Par contre, *coudre* comporte je couds, tu couds, il coud. On doit admettre qu'on lui a attribué comme fin de radical, à ces personnes, un +d qui lui vient de l'infinitif. Pour cette raison, *coudre* constitue avec les verbes prendre et moudre, le principal élément de trouble dans l'écriture des verbes en –re. Il paraît clair qu'il n'y avait aucune raison valable d'aboutir à l'écriture de *coudre* que nous connaissons. Les seules graphies prédictibles auraient été je cous, tu cous, il coût (l'accent circonflexe rappelant ici comme ailleurs, la disparition de °s, voir : il plaît).

Les verbes à radical °solv-

Le radical °solv- donne les trois verbes résoudre, dissoudre et absoudre. Aux personnes du singulier du présent de l'indicatif, nous n'avons pas ici une simple troncation, mais une transformation complexe incluant une alternance vocalique et consonantique ol/u, compliquée de la présence de /v/.

Il y a deux stades dans la démarche qui mène à la prédiction correcte des formes alternantes. D'abord, d'affirmer qu'il n'existe aucun /d/ dans le radical, et qu'il n'y a, par conséquent, aucune raison d'écrire : je résouds, il dissoud. Ensuite d'examiner si écrire *je résous* et non *je résouvs* est ou non une entorse à la règle d'inscription d'une consonne tronquée. Pour ce faire, il vaut mieux joindre à °solv- les verbes ci-dessous.

Les verbes à finale /v/

Ces verbes donnent : nous buv-ons, nous viv-ons, nous suiv-ons, nous écriv-ons. Ils ne sont pas les seuls. Il serait possible de leur adjoindre des verbes à épenthèse en /wa/ à l'infinitif, comme recevoir, avoir, savoir et d'autres. Ce qui rassemble tous ces verbes est le fait qu'aucun ne reçoit d'inscription du /v/ en cas de troncation : tu bois, tu vis, tu suis, tu écris. Il faut donc placer +v à part dans la liste des consonnes, et donner une instruction précisant qu'un /v/ ne s'inscrit pas, en cas de troncation. Mais cette instruction doit en outre être limitée au système verbal, car ailleurs, dans la grammaire, un /v/ tronqué peut avoir une inscription. Comme il a déjà été dit, +f est la marque de /f~v/ dans cerf (cervidé) et serf (servage).

Les verbes à alternances entre /v/ et segment vocalique.

Il s'agit des verbes suivants : avoir, savoir, recevoir et concevoir, devoir, mouvoir, pouvoir, et pleuvoir. Le verbe voir ne fait pas partie de la série. Il a un radical voi--, alternant avec verr-, et non un radical v-.

Soit les alternances suivantes :

1pp présent	part.passé	infinitif	futur
avons	eu	avoir	aurai
savons	su	savoir	saurai
pouvons	pu	pouvoir	pourrai
recevons	reçu	recevoir	recevrai
concevons	conçu	concevoir	concevrai
devons	dû	devoir	devrai
mouvons	mû	mouvoir	mouvrai
pleuvait	plu	pleuvoir	pleuvra

On peut d'abord remarquer qu'il existe une règle phonologique qui permet de prédire le participe passé : remplacer /v/ et la voyelle qui précède /v/ par /y/

Avons →u

Avec ces formes, les questions graphiques sont les suivantes :

Les bizarreries des formes de « avoir » et l'accent circonflexe sur dû et mû: elles sont aléatoires.

Si l'on examine les futurs, on notera que, s'ajoutant aux verbes boire et écrire (je boirai, j'écrirai) dont il a été déjà été question, trois nouveaux verbes présentent une fragilité particulière du /v/ : j'aurai, je saurai, je pourrai ne présentent pas de /v/ au futur, bien qu'ils le comportent à l'infinitif. Ceci indique bien que /v/ n'est pas une consonne comme les autres. En fait, il reste en elle, dans la synchronie du français d'aujourd'hui, quelque chose de la semi-voyelle qu'elle a été. Ses possibilités d'amuïssement vont bien au-delà de la seule troncation en finale. La meilleure manière d'expliquer pourquoi /v/ n'est pas inscrit aux trois personnes du singulier de l'indicatif présent (je bois, j'écris, je sais, je reçois, j'ai, je peux) nous semble de dire : /v/ n'appartient pas au radical de base, mais est seulement partie de certains alternants de ces radicaux, et que, dans ce cas, /v/ ne s'écrit +v que lorsqu'il s'entend.

Verbes à finale °l

On en relève quatre : nous voulons, nous valons, il fallait, et nous moulons. Les trois premiers ont certainement une phonologie structurelle commune, qui entraîne une alternance vocalique au singulier de présent d'indicatif : je veux, je vaux, il faut. Il s'agit donc de l'alternance générale al/au et de celle oul/eu. Le dernier verbe, moudre, ne connaît pas cette alternance, ce qui, en bonne technique de la phonologie structurelle, devrait conduire à lui attribuer une forme de base différente de celle de vouloir.

Aux personnes du singulier, les deux premiers verbes attestent une inscription avec +x final se substituant à +s : tu veux, tu vaux. Le troisième verbe ne s'emploie qu'à la 3ps, et le cas ne se pose donc pas à son sujet. L'utilisation du +x entre dans le cadre général de l'inscription de l'alternant –au, lorsqu'il est suivi d'un °s. Tu vaux s'écrit comme chevaux. L'alternance, moins attestée, de voulons/veux, peut s'aligner sur la même convention, comme chevelure/cheveux.

Mais ce n'est pas le fait de *pouvoir*. Je peux, tu peux constituent des écarts. Le verbe pouvoir s'est probablement aligné sur vouloir : « je veux donc je peux ».

Pour les formes du futur et du conditionnel de ces verbes, on relèvera qu'elles ne reproduisent pas l'infinitif, ce qui est rare. Elles incluent un /d/ : je voudrai, je vaudrai, il faudra, qui ne se trouve pas à l'infinitif : vouloir, valoir, falloir. Ce /d/ est directement inscrit, comme tout /d/ épenthétique, ou comme celui qui se présente dans je viendra (vs. venir), je tiendrai (vs. tenir).

Le verbe *moudre* a je mouds, tu mouds, il moud. L'inscription d'un +d est aléatoire, puisque ce +d ne renvoie pas à un °d structurel, ni à un /d/ épenthétique.

7.2.4. Conclusions sur la flexion verbale

Les auteurs paraissent particulièrement démunis lorsqu'il s'agit d'exposer les faits d'écriture qui relèvent de la flexion verbale. On peut estimer qu'il en est ainsi d'abord parce que la phonologie du verbe français n'est pas simple, ce qui constitue la face objective de la question. Ensuite, parce que les enseignants et leurs propres formateurs ont été mal outillés pour une analyse en profondeur de la phonologie. Et enfin, parce que l'écriture recèle trop d'aléas pour qu'on puisse facilement retrouver les fils conducteurs qui mènent à certaines règles possibles.

Nous proposons au terme de cette longue partie, les conclusions suivantes :

- L'écriture des formes fléchies du verbe n'a pas su utiliser de manière cohérente les instructions qui se trouvent dans les principes généraux de l'écriture du français, en particulier celle qui indique que la consonne finale d'un radical s'inscrit (directement ou indirectement) lorsqu'elle est tronquée en finale avant flexion.
- Cette écriture n'a pas non plus appliquée d'une manière cohérente les données grammaticales. Elle a sabré dans la morphologie, créant des impressions fausses sur l'absence ou la présence de marques flexionnelles, en particulier du °s de 2ps et du °t de 3ps (il viendra vs. viendra-t-il).
- Cette écriture encore s'est avancée dans des dissimilations contestables, qui produisent dans certains cas des conventions d'inscription et de lecture « ad hoc », séparés et contraires aux conventions générales de la langue. Tel est le cas de l'opposition entre +ai/ais (futur et conditionnel) qui n'indique jamais ailleurs une opposition phonologique entre /e/ ~ /ɛ/.
- Lorsque certaines conventions ont été prises, à cause des impasses qu'auraient provoquées des graphies concurrentes, il n'a pas été pris la peine d'en donner les justifications. Or, ce sont précisément ces justifications qui auraient pu servir d'attelle pédagogique pour les apprenants. Nous pensons ici à la finale +ent de la 3pp, que personne ne relie jamais (au moins dans les manuels) à la finale +ont, alors que cette dernière est un élément de surface sur l'écriture duquel tous les apprenants ont une prise directe. Ou encore, pouvons-nous penser au manque de +t à la 3ps des verbes à °-E-r (il chante), à propos duquel les enseignants s'empêtrent dans des explications hasardeuses, alors qu'il est si simple d'indiquer : « le °t grammatical de la 3ps présent ne s'écrit pas aux verbes en –er, parce que, après +e, il produirait une confusion de lecture avec les finales +et ».

Une chose est en tout cas certaine. Il faut maintenir, malgré les auteurs qui pensent que l'orthographe se réduit au dictionnaire, que la graphie de la flexion verbale introduit dans l'écriture du français un nombre important de complications, des règles nouvelles, et des aléas très difficiles à surmonter - d'autant plus difficiles que les formes aléatoires s'inscrivent dans des paradigmes à entrées multiples, et non comme des « apex » qu'il suffit de faire entrer, une fois pour toutes, dans la mémoire brute.

7.2.5. L'inscription de la marque °r de l'infinitif

Faisant une entorse à notre propre conviction que l'infinitif n'est pas une forme qui relève de la flexion, nous examinerons ici ses inscriptions, pour des raisons de facilité.

Les données phonologiques sont les suivantes : le °r de l'infinitif se traduit par un /r/ en phonologique de surface (finir, croire, rendre) excepté pour les verbes en °-

E-r où il se trouve tronqué pratiquement en tous contextes de la langue courante. On peut le prononcer dans certains contextes (avant voyelle) d'une langue plus « relevée » : aimer‿et mourir, aimer‿une personne à la fois, aimer‿à la folie.

Sur ce plan, la seule raison admissible d'avoir des inscriptions différentes de la marque de l'infinitif eût été d'opposer les infinitifs des verbes à °-E-r (sans +r) à tous les autres (avec +r) : je pense chanté, face à je pense partir. Négligeant les liaisons qui peuvent encore se faire, une écriture phonématique de la langue pourrait proposer cette graphie. L'écriture morphophonologique, par contre, rappelle à la fois que la liaison reste possible, et que la marque °r de l'infinitif est aussi le /r/ que l'on retrouve au futur : marcher, je marcherai.

Si l'on passe de la phonologie aux principes généraux d'inscription du français, on retrouve la nécessité d'inscrire à certains verbes, après le +r, le +e de soutien graphique. Il s'agit de tous les verbes où, à l'infinitif, °r est précédé de consonne. Et d'eux seuls. Donc obligatoirement : rend-r-e, vainc-r-e, romp-r-e, connaît-r-e.

L'examen des formes existantes montre :

- Que les verbes dont le thème est à finale consonantique présentent effectivement cet +e d'appui à l'infinitif : prendre, tordre, coudre, croître
- Mais qu'ils ne sont pas les seuls. Il en résulte donc que, si on ne peut attribuer une raison valable à la présence d'autres +e, ces derniers seront aléatoires.

Un classement s'impose.

Verbes marqués par +r	verbes marqués par +re
Verbes à épenthèse /i/ (sortir, sentir, cueillir)	rire, frire (radical ri-, fri-)
Verbes à °-i-ss (blanchir, fleurir, fournir)	croire (radical croi-)
Fuir, ouïr (radicaux : fui-,ouï-)	traire, braire (radical trai-brai-)
Avoir, savoir, recevoir, concevoir, devoir, mouvoir, pouvoir, pleuvoir (verbes à final de radical /v/	conclure (radical conclu-)
Falloir, valoir, vouloir (verbe à finale de radical /l/)	conduire, construire, dire, faire (verbes à finale de radical °s)
Voir, déchoir (radicaux : voi/vè-, choi- et ancien : chè-)	maudire (radical maudiss-)
Asseoir (radical à alternants soi/sié)	écrire (radical écriv-), boire (radical boi/buv)

Cette répartition appelle des propositions d'écriture.

En examinant les caractéristiques phoniques des radicaux, on pourrait probablement énoncer certaines conventions d'écriture, telles les suivantes :

→ lorsque l'infinitif d'un verbe comprend le radical, un élargissement (épenthèse ou affixe) et la marque propre de l'infinitif, l'inscription de cette dernière se réduit à +r : sort-i-r, av-oi-r, pleuv-oi-r, fall-oi-r, voul-oi-r, blanch-i-r.

→ sont aussi écrits avec +r les verbes dont la finale de radical est /ui/ : fui-r, ouï-r.

→ sont également écrits avec +r les verbes à radicaux alternants à finale vocalique : asseoi-r (soi/sié), voi-r (voi/vè) ; choi-r ne peut être ajouté à cette liste qu'en retenant : il cherra, qu'on ne joint plus guère qu'à « bobinette » !

A l'inverse :

→ prennent une inscription +re, les verbes à finale vocalique autre que /ui/ : ri-re, fri-re, croi-re, trai-re, conclu-re.

→ les verbes à finale consonantique dont la consonne disparaît devant °r d'infinitif : condui-re, di-re, fai-re, maudi-re, écri-re, boi-re (radical : buv-).

Ces conventions ont néanmoins un petit air surréaliste. Pourquoi par exemple, un verbe qui a une finale /ɥi/ (fuir) doit-il avoir une autre inscription à l'infinitif qu'un verbe à finale /i/ (rire) ou à finale /wa/ (croire) ? Quand on compare les paradigmes de conjugaison de rire et de fuir, on s'aperçoit aisément qu'ils sont en tous points identiques, à l'exception des formes comme rions et fuyons, et de l'infinitif évidemment. Aurait-on décidé de distinguer les infinitifs à cause de cette distinction graphique +i et +y ? L'argument ne tient pas : nous fuyons est comme nous croyons, et leurs deux infinitifs diffèrent aussi.

Autre exemple : pourquoi croire doit-il avoir une inscription différente de voir ? Simplement parce qu'il n'a pas de radicaux alternants, à la différence de *voir* ? Et, enfin, nous avons déjà fait remarquer que le verbe maudire fonctionne comme un verbe à °-i-ss. Dès lors, comment justifier son infinitif face à bondir (sinon par une différence de participe passé, élément qui n'appartient pas vraiment à la flexion verbale) ?

On en revient donc, nécessairement, aux seules considérations valables déjà énoncées en début du titre. Ou bien on sépare les verbes à °-E-r de tous les autres, parce que le °r y est le plus souvent tronqué. Dans cette hypothèse, on écrit +é à l'infinitif de ces verbes, et +r partout ailleurs ; ou on écrit ces verbes avec +r, comme actuellement, et tous les autres verbes avec +re (partire, voire, rendre, fuire...). Ou bien, on écrit tous les verbes avec +r (aimer, partir, voir, fair, rir, fuir) excepté ceux qui présentent une suite consonne °r (rendre, connaître, tordre, coudre...), qui suivent la convention posant le +e d'appui.

On sait très bien, en indiquant ceci, combien écrire *fair* ou *conclur* heurterait les habitudes acquises. Mais il ne s'agit pas d'habitudes acquises, il s'agit de prédictibilités. Le manque de prédictibilité, aujourd'hui, dans cette inscription de l'infinitif, se mesure très bien au nombre d'enfants qui écrivent fuire (et à qui leurs maîtres sont incapables d'expliquer pourquoi il faut écrire fuir, car il n'y a pas d'explication). Et un examen attentif montrerait qu'il ne pourrait surgir, de cette ablation généralisée du +e, aucune équivoque de lecture. Le +r final se prononce toujours, si ce n'est après un +e : fair serait comme blair, conclur comme impur, boir comme soir et de toute façon comme asseoir (asseoir faciliterait encore les choses).

7.2.6. Jusqu'aux phénomènes marginaux

7.2.6.1. Nous vînmes, nous tînmes

L'inscription de +n, devant un +m, donc une labiale constitue une claire rupture d'inscription générale : la nasale s'inscrit +m dans ces conditions. On comprend ce qui a présidé à cette décision : celle de « sauver » une prononciation /ɛ~/, d'éviter une prononciation /i/. Nous avons actuellement des mots comme immanquable, immangeable où la prononciation est également /ɛ~/ et non /i/, selon les dictionnaires. Alors, de deux choses l'une : ou l'on accepte l'aléa de lecture dans ces cas, ou on ne l'accepte pas. Si on ne l'accepte pas, nous vînmes, nous tînmes doivent être maintenus, mais il faut aussi écrire inmanquable et inmangeable.

7.2.6.2. Des formes du verbe « être »

La forme *il est* n'est pas prédictible. Si l'on veut marquer la réalité latente d'un °s dans le radical (qu'on retrouve au subjonctif : que je sois), la seule manière de le faire en gardant un principe unique est l'accent circonflexe : il êt, qu'on retrouve d'ailleurs à la 2pp, vous êtes.

La forme *nous sommes* serait plus facile à admettre s'il y avait dans l'ensemble de l'écriture une frontière claire répartissant +omm comme valant pour /ɔ/, et +om valant pour /o/. Ce n'est pas le cas, et d'ailleurs l'opposition entre les deux /o/ n'est plus le fait de tout un ensemble de francophone.

Les formes du subjonctif (que je sois, que tu sois, qu'il soit) sont intéressantes, mais contradictoires avec celles du verbe avoir (que j'aie, que tu aies). Elles sont intéressantes, parce qu'elles maintiennent les °s, °s et °t qui forment la marque morphologique solide des personnes du singulier. Mais elles télescopent un /i=e/ qui est la marque du subjonctif. Les enfants qui écrivent que je soies, que tu soies sont plus fidèles à la morphologie que l'écriture reçue. C'est l'impossibilité d'inscrire *qu'il soiet* qui a dû faire réduire cette forme à *qu'il soit* (comme *qu'il ait*), et les autres personnes ont suivi dans l'exclusion du +e, mais seulement du verbe être. Le verbe avoir y a échappé, ce qui donne les contrastes actuels, parfaitement imprévisibles.

7.2.6.3. Des formes du verbe « aller »

Il faut rappeler que *je vais* n'est pas prédictible, non par le fait que la forme comporte un +s, lequel est bien la marque de 1ps., mais parce que cet +s ne se place normalement pas sur un présent de l'indicatif à radical alternant, à preuve j'ai, tu as, mais je sais, tu fais.

Rappelons aussi que l'alternant +all (nous allons, vous allez) ne bénéficie d'aucune règle permettant de prédire le double +l. Après /a/, on a des exemples avec deux +l (balle, salle) comme avec un seul (pale, rafale).

7.2.6.4. La pose d'accent circonflexe dans le verbe

Il existe trois lieux de pose d'accent circonflexe dans le verbe :

- A la 3ps du subjonctif passé : qu'il aimât, qu'il prît, qu'il fût.
- Aux deux premières personnes du pluriel du passé simple : nous aimâmes, vous aimâtes, nous prîmes, vous prîtes, nous sûmes, vous sûtes.
- Pour certains verbes, avant un +t. Ce +t se présente à la 3ps de l'indicatif présent, à l'infinitif et aux formes conjuguées bâties sur l'infinitif : il paraît, paraître, je paraîtrai.

La validité de cette inscription d'un accent circonflexe varie d'un ensemble à l'autre.

Au subjonctif passé : le paradigme des personnes indique bien °ss comme marque de ce mode à ce temps : que j'aimasse, que tu aimasses, qu nous aimassions, que vous aimassiez, qu'ils aimassent. Dès lors, *qu'il aimât* se présente comme une forme où °ss est tronqué, et la trace graphique de cette troncation est, régulièrement, un accent circonflexe.

Au passé simple : ici, il n'existe aucune attestation de °s ou de °ss dans les marques flexionnelles : j'aimai, je fis, je dus, ils aimèrent, ils firent, ils durent. Le jugement synchronique que l'on peut porter varie dialectalement : pour les locuteurs qui possèdent des voyelles longues (celles-ci étant historiquement, dans certains cas, des traces de °s) acceptent l'accent circonflexe comme marque de longueur ; ceux qui n'ont plus de longues se trouvent devant une instruction à caractère aléatoire, qu'il faut retenir par cœur.

Le troisième cas : il exige un examen particulier. L'énoncé : « il faut mettre un accent circonflexe sur les verbes en –aître et –oître devant un t » n'est pas une règle. C'est un constat transformé en instruction. Et cette instruction ne donne pas une prédictibilité assurée. Le locuteur qui n'a pas de longues dans les voyelles ne peut pas prédire si le verbe mettre est ou n'est pas un verbe à –aître. L'énoncé de cette règle ne permet pas de prédire il plaît et il clôt, deux verbes qui n'ont pas l'infinitif retenu (ces deux verbes sont, entre autres pour cette raison, toujours rangés dans les listes d'irrégularités par les auteurs scolaires).

Ce qu'il faut donc détecter, ce sont les raisons de cet accent circonflexe, si elles existent.

Si nous partons de l'hypothèse que cet accent circonflexe marque un °s ou un °ss tronqué, nous avons à vérifier que tout élément °s(s) tronqué s'inscrit de cette manière. Si ce n'est pas le cas, il y aura lieu d'établir des règles plus restrictives ou, pire, il faudra se résigner à énumérer des inscriptions aléatoires. Les verbes susceptibles de faire surgir les formes à accent circonflexe sont les suivants :

1. verbes à °s

Suffire, clore, faire, circoncire, conduire, plaire, construire, luire, nuire, dire, occire, taire, coudre (le lecteur peut prendre la 1pp de l'indicatif présent, ou n'importe quelle personne de l'imparfait, pour vérifier la présence du °s final dans le radical).

2. verbes à °ss

En premier lieu, tous les verbes à dérivationnel °-i-ss : finir, blanchir, ramollir, salir... Ensuite : naître, connaître, paraître, croître, bruire, maudire.

Il ne faut pas se laisser obnubiler par l'idée suivante : quand place-t-on l'accent circonflexe devant un +t ?, car c'est une mauvaise idée. Ce n'est pas un °t qui est en cause, c'est un °s. Et la seule règle opératoire en français serait celle qui dirait : « tout °s préconsonantique tronqué est rappelé par l'inscription d'un accent circonflexe ». Et, contrairement à d'autres secteurs de la grammaire ou du lexique, la flexion verbale est bien le lieu où cette présence de °s structurel se vérifie le mieux.

Dès lors, tirons les conclusions pour nos verbes :

On a émis l'hypothèse que les verbes à °-i-ss ne contiennent pas cet élément suffixiel à l'infinitif. Si l'on suit cette hypothèse, l'infinitif n'a nul accent circonflexe à inscrire : finir, blanchir, salir.

Par contre, l'indicatif présent contient le suffixe, à preuve *nous finissons*. Donc les 3ps doivent avoir l'accent circonflexe : il finît, il blanchît, il ramollît. Pourquoi ne l'ont-ils pas ? Probablement par souci de dissimilation graphique avec le subjonctif passé : qu'il finît, qu'il blanchît, qu'il salît.

Tous les autres verbes devraient comporter l'accent à leur infinitif, ainsi qu'à toutes les formes qui en dépendent : suffîre, clôre, faîre, taîre, coûdre, maudîre, dîre, bruîre. Futur : suffîrai, clôrai, taîrai, coûdrai, maudîrai, dîrai. Mais les seuls qui montrent l'accent sont naître, connaître, paraître, croître. C'est-à-dire les verbes qui ont, à l'infinitif, un /t/ épenthétique.

Si l'on passe de l'infinitif aux formes fléchies, essentiellement celles du singulier de l'indicatif présent, on constate :

- Les verbes à /t/ épenthétique n'ont pas d'accent circonflexe sur la première et la deuxième personnes : je connais, je parais, tu connais, tu parais. Or, il y a bien troncation de °ss et ce devant le °s de première ou deuxième personne. Pour que le manque d'accent circonflexe tombe sous une règle, il faut énoncer une inscription disant « l'accent circonflexe ne se pose pas quand un °s tronqué peut être reconnu dans un +s dû à un autre morphème. ».
- Supposons cependant que l'accent n'apparaisse pas là parce qu'on ne veut le placer que devant le /t/ épenthétique. La première et la deuxième personne du singulier n'ont évidemment pas ce /t/. Mais la 3ps ne l'a pas

non plus. Le +t de 3ps est l'inscription du °t, marque de 3ps. Dès lors, les graphies il naît, il connaît, il paraît, il croît sont abusives.

Si l'on maintient qu'il faut l'accent circonflexe à ces formes, alors on peut prendre comme base et raison le /t/ épenthétique qu'on trouve à l'infinitif de ces verbes. Il faut donc revenir à un °s tronqué. On écrit il paraît comme trace de il paraiss-t (nous paraissons). Mais ici, le raisonnement devient circulaire, car on n'écrit pas il faît (nous fais-ons) ni il maudît (nous maudiss-ons).

C'est sans doute à ce point du casse-tête que les auteurs de manuels proposeraient de revenir simplement au moyen mnémotechnique que constitue le recours aux verbes en –aître et oître.

Malheureusement, ce recours est largement illusoire. Il définit bien un ensemble, ce n'est pas tout l'ensemble des verbes à °ss, puisque maudire ne fait pas il maudît. On pourrait restreindre la base phonologique, en indiquant : « prennent l'accent circonflexe les verbes à °ss qui ont un /t/ épenthétique à l'infinitif » (maudire ne l'a pas). Mais l'ensemble est trop petit, car toutes les grammaires indiquent il clôt (ils clos-ent), il plaît (ils plais-ent).

On peut, en fait, tout essayer, il sera probablement impossible d'arriver à une instruction acceptable en gardant les graphies reçues. Si l'on veut deux exemples supplémentaires de contradictions, les voici :

On pourrait tenter de joindre *plaire* au groupe en –aître et –oître. Il y aurait ainsi, il plaît comme il connaît, il paît, par phénomène de calque, dû à une phonie similaire. Mais la graphie impose *il tait*. Les verbes plaire et taire, malgré leurs similitudes de phonologie (plaisons/taisons ; plairai/tairai ; plu/tu) ne peuvent entrer dans une instruction unique pour la 3ps du présent de l'indicatif !

Le verbe clore a il clôt. L'Académie avait inscrit le dérivé comme *il enclot*. Pourquoi clore a-t-il il clôt alors que les autres verbes à °s, sauf *il plaît*, n'ont pas d'accent circonflexe à cette forme ? Et clore nous révèle un enjeu supplémentaire. Si on lui enlève l'accent dans *il clôt*, mais qu'on le laisse dans clôture, clôturer, on ne fera que déplacer l'aléa.

7.3. Quel accord faut-il au participe passé ?

7.3.1. Réalité de l'accord

Lorsque les enfants apprennent dans leurs manuels scolaires les règles d'accord du participe passé, ils sont en général avertis d'abord que les participes passés des verbes à auxiliaire être s'accordent avec le sujet de la proposition, et les participes passés des verbes à auxiliaire avoir ne s'accordent avec le complément d'objet que si ce dernier précède le participe.

Plus tard, ces indications seront remplacées pour faire leur place aux verbes formellement réfléchis (appelés souvent pronominaux), avec toutes les difficultés que cela comporte. On ne peut s'empêcher de penser que, d'emblée, les fondements grammaticaux de l'accord sont passés sous silence, au profit d'indications ou d'instructions portant uniquement sur les conséquences. On veut dire ceci : pourquoi un participe passé d'un verbe à auxiliaire être doit-il s'accorder avec le sujet et celui d'un verbe à auxiliaire avoir, avec l'objet ? Pourquoi pas le contraire ?

Il paraît donc nécessaire de revenir aux fondements. Et d'abord aux fondements tels qu'ils sont aujourd'hui repérables dans le français contemporain. Les deux questions à poser sont alors les suivantes :

a) Les participes passés sont-ils des éléments susceptibles de tomber sous le phénomène d'accord, comme les modalisateurs nominaux, les adjectifs, le verbe ?

b) Si la réponse est affirmative, il paraît évident qu'un élément régi s'accorde alors avec le constituant dont il relève. Dans le cas du participe passé, et vu le contenu de cette catégorie de mots, il faut donc se demander : à quoi ce participe est-il attribuable ?

Nombre de linguistes ou d'auteurs qui opèrent sur le français parlé dans le quotidien plutôt que sur des formes plus ou moins académiques de la langue se demandent, depuis longtemps, si les participes passés sont encore réellement accordés. La réponse à cette question requiert en fait une analyse double : sur le niveau phonologique, et sur le niveau grammatical.

Au niveau phonologique, deux évolutions de la langue jouent contre le repérage formel de l'accord du participe passé. L'une est ancienne, et s'applique à l'ensemble du domaine français : celle du °s de pluriel. L'autre est plus récente et n'est encore dans certaines positions phoniques, que dialectale : l'amuïssement du °E du féminin.

Pour la marque du pluriel, il faut constater que le participe passé n'a jamais que le °s, si l'on suppose qu'il s'accorde. Ceci n'est pas vrai d'autres catégories de mots qui tombent sous l'accord. Il y a des adjectifs qui manifestent une alternance entre le singulier et le pluriel : un débat amical, des débats amicaux. Les déterminants nominaux sont habituellement phonématiquement distincts quant aux nombres : le, les, ce, ces, mon, mes. Et si tous les verbes n'ont pas partout de marque phonématique distincte entre le singulier et le pluriel (il chante, ils chantent), un certain nombre la manifestent à certains temps : il a, ils ont ; il va, ils vont ; il prend, ils prennent ; il sort, ils sortent ; il vaut, ils valent. De toute façon, tous les verbes ont un pluriel distinct du singulier aux personnes en discours (je mange, nous mangeons) et aussi un pluriel de 3° personne distinct du singulier au futur (il mangera, ils mangeront) et au passé simple (il mangea, ils mangèrent ; il prit, ils prirent).

Face à quoi, il n'existe pas de participe passé dont la forme plurielle serait distincte de celle du singulier par un de ces traits. Rien qui ressemble à ceci : le magasin est ouvert, les magasins sont ouvraux. Seul un °s structurel peut être invoqué.

En second lieu, cet élément °s est, en fait, pratiquement toujours tronqué, parce que le participe passé n'est jamais dans un contexte où une liaison se ferait. On entendrait vraiment peu de monde aujourd'hui prononcer : ils se sont aimés‿encore longtemps. L'attestation de l'accord en pluriel du participe passé n'est pratiquement pas repérable au niveau phonématique. Il faut recourir à la morphophonologie pour en décider.

En ce qui concerne la marque du féminin, les choses sont moins tranchées :

S'il est assez répandu que le °E du féminin ne se prononce plus après voyelle, certains dialectes le conservent encore sous différentes formes. La conservation ou l'abandon de cette marque phonique est donc applicable au féminin du participe passé. Et, contrairement à la marque du pluriel, il est des participes qui attestent une forme orale de féminin de toute façon différente, et quel que soit le dialecte, de la forme masculine : ouvert, ouverte, dissous, dissoute, assis, assise, joint, jointe. Si la marque du féminin n'est donc pas conservée d'égale manière, elle l'est partout pour certains verbes, et dialectalement encore pour tous les verbes.

Au plan grammatical : c'est le plan décisif.

Quelles que soient les distinctions phonématiques disponibles ou non, si les locuteurs n'accordent pas les participes, la question phonologique devient sans intérêt.

Pour éclairer le débat, puisque de toute façon il y a débat aujourd'hui, du fait des perceptions différentes que les usagers peuvent avoir sur ce point, on peut mettre en regard les propositions suivantes :

1. La prairie est couverte de fleurs.
2. Voilà les tables que nous avons couvertes de fleurs.
3. Les danseuses se sont couvertes de honte.

Les mêmes phrases, sans accord du participe, donneraient :

4. La prairie est couvert de fleurs.
5. Voilà les tables que nous avons couvert de fleurs.
6. Les danseuses se sont couvert de honte.

On ne se tromperait pas de beaucoup en affirmant que tous les locuteurs francophones refuseront la première phrase sans accord, mais que, dans la vie courante, la plupart d'entre eux doivent souvent prononcer les deux autres, mêmes s'ils militent en faveur de l'accord du participe passé. Ceci permet déjà de préciser la question de l'accord et de ses difficultés. Personne ne peut sérieusement mettre en doute qu'un participe passé s'accorde lorsqu'il s'agit d'un verbe non réfléchi à auxiliaire être. Et ceci doit être répété, même parfois à des enseignants qui, pris de découragement, en arrivent à énoncer que « tout irait mieux si l'on supprimait tout accord du participe ». Il y a deux arguments contre cette solution. Le premier peut ne pas être partagé par tous les linguistes, mais l'auteur de ce texte est de ceux qui pensent qu'une marque grammaticale repérable phonématiquement sur des éléments minoritaires fonde normalement une série et autorise la généralisation. Si l'on a *les portes sont ouvertes*, alors on a aussi, *les volets sont ouverts* et *les portes sont fermées*.

Le deuxième argument est qu'il existe un lien étroit entre un participe passé dans une conjugaison simple avec être et un adjectif en fonction attributive. Ceci se vérifie dans la coordination entre un participe et un adjectif : elles sont anciennes et périmées ; elle est guérie et mieux portante que jamais ; elle est orpheline et abandonnée de tous. Dès lors, si l'attribut adjectif s'accorde, le participe passé doit logiquement l'être aussi.

Les divergences ne se manifestent que lorsqu'il s'agit d'un verbe à auxiliaire avoir, ou d'un réfléchi.

7.3.2. La logique de l'accord et l'écriture reçue

Il paraît clair que le participe passé dans toute forme non réfléchie d'un verbe à auxiliaire être s'accorde. Ceci vaut pour les verbes intransitifs comme dans *elles sont venues*, mais aussi pour les formes passives de verbes transitifs : *les livres sont vendus*.

Il reste tous les autres cas, et c'est à leur sujet qu'il faudra poser la question qui donne la seule prédictibilité : à quoi le participe est-il attribuable ? Car, pour la situation admise par tous les accords sous être, l'attribution du participe est aussi de la plus grande clarté : il est régi par le sujet. Elles sont venues. Qui est venu ? Elles.

Mais pour traiter des autres situations, et retrouver d'éventuelles prédictibilités, il vaut la peine de faire un relevé un peu exhaustif du champ couvert par le participe, ainsi que des « règles » proposées. En se servant du Bon Usage de Grévisse, on peut résumer la chose ainsi :

a. Le participe passé conjugué avec avoir s'accorde en genre et en nombre avec son objet direct quand cet objet le précède.
b. Certains verbes intransitifs ont éventuellement un complément circonstanciel de prix, de valeur, de poids, de durée, de distance, qu'il faut se garder de prendre pour un objet direct. Leur participe passé est donc invariable.
c. Le participe passé des verbes impersonnels ou pris impersonnellement est toujours invariable
d. Le participe passé conjugué avec avoir et suivi d'un infinitif (éventuellement précédé de préposition) s'accorde lorsque le pronom objet direct qui précède se rapporte à ce participe. A l'inverse, il reste invariable lorsque le pronom objet direct qui précède se rapporte à l'infinitif. On enseigne comme sous-règle dans cette série, que le participe *fait* suivi immédiatement d'un infinitif est toujours

invariable. Cette règle de non accord applicable à *fait* ne l'est pas à *laisser*, du moins de l'avis de certains grammairiens.

e. Le participe passé des verbes réfléchis à valence passive s'accorde toujours avec le sujet.

f. Le participe passé des verbes réfléchis à valence réflexive ou réciproque s'accorde avec le pronom réfléchi quand celui-ci est objet direct.

g. Le participe passé des verbes (et ici on reprend les termes de Grevisse) « pronominaux avec pronom censément préfixé ou agglutiné (qui n'est ni objet direct ni objet indirect mais un simple morphème verbal) s'accorde avec le sujet ». Et ceci à l'exception des quatre verbes se rire, se plaire à, se déplaire à, se complaire à.

A part des détails sur lesquels nous ne nous arrêterons pas, ceci clôt la liste des instructions fermes. A les lire, on est tenté de conclure que l'accord des participes passés est une opération qui serait totalement prédictible, s'il n'existait les quatre verbes relevés. Opération difficile à mener à terme, certes, parce qu'elle demande une certaine gymnastique grammaticale (ex : le complément est-il direct ou indirect dans la proposition *nous nous sommes assuré des vivres pour six mois*), mais imposée par les réalités syntaxiques complexes de la langue.

Mais cette impression peut se révéler fallacieuse, car il faut poser la question suivante : dans ces instructions des grammairiens scolaires, l'accord du participe passé est-il chaque fois déterminé d'une manière univoque, par le rapport qui existe entre ce participe et un terme qui le régit ? Ou trouve-t-on d'autres fondements à l'injonction d'accorder ou de ne pas le faire ? Et un soupçon peut peser sur la clarté des choses, car il faut ajouter à la liste deux situations dans lesquelles le Bon Usage ne peut se résoudre à trancher :

h. On ne voit pas clairement si un participe passé précédé de *en* doit ou non être accordé.

i. On ne voit pas non plus clairement si un participe passé suivi d'un attribut « d'objet » doit être accordé.

7.3.3. Le participe passé d'un verbe à auxiliaire avoir

Le participe passé y est clairement attribuable à l'objet direct :
J'ai cassé le carreau →le carreau cassé
Il a égorgé une poule → une poule égorgée
Il a ouvert la fenêtre → la fenêtre ouverte

Comme les phrases précédentes le montrent, si l'objet est énoncé après le participe, il n'y a pas accord pour autant. Il est essentiel d'affirmer qu'il n'y a pas accord dans la langue ; et c'est parce qu'il ne se fait pas dans la langue qu'il n'y a pas lieu de le faire dans l'écriture.

Si des locuteurs, comme cela s'est pratiqué jadis, disaient encore *il a ouverte la porte*, il n'auraient qu'à accorder le participe écrit. Et qu'on ne dise pas que la langue est illogique, ici, de ne pas faire jouer l'accord, car toute langue est libre de ne faire aucun accord, ou d'indiquer jusqu'à quels éléments elle désire que ce phénomène de rection formellement marqué agisse. Il y a des langues africaines qui présentent une chaîne d'accord très large, mais qui excluent le verbe. L'équivalent d'une de leurs phrases, en français, soit *ces trois gentils petits écoliers sort de l'école*, peut heurter nos propres habitudes d'accord, mais c'est ainsi. Et, à l'inverse, les locuteurs de ces langues peuvent être heurtés par le fait que nos numéraux ne s'accordent pas, que nous n'acceptons pas *ces quatres enfants*.

L'abandon de l'accord dans les verbes composés avec avoir lorsque le participe (régi) précède l'objet (régissant) est donc un fait de langue qu'il n'y a pas à discuter.

Lorsque l'objet se trouve avant le participe (les fenêtres que j'ai ouvertes), il y a divergence selon les usagers, et même probablement selon les niveaux sociaux de langue auxquels chacun de nous se réfère. Une question de « norme » est alors posée. Ce n'est pas le débat ici de voir s'il y a lieu ou non de suivre les locuteurs qui disent *voilà les fenêtres que j'ai ouvert*, dans la mesure où il s'agit d'un fait de langue avant d'être un fait d'écriture. On peut estimer qu'il s'agit désormais de variantes libres à l'intérieur du domaine français. Alors, un locuteur qui dit voilà *les fenêtres que j'ai ouvert* a parfaitement le droit d'écrire la grammaire qu'il dit, et non ce que demanderait une autre grammaire.

Une fois cela admis, la question est : le participe passé dans la conjugaison à avoir est-il attribuable à l'objet et l'objet précède-t-il ? La réponse est sans conteste affirmative. Et donc, si le locuteur poursuit l'accord jusqu'au participe, les formes accordées s'inscrivent : les portes qu'ils ont ouvertes, les volets qu'il a fermés, il les a regardées.

7.3.4. Les faux compléments d'objet sont-ils vraiment faux ?

Grevisse parle là de compléments circonstanciels de prix, de valeur, poids, distance. C'est un cas intéressant, et bien moins simple qu'il n'en a l'air. Si l'on s'en tient aux formes, elles autorisent difficilement à séparer ces compléments d'un complément d'objet direct. Comme lui, ils ne sont pas précédés de préposition : il voit un nuage, il pèse soixante kilos, il court cent mètres. Ils ont le même pronom, qui n'est en tout cas pas l'indirect, et à la même place : je les vois, je les pèse, je les cours. Répondent-ils même à une autre question ? Ce n'est pas sûr, car en langue courante, on dira sans complexe aujourd'hui : « que pèses-tu actuellement ? »

S'il existe une différence formelle quelque part, c'est peut-être justement dans le test de l'attribution du participe passé qu'elle se trouve. Prenons la phrase *cette robe m'a coûté mille francs*. Beaucoup d'élèves, et d'enseignants peut-être, hésiteraient à caractériser mille francs. Mais la recherche d'attribution du participe ne produit pas *mille francs coûtés*. Tandis que dans *le vent a cassé la poterie*, le test produit bien *la poterie cassée*.

A partir de ce test, ce qui étonne plutôt, c'est que des auteurs paraissent se rallier sans objection à l'idée que coûter, avec un glissement de sens, puisse avoir un complément d'objet, dans les efforts de ce travail m'a coûtés. Le test montre que l'hypothèse est téméraire : des efforts coûtés ? Ils seraient plutôt coûteux. Il n'apparaît guère que, dans la phrase, des efforts soit un complément d'objet direct, mais bien un autre type de complément, qui reste à définir.

Et de même dans la séquence *la gloire que cette action lui a value*, on imagine mal une action value, contrairement à ce que semble indiquer l'exemple, par Grevisse à l'Académie. Sous le même titre, le Bon Usage tente de convaincre que *vivre* suivi d'un nom de temps ou de durée n'est pas transitif : *les années qu'il a vécu*. Et pourtant, le test produit bien *des années vécues*, parfaitement correct.

Avec peser, comme avec courir, le test réagit plutôt positivement. J'ai couru cent mètre, cent mètre courus ; il pèse quatre-vingt kilos, il a quatre-vingt kilos bien pesés.

En laissant les usagers de la langue se guider sur le critère de l'attribution du participe, on n'obtiendrait sans doute pas une unanimité de traitement pour chaque verbe, et avec chaque type de complément. Mais on y trouverait au moins l'avantage de leur rendre une liberté à laquelle ils ont un certain droit. Et la situation ne serait pas plus confuse qu'aujourd'hui.

7.3.5. Les verbes impersonnels

Soit : les inondations qu'il y a eu, les chaleurs qu'il a fait, quels soins il a fallu. La première chose qui vient à l'esprit est que les substantifs contenus dans ces séquences ne sont pas des compléments d'objet. Mais l'interrogation sur la fonction grammaticale n'est même pas nécessaire. Essayer *des inondations eues*, *des chaleurs faites*, *des soins fallus*, et voir que ces constructions ne sont pas recevables, c'est répondre à la question sur l'accord. Le participe passé n'est pas régi par ces substantifs, quel que soit leur statut, et n'a donc pas à s'accorder avec eux. Le test rejoint donc ici l'instruction des grammairiens.

7.3.6. Les verbes réfléchis

Posons qu'un verbe réfléchi (ou pronominal, comme préfèrent dire certains auteurs) est d'abord une structure formelle, qui est repérable aux troisièmes personnes par l'apparition de l'élément se, et aux autres personnes uniquement par le fait que le pronom (me, te, nous, vous) est coréférentiel au sujet : je me lave, nous nous aimons, vous vous êtes attribué des droits…

Cette structure formelle abrite des valences dont certaines sont régulièrement notées dans les ouvrages, ainsi celle de réflexivité ou de réciprocité. D'autres valences sont moins aisées à cerner. On ne lève pas toutes les ambiguïtés : lorsque quelqu'un se marre, y a-t-il réflexivité, ou s'agit-il d'un actif « à pronominal » ?

Lorsqu'on écrit « les livres se vendent mal », on admet facilement une source passive. Mais qu'en est-il de « la terre s'entrouvre » ou de « le pot se fêle » ?

En fait, les grammaires scolaires ne présentent pas les verbes réfléchis comme un bloc. Elles y taillent des domaines que nous explorerons avec elles.

1. le participe passé des verbes réfléchis à valence passive s'accorde toujours avec le sujet. Exemple de Grevisse : « la bataille s'est livrée ici, ces livres se sont bien vendus, la langue latine s'est parlée en Gaule ».

Acceptons le sous-ensemble. Mais pour mieux assurer ce qu'est la valence passive, ou neutro-passive d'un verbe réfléchi, il faut probablement le mettre en relation avec un passé à être dont il assure l'aspect imperfectif : la bataille est livrée / la bataille se livre ; les livres sont vendus / les livres se vendent. C'est une des contraintes de la voix neutr-passive, qui est en même temps passée, de ne pas pouvoir assurer par elle-même un imperfectif. Cela vaut pour les passifs ci-dessus, mais aussi pour un neutro-passif comme « le soleil est levé » / « le soleil se lève ».

En français, c'est donc le réfléchi qui a comblé cette lacune du neutro-passif. Le manque de considération pour ce fait a pu conduire à étrécir singulièrement la liste des réfléchis à source neutro-passive.

Soit la liste des verbes suivants :

S'acharner / être acharné
S'ébouler / être éboulé
S'empresser / être empressé
S'enfuir / être enfui
S'envoler / être envolé
S'éprendre / être épris
S'évader / être évadé
S'évanouir / être évanoui
S'évaporer / être évaporé
S'extasier / être extasié
S'immiscer / être immiscé
S'insurger / être insurgé
Se pâmer / être pâmé
Se prosterner / être prosterné
Se ratatiner / être ratatiné
Se raviser / être ravisé
Se rebeller / être rebellé
Se réfugier / être réfugié
Se repentir / être repenti
Se suicider / être suicidé
S'adonner / être adonné

Ainsi ces verbes, dont peu ont un actif (ratatiner, adonner) prennent leur place comme des réfléchis à valence neutro-passive à côté d'autres qui sont vus comme passifs parce qu'on leur connaît une forme active :

livrer une bataille / la bataille est livrée / la bataille se livre

vendre des livres / les livres sont vendus / les livres se vendent

De toute façon, le test de l'attribution du participe suffit à résoudre, pour tous ces verbes, la question de l'accord. C'est bien le sujet qui est le régissant :

les femmes se sont réfugiées à l'étranger. Des femmes réfugiées

Le test appuie donc l'instruction que les auteurs donnent pour les réfléchis à valence passive, mais une considération supplémentaire sur le réfléchi comme forme qui assure l'aspect imperfectif d'un neutro-passif permet d'élargir notablement la liste des verbes réfléchis « à sens passif ».

2. Pour les verbes réfléchis qui ont valence de réflexivité et de réciprocité, les auteurs requièrent l'accord si le participe passé est régi par l'objet direct, lui-même porté par le pronom réfléchi placé devant le verbe : elle s'est lavée.

Cette manière de présenter les choses constitue une faille dans la vue beaucoup plus générale qui veut qu'un participe passé dans un verbe à auxiliaire être s'accorde avec le sujet et non avec l'objet. Pourtant, les grammairiens n'ont pas tort de requérir le verbe avoir comme étant, en quelque sorte, sous-jacent à des constructions réfléchies. Tout au moins dans le cas de la réflexivité, puisque la forme peut être analysée comme une transformée d'une phrase active comportant l'auxiliaire avoir : elle a lavé les enfants →elle a lavé elle-même →elle s'est lavée.

Cette gymnastique est plus contestable avec des réciproques qui n'ont pas d'actif : il n'existe pas « ils ont entretué des gens » qui fonderait « il se sont entretués ». C'est donc pour les seuls cas de la réflexivité que l'on peut invoquer avoir, et par là le lien entre le participe et le complément d'objet.

Le test d'attribution renvoie aussi bien au sujet qu'à l'objet, lorsqu'il juge de « elle s'est lavée » ou « ils se sont revus ». Par contre, l'objet est en cause négativement dans « les politiciens se sont menti », où il apparaît que le participe ne peut être rapporté au sujet, puisque l'on n'a pas « des politiciens mentis ». Et il est en cause positivement, dans « la robe qu'elle s'est offerte », puisque c'est « une robe offerte » et que robe est objet.

3. Il existe un certain nombre de verbes réfléchis pour lesquels on ne peut, en examinant le pronom, assigner à ce dernier une fonction d'objet direct. Si l'on écarte les réfléchis à source neutro-passive, comme il a été fait plus haut, ils sont moins nombreux que ne l'estime Grevisse. Mais ils existent néanmoins. Pour en prendre deux exemples parmi d'autres, voici les constructions réfléchies s'apercevoir et se moquer. Dans les phrases « ils se sont aperçu de leur erreur » ou « ils se sont moqué des vieilles dames », ni aperçu ni moqué ne peuvent être considérés comme des participes renvoyant à un objet direct se.

Ce qui est par contre certain, c'est que les auteurs scolaires (contrairement à ce qui vient d'être écrit) enjoignent d'accorder ces participes passés avec le sujet. Mais en exigeant ici l'accord, ils introduisent un principe nouveau, qui n'a plus rien à voir avec la naturalité d'une rection. Il s'agit tout simplement d'une « règle d'alignement ».

En quelque sorte, la pratique actuelle de l'écriture reçue est celle-ci : le participe passé d'un verbe réfléchi s'accorde, même dans le cas où il n'est pas attribuable à un sujet ou un objet antécédent, sauf si l'apparition possible d'un complément d'objet direct montre que le pronom n'est en tout cas pas cet objet. On ne peut s'empêcher de penser que c'est beaucoup demander aux apprenants. Il est plus que certain, que s'agissant de certains verbes, l'alignement demandé est au prix d'un véritable renoncement à la logique. C'est en tout cas ce qui arrive à l'auteur de ces lignes lorsqu'il doit écrire « ils se sont aperçus de leur erreur » comme il écrit « ils se sont souvent aperçus ces derniers temps », ou lorsqu'il doit écrire « ils se sont moqués de moi », alors que ce ne sont pas eux qui sont moqués, mais lui.

Ainsi, l'alignement de cette série de verbes réfléchis sur ceux qui ont une source neutro-passive, certains réciproques ou réflexifs n'aura certainement pas été une bonne opération. De sorte que si l'on devait s'interroger sur une simplification possible des instructions à donner sur l'accord du participe dans les verbes réfléchis, on ne voit guère que deux directions à suivre :

Soit suivre la pente qu'indique Grevisse, à propos de la tendance à faire accorder dans tous les cas le participe des verbes pronominaux, avec le sujet, et sinon avec l'objet. Ceci irait contre la règle de l'accord, mais au moins il n'y aurait plus qu'une solution unique. Dans ce cadre, je me suis accordée un peu de répit ou ils se sont mentis heurterait certaines personnes, mais pas plus gravement que ils se sont moqués de moi ne heurte certaines autres aujourd'hui.

Soit garder intacte l'unique prédictibilité à vrai fondement grammatical concernant l'accord, et qui est ce lien du régissant et du régi. Alors :

- ➔ Tous les verbes réfléchis à source neutro-passive, tous les réflexifs et tous les réciproques trouveraient leur raison d'être au non accordés tant sur le sujet que sur l'objet.
- ➔ D'autres verbes seraient exclus de l'accord comme se rire, se plaire, se déplaire, et se complaire, pour lesquels les auteurs n'acceptent pas l'accord aujourd'hui. Mais aussi des verbes comme s'apercevoir, se douter, se moquer dans lesquels le rapport du participe au sujet est nul et même choquant. On remarquera d'ailleurs que, dans les normes actuelles, on interdit l'accord pour se rire de, alors qu'on l'impose pour se moquer de et se railler de, qui ont des fondements sémantiques voisins et des constructions syntaxiques similaires.
- ➔ D'autres seraient traités avec ou sans accord, selon les usagers, et selon qu'ils admettent ou non un lien avec le sujet. En fait,

tous les verbes dont le participe passé ne peut être repris comme adjectif gagnerait à n'être jamais accordés : elles se sont enquis (qu'est-ce qu'une femme enquise ?).

Certains pourraient ajouter qu'une simplification possible serait la généralisation du refus de l'accord pour les réfléchis. Tant qu'un grand nombre de locuteurs disent « les portes se sont ouvertes », et non « les portes se sont ouvert », on n'a pas le droit d'imposer comme seule correcte la seconde syntaxe.

7.3.7. Le participe passé dépendant de « en »

La règle est ne pas accorder. L'argument est que en est un partitif, et non un pluriel. Ou encore que en, pronominalisation de « de X », n'est pas un objet direct. Le test d'attribution du participe confirme en effet où est le régissant. Il donnera « de ces fleurs, en avez-vous cueillies ? » mais « de ces fleurs, en avez-vous cueillie une ? ». Résumons ce point en signalant simplement qu'il s'agit d'un cas où « les instituants » se voient obligés de renoncer à donner une règle.

7.3.8. Conclusions sur l'accord du participe

L'accord du participe passé est un fait de langue. Qu'on laisse les locuteurs décider de ce qu'ils accordent dans la réalité orale, ou qu'on s'efforce d'obtenir sur ce point une pratique homogène entre tous les francophones, ce n'est pas l'écriture d'abord que cela concerne.

Si l'écriture est impliquée, c'est parce que l'écriture du français n'est pas située « au ras de ce qui est prononcé ». Si elle l'était, ni des +s de pluriel, ni des +e de féminin (pour beaucoup de locuteurs) ne seraient à inscrire. Ne seraient inscrites que des alternances comme ouvert/ouverte, retraçant les alternances du niveau phonématique dans la langue.

Mais l'écriture du français est largement morphophonologique. Dès lors, tant qu'un locuteur sait quels accords il opère ou n'opère pas dans son oralité, il sait ce qu'il doit inscrire, ce qu'il veut inscrire. Et, en général, le test d'attribution du participe lui donne la prédictibilité de qu'il doit inscrire dans les cas douteux, pour autant qu'il accepte de faire l'accord (car il peut encore le refuser).

L'imprédictibilité commence lorsque les auteurs introduisent d'autres critères que l'attribution du participe. Un critère d'alignement (exemple : certains réfléchis) prétend peser à la fois sur l'oralité et sur l'écriture. C'est parfaitement abusif pour les locuteurs qui ne veulent pas faire l'accord oral dans ces cas. Pour les autres, c'est évidemment recevable, mais il faut considérer que ces locuteurs - qui ont nécessairement à leur disposition le critère d'attribution du participe - ne sont pas assurés de la prédictibilité lorsque l'alignement s'oppose fortement au critère d'attribution. Leur dit-on qu'il faut aligner « je l'ai cru vivante » sur « je l'ai vue vivante » ? Ils croient l'accepter jusqu'au jour où ils décident que ce n'est pas admissible. La même remarque vaut pour les participes précédés de en. Quand les gens qui ont reçu l'instruction de ne pas accorder écrivent, il arrive très souvent qu'ils accordent, parce qu'ils ne s'aperçoivent même pas que « en » précède.

Si l'on relit bien les pages précédentes, on s'apercevra donc qu'elles tendent toutes vers ceci : une fois qu'un locuteur accepte le cadre général de l'accord du participe (et, il faut le répéter, la syntaxe actuelle l'autorise à ne prendre de ce cadre général que le seul accord pour les verbes à auxiliaire être non réfléchis), le test de l'attribution suffit à guider sa prédictibilité. Aucune règle superfétatoire, qu'il s'agisse d'alignement, ou du « en », ne devrait lui être donnée par surcroît. Si lui, le locuteur, pratique certains de ces alignements dans la langue, alors qu'il les inscrive. Qu'une femme qui dit « je me suis enquise » l'écrive aussi.

Il en résultera, certes, des différences de graphie dans certains cas. Qu'on se rassure : avec les règles actuelles, avec les hésitations à trancher des grammairiens, on est exactement dans la même situation. Une uniformisation de traitement des participes n'est pas à l'horizon proche dans la langue française, ni de son écriture.

Chapitre 8

Conventions dans la dérivation

8.1. Note préliminaire sur la dérivation

Tout ce chapitre est consacré à l'étude de phénomènes dérivationnels et à leur incidence sur l'écriture reçue du français. Il a déjà été suggéré à plusieurs reprises dans ces pages que la dérivation n'avait pas, dans les langue, le caractères régulier qu'y prend la flexion. Il faut y revenir rapidement. La dérivation fabrique, en quelque sorte, des référents nouveaux à partir d'un référent de base. Un convoi est un convoi, mais un convoyeur est autre chose qu'un convoi ; une personne intéressante est autre chose qu'une personne intéressée ; et un produit inflammable n'est pas pour autant enflammé. Ainsi, la dérivation crée surtout du lexique, et dans le lexique, des mots vieillissent et finissent par disparaître. Les dérivationnels eux-mêmes peuvent être frappés de désuétude. Après avoir joué un grand rôle comme diminutif en latin, *-el s'est marginalisé, non sans avoir entre-temps déposé en français un grand nombre de mots, qui, soumis à des règles phonologiques, ont donné des finales /o/, inscrites -eau, et des éléments internes restés /el/ ou /əl/.

Lorsqu'une écriture s'établit sur une base phonématique, cette caractéristique de fluidité que revêt tout lexique n'a aucune importance. Qu'il y ait des troncations, des alternances vocaliques, des assimilations ne change rien à la prédictibilité de la graphie, puisque ce n'est pas à ce niveau que cette dernière trouve ses principes. Que *chamo* alterne avec *chamèle* n'empêche nullement de lui inscrire la même finale que *articho*, qui n'a pas cette alternance.

Mais si une écriture est fondée en partie au moins sur la phonologie structurelle de la langue, ou si elle est devenue telle, parce que la langue a connu des évolutions phoniques, le caractère imprévisible de la dérivation peut réagir directement sur les prédictibilités et les aléas. En français actuel, tous les mots à +-eau sont prédictibles en tant qu'ils ont un correspondant à -el- : mais ce sont les inattendus de la dérivation qui font en sorte que ce correspondant existe ou pas. Et c'est pourquoi une finale +-eau est tantôt prédictible, tantôt non. Le lecteur s'apercevra, dans les pages qui suivent, que ces remarques préliminaires devaient être faites.

8.2. Le suffixe du « participe présent »

M.Grevisse écrit : « -ant a été appliqué au participe présent de toutes les conjugaisons ; il a donné des participes, des adjectifs, des noms : appartenant, changeant, levant. ». La formule est courte et bonne. Le morphème dont nous allons étudier l'inscription n'est pas à définir par une seule fonction, celle du gérondif par exemple (en chantant), puisqu'il peut en avoir plusieurs : en passant, une route passante, un passant, en dormant, une eau dormante, un dormant de porte. Et il est exact que c'est le morphème « de toutes les conjugaisons » : chanter, chantant ; sortir, sortant ; finir, finissant ; recevoir, recevant ; prendre, prenant.

Si l'on avait pu se souvenir, lorsqu'on a puisé à nouveau dans le latin, que amans, monens, legens et audiens n'avaient laissé en français que la marque unique

-ant, on se serait épargné bien des misères grammaticales et graphiques ultérieures. Car toutes les imprédictibilités actuelles viennent du fait qu'on a injecté frequens comme fréquent, excellens comme excellent...Il aurait fallu raisonner comme suit : puisque legens est devenu lisant, alors si nous empruntons excellens, il sera excellant, et ainsi de suite.

En négligeant cette précaution, on a créé deux choses :

1) Une épouvantable confusion grammaticale. La plupart des auteurs se croient obligés de distinguer des catégories qui n'existent pas, celle du participe présent et celle de l'adjectif verbal. Et cette bourde est due, ce qui est rare dans les annales de la réflexion linguistique, à un phénomène purement graphique. Par nature, ce qu'on appelle un participe passé ou présent, peut avoir une valeur gérondive (s'il n'en est pas distinct, ce qui est le cas en latin : amans, amando) pour le présent et flexionnelle pour le passé (il est venu), une valeur adjectivale et une valeur nominale. Qu'il y ait un point de départ (verbal) et un point d'aboutissement (nominal) est un problème de grammaire qui intéresse peu ici. L'essentiel est qu'on puisse montrer que les mêmes mots peuvent prendre les deux valeurs : participe passé (cette fille a embelli, une maison embellie, nous avons vécu une embellie), participe présent (je le saluerai en passant, cette route est très passante, la voiture a écrasé un passant). Mais aujourd'hui, M.Grevisse est obligé d'indiquer : un certain nombre de participes présents se distinguent par l'orthographe, des qualificatifs en -ent ou -ant correspondants. C'est graphique, en effet. De sorte que le français est un cas, sans doute unique au monde, d'une langue qui a une catégorie grammaticale supplémentaire à l'écrit : l'adjectif verbal. Et comme les auteurs distinguent parfois mal l'oral de l'écrit, on peut s'attendre à des phénomènes de boomerang du genre suivant : définissez de quelle catégorie relèvent le mot aberrant et le mot convaincant dans la phrase « il portait un veston convaincant mais une chemise aberrante ». Sachant que aberrant ne vient pas de aberrer, mais que convaincant vient de convaincre, on souhaite du plaisir aux candidats à l'analyse.

2) Et l'on a créé une zone d'incertitude graphique. Puisque c'est le point qui nous intéresse, voyons quelques listes :

-ance	-ant	-ence	-ent
délinquance	délinquant	adhérence	adhérent
vacance	vacant	affluence	affluent
échéance	échéant	référence	référent
abondance	abondant	différence	différent
obéissance	obéissant	éloquence	éloquent
circonstance	circonstant	antécédent	antécédent
avance	avant ?	préférence	-
tendance	tendant ?	cadence	-
créance	créant ?	-	précédent
-	avenant	-	afférent
-	intriguant	-	récipient
-	convaincant	-	ingrédient
-	tenant		
-	courant		
-	dormant		
-	aberrant		

Ce tableau montrent plusieurs choses :

Effectivement, lorsqu'on a –ance à gauche, on a –ant à droite ; lorsqu'on a –ence à gauche, on a –ent à droite. Avec cependant deux exceptions pour –ence, -ent : existence, existant et exigence, exigeant. Par contre, il n'y a pas d'exceptions dans le lien entre –ance et –ant.

Dans les deux colonnes, il y a des termes qui sont sans contrepartie. Ceux-là sont orphelins : on ne peut prédire *afférent* à partir de *afférence* (à la rigueur, on pourrait le faire à partie de interférence), ni *aberrant* à partir de *aberrance* (on peut invoquer errance). Cependant, avant de se féliciter d'avoir ainsi retrouvé le radical à travers d'autres dérivationnels, il est bon de méditer sur ceci : exigeant, exigence, mais agence, agent, et n'est-ce pas le même radical ? il faut donc apprendre par cœur des items de la colonne de gauche, puis les items de la colonne de droite qui n'ont pas de correspondant à gauche.

Dans la série –ance, -ant, ce ne sont pas quelques mots qui, à droite, n'ont pas de correspondant en –ance à gauche. Mais probablement des milliers (ce qui n'est pas le cas dans l'autre série). Ce qui amène à poser la question : dans quel sens va donc la dérivation ? De gauche à droite ou de droite à gauche ? En bonne logique, il faut répondre de droite à gauche. Les termes en –ant produisent des dérivés en –ance, et non le contraire.

Une remarque préliminaire doit être faite. Quelques exemples présentent un lien plus ténu entre le verbe, le participe, l'adjectif et le substantif :

Verbe	Participe	Adjectif	Substantif
adhérer	adhérant	adhérent	adhérence
pouvoir	pouvant	puissant	puissance

L'important est de voir à quelles prédictibilités on peut aboutir en partant du verbe et non de son participe pour aller vers un substantif en –ance ou –ence.

A.

attirer	attirant	attirance
venger	vengeant	vengeance
partir	partant	partance
importer	important	importance
provenir	provenant	provenance
abonder	abondant	abondance
appartenir	appartenant	appartenance
souvenir	souvenant	souvenance
connaître	connaissant	connaissance
nuire	nuisant	nuisance

B.

adhérer	adhérant	adhérent	adhérence
somnoler	somnolant	somnolent	somnolence
affluer	affluant	affluent	affluence
coïncider	coïncidant	coïncident	coïncidence
déférer	déférant	déférent	déférence
converger	convergeant	convergent	convergence
équivaloir	équivalant	équivalent	équivalence
exceller	excellant	excellent	excellence
expédier	expédiant	expédient	--
interférer	interférant	interférent	interférence

Ces tableaux nous apprennent qu'un verbe et son participe présent produisent un substantif dérivé en –ance, excepté si la chaîne menant des uns à l'autre est cassée par un adjectif en –ent. Dans ce dernier cas, le nom dérivé est en –ence. Les exceptions sont :

exister	existant	--	existence
exiger	exigant	--	exigence
préférer	préférant	--	préférence

Négativement, il n'y a pas d'exceptions : un radical verbal retravaillé par un adjectif en –ent ne revient jamais à –ance au substantif.

Il faut donc partir du verbe et de son participe présent. Ensuite, c'est l'adjectif en –ent qui constitue une coupure. Et c'est donc cette série-là que l'apprenant devra retenir mot par mot. A partir d'elle, les substantifs en –ence sont prédictibles.

Il serait trop simple de vouloir s'en tenir à cette seule démarche pour résoudre les problèmes d'inscription de tous les mots en –ent, -ence, -ant, -ance.

En effet, il est bien certain qu'un mot qui n'apparaît que dans une des séries autres que celle de l'infinitif a une inscription aléatoire. Un -ant qui n'est pas relié à un verbe et qui n'a pas de fonction gérondive ne peut être prédit. Un substantif en -ence qui n'est pas synchroniquement dérivable d'un adjectif en -ent non plus. En outre, il y a inscription aléatoire même pour un couple en -ant, -ance s'il ne présente pas de garant verbal (constant, constance ; élégant, élégance ; arrogant, arrogance). Il est évident que la convention générale qui réduirait à +anC toutes les séquences qui comportent actuellement +enC résoudrait le problème soulevé dans ces paragraphes, puisqu'elle fait disparaître -ent, -ence. Ce serait une convention à base phonologique, produisant une prédictibilité totale.

8.3. L'inscription du /s/ devant des suffixes bi-vocaliques

Il s'agit de l'ensemble que les auteurs scolaire abordent le plus souvent par le biais des mots à finale –ion, lorsqu'ils énoncent ainsi la question : pourquoi écrit-on de manière différente expansion, attention, percussion, suspicion, annexion, direction ?

La spécificité de cette série réside dans l'intrusion du +t comme représentant d'un /s/. Ensuite, il faut noter d'autres structures qui présentent ce phénomène :

-ieux : vicieux, prétentieux
-iaire : judiciaire, pénitentiaire
-iel : artificiel, torrentiel
-ial : facial, martial
-ien : prussien, vénitien
-ie : pharmacie, facétie
-ient : conscient, patient
-ier : remercier, balbutier

On constate que toutes ces finales ont en commun de comporter un /i/ suivi d'une autre voyelle. Ceci permet de soupçonner qu'au niveau de la phonologie structurelle, il existe peut-être des éléments différents qui devant °iV produisent une même sortie phonématique /s/. Un examen rapide montre que ce ne sont pas toutes les séquences –iV qui présentent ces problèmes. Ainsi, avec le suffixe –ier, il n'apparaît jamais de +t qui figure pour un /s/. Il est toujours représentant d'un /t/ : charcutier, entier, chantier, mortier, quartier. Il en va de même pour la suffixation -ié de substantifs : pitié, moitié, amitié.

Il s'avère donc que si l'on n'opère pas de distinctions morphophonologiques, qui font forcément appel à des considérations grammaticales, on a peu de chances de pouvoir énoncer de vraies prédictibilités.

Commençons donc par tirer de la phonologie tout ce qu'elle peut donner, et proposons ceci :

a) rappelons qu'en français, à côté des suites de voyelles, existent des diphtongues, qui ne fonctionnent pas comme des séquences, mais comme des éléments simples. Et /ie/ est une de ces diphtongues, avec laquelle sont formés les suffixes –ié et –ier. Ceci n'est pas trop difficile à prouver pour –ier, et a déjà été abordé ailleurs. Le suffixe a un alternant –er après les palatales : boucher, boulanger, chataignier, ainsi qu'en position non finale : palmier, palmeraie, charcutier, charcuterie.

b) On peut en outre montrer que les suffixations comme –iel, -iaire, -ial, -ient, -ieux et –ier (verbal) ne sont pas formées du seul dérivationnel, car on peut leur opposer des formations plus simples, où /i/ n'intervient pas. Dès lors, on est dans le biphonématique et non face à une diphtongue. La suffixation –ion constitue cependant là un cas à part, car il serait hasardeux de détacher –on du –i (par exemple en s'appuyant sur raison, maison).

c) Il existe un élément °t qui reste /t/ phonématiquement devant une voyelle simple, mais devient /s/ devant une séquence °i-V :

Ceci s'établit par des proportionnalités successives :

lever	levure
mordre	morsure
aller	allure
fêler	fêlure
pointe	pointure
adhérer	adhésif
pousser	poussif
penser	pensif
faute	fautif
masse	massif

Dans le groupe suivant, on montre le passage d'un suffixe à voyelle simple au suffixe en –ion, avec l'altération concomitante du °t en /s/.

recevoir	réceptif	réception
corriger	correctif	correction
agir	actif	action
prévenir	préventif	prévention

admirer	admiratif	admiration
prohiber	prohibitif	prohibition
attribuer	attributif	attribution
mixer	mixture	mixtion
faire	facture	faction
muscle	musculature	musculation
instituer	instituteur	institution
protester	protestataire	protestation
diffamer	diffamatoire	diffamation

Une autre vérification sur la structure de base incluant un élément °t devant -ion est celle qui consiste à montrer que dans un contexte au moins, °t ne devient pas /s/ même devant –ion, et les autres suffixations à °-i-V. c'est lorsque °t est lui-même précédé de °s :

digérer > digestif > digestion

Cette règle phonologique est vérifiable avec –ion sur des mots comme combustion, question, gestion, et avec d'autres formations suffixielles sur bestial (face à partial), vestiaire (face à tertiaire).

Ainsi, une règle de phonologie s'énonce parfaitement en synchronie : un °t est représenté par /s/ devant un dérivationnel à double voyelle dont la première est un °i, sauf si °t est lui-même précédé de °s, auquel cas il garde sa représentation habituelle /t/. Une règle complémentaire indique quels sont les suffixes ou suffixations à double voyelle et quels éléments n'entrent pas dans le tableau, parce qu'ils s'agit de diphtongues.

8.4. Le champ de la prédictibilité de +t, et ses limites

On peut déterminer si un mot comportant un de nos suffixes bivocaliques doit comporter un +t par les critères suivants :

Le mot a des répondants qui manifestent un /t/, généralement, parce que dans ces répondants, le °t final se trouve devant un suffixe à voyelle simple. De nombreux exemples peuvent être donnés. On se contentera ici de relever quelques séries, destinées surtout à montrer la démarche que suit l'usager de la langue, consciemment ou non, pour assurer son inscription de +t.

-if	-ive
réceptif	réception
correctif	correction
actif	action
inventif	invention

présomptif	présomption
attentif	attention
partitif	partition
assertif	assertion
locomotif	locomotion
-eur	
promoteur	promotion
délateur	délation
détenteur	détention
facteur	faction
féminin	
discrète	discrétion
sujette	sujétion
dévote	dévotion
participe	
secrété	sécrétion
varia	
destinataire	destination
dépositaire	déposition
attributaire	attribution
résolutoire	résolution
prémonitoire	prémonition
compensatoire	compensation
présomptueux	présomption

Ce rapport /t/ alternant avec /s/ est valable dans de nombreux cas, et permet donc une large prédictibilité, qui reste cependant à la mesure des connaissances lexicales de l'apprenant.

Le test est impuissant à donner une solution pour des mots qui n'ont pas d'alternant à /t/. Ainsi, des mots comme *ambition*, *commotion* ne peuvent voir leur graphie justifiée par ce biais.

Les rapports indirects entre un thème et les dérivés permettent une prédictibilité supplémentaire, mais qui est en dépendance directe de la construction lexicale que s'est faite le locuteur. Par exemple, le mot commotion n'a pas de répondants directs, avec d'autres suffixes, où le /t/ serait reconnaissable. Mais des usagers de la langue peuvent faire le lien entre commotion et motion, émotion et locomotion. Ces derniers mots, eux, ont des répondants à /t/, motif, émotif, locomotive qui, par proportionnalité, sont aptes à assurer la prédictibilité de +t dans commotion.

Ceci illustre surtout le fait que certaines prédictibilités sont moins immédiatement que d'autres données à l'apprenant.

Dans la liste générale des mots qui nous intéressent ici, trois séquences /-as-, -is-, -us-/ apparaissent avec une grande répétition et également avec d'autres suffixes : curateur, réparateur, accumulateur, débiteur, appariteur, éditeur, instituteur, distributeur, substitutif...L'alternance /t/ ~ /s/, qui a lieu dans les contextes définis plus haut pour °t, n'empêche nullement d'y reconnaître deux représentants différents de °at, °it, °ut. Dès lors, un mot comportant /-as-, -is-, -us-/, avec un de nos suffixes est reconnu comme attestant un °t, même s'il ne présente pas de correspondant à /t/. C'est par ce biais que peut être prédite l'inscription de mots comme ignition, reddition. Il faut cependant que le locuteur puisse opérer, dans certains mots, des segmentations qui lui demandent déjà une bonne connaissance lexicale, pour éviter toute erreur sur le radical. Celui qui ne voit pas que *commission* ou *permission* sont bâtis sur *mission* aura tendance à croire qu'il s'agit bien de mots de même structure que *finition*, *dentition*, et à y inscrire un +t en conséquence.

Enfin, on peut en rendre compte de la manière suivante des limites de la prédictibilité de l'inscription +t :

1) Les mots qui n'ont pas de masse phonique à l'avant pour qu'on puisse poser un radical suivi de °Vt-ion, et qui ne serait pas reliables à d'autres mots où un °t final se manifesterait.
2) Les mots où la séquence finale /sjõ/ est précédé de consonne ou d'une voyelle autre que °i, °u, et °a.
3) Les mots tension et extension, dans la mesure où ils apparaissent comme de même radical que attention, contention, intention, prétention (verbe : tendre). Le fait que extension renvoie à extensif, alors que attention appelle attentif montre que ces mots jouent sur deux registres, quant à la consonne finale du radical. Il n'empêche que la prédictibilité est bien malaisée à établir (prétentieux participe du même problème).
4) Les mots connexion et annexion sont aussi de prédiction malaisée, à partir du moment où à connexion correspondent bien connecter, connecteur et connectif (tandis que annexion renvoie à annexer). Il ne sert à rien de renvoyer les deux à connexe et annexe, parce que ces adjectifs n'empêchent pas qu'il existe bien une alternance à °t ailleurs. La même remarque vaut pour réflexion, inflexion. L'appel à réflecteur montre aussi un °t.
5) Le mot version est tous les dérivés (aversion, perversion, conversion, inversion, interversion) renvoient aussi à un verbe à °t : pervertir, convertir. Par ailleurs, il y a renvoi à °s avec converser, malversation, inversif.

8.5. Les aléas à la lecture

On s'aperçoit en fait, que si, à une époque quelconque de l'histoire de l'écriture du français, on avait décidé de substituer +c à +t, comme représentant graphique d'un °t structurel, il n'y aurait plus aujourd'hui, pour l'apprenant, aucun aléa de lecture, car +c ne peut jamais se lire /t/. On aurait d'ailleurs fait que retrouver là une convention présente, puisque le mot silence ne vient pas d'un silencium latin, mais d'un silentium. Les substantifs comme constance, absence, prudence ont un rapport de dérivation évident avec des adjectifs qui manifestent un °t structurel (dans le dérivationnel) : constante, absente, prudente. Par parenthèse, si cette mesure avait été prise, elle aurait aussi fortement rapproché l'écriture du français de celle de l'espagnol et du portugais : attencion, assercion, équitacion, évolucion...Cela aurait pu être d'un maniement agréable.

Puisqu'il n'en est pas ainsi, il ne reste qu'à mesure les aléas de lecture qui se présentent à l'apprenant, mis en demeure de décider si le +t qu'il a sous les yeux vaut pour un /t/ ou pour un /s/.

Une partie des cas se résout à mesure que celui qui apprend le français écrit pénètre dans l'analyse grammaticale de la langue. Car c'est la morphologie et la grammaire générale qui, seules, peuvent lui apprendre que le suffixe –ier, valable pour des substantifs et des adjectifs, maintient une prononciation de dentale occlusive au +t qu'il va trouver dans mortier, chantier, quartier, droitier. Il lui faudra aussi savoir repérer une formation de substantifs pour énoncer correctement pitié, moitié, amitié. Il devra déceler la forme verbale pour interpréter correctement *nous tentions*, *nous comptions*. Et, à l'inverse, il aura besoin de la connaissance de tous les suffixes à °i-V- pour pouvoir lire les mots émotion, prétentieux, pénitentiaire, partial, quotient en leur attribuant un /s/ et non un /t/. Il aura besoin de la connaissance de ces suffixes, mais aussi de la certitude qu'il s'agit bien de ces suffixes-là, chaque fois qu'il sera mis devant un mot suspect.

C'est dire que, de toute façon, ces prédictibilités de lecture seront longues à acquérir, parce que soumises au grammatical, ce qui n'aurait pas été le cas si, par exemple, une inscription du °t en +c avait été adoptée.

Mais il y a plus : le grammatical ne suffira pas à distinguer chaque cas, et cela parce que pour certaines finales et suffixations, l'imprédictibilité joue à l'intérieur du même suffixe. Prenons la finale –ie. Ecartons le contexte où un °t est précédé de °s. il a été montré plus haut que °t est toujours préservé comme /t/ dans ce cas, quel que soit le suffixe. Donc, avec –ie, l'interprétation par /t/ va de soi pour hostie, modestie, dynastie, pédérastie. Mais on trouve des mots où +t vaut pour /t/, comme partie et sortie, et d'autre part des mots où il vaut pour /s/ comme ineptie, inertie, calvitie, démocratie. Même partage avec une finale –ien. L'interprétation /t/ se fait dans chrétien mais martien, béotien, dalmatien demandent une lecture à /s/.

Et même aléa encore dans les verbes où châtier s'opposera à balbutier et initier.

8.6. Conclusions

A voir les difficultés avec lesquelles se dégagent les prédictibilités d'inscription - et leurs limites- dans les séries qui viennent d'être étudiées, à mesurer aussi les aléas dans la lecture du +t, on est conduit à penser que le passage du code écrit à une base choisie au niveau phonématique apporterait sûrement une grande simplification.

Il ne faudrait cependant pas croire que des décisions tendant à inscrire le niveau phonématique s'opéreraient sans créer à leur tour certains problèmes. Par exemple pour la transcription du /s/, on a deux choix. Ou bien l'on estime qu'un /s/ intervocalique s'écrit +ss, pour préserver le +s de rose, qui est un /s=z/. Ou bien on veut poser dans la phonologie du français un /s/ et un /z/ bien distinct. Dans ce dernier cas, qui relève d'ailleurs d'une analyse phonologique contestable, il est sûr que, pour remédier aux problèmes que nous venons d'examiner, il faudra pousser le scalpel bien plus loin dans les chairs : il sera nécessaire d'écrire roze, dézir, aluzion, pour faire la différence avec pasion, componcsion…

Mais si l'on maintient les deux +s à l'intervocalique, on n'aura pas la partie belle pour autant. Il faudra écrire concession et concréssion, à moins de parier que tous les locuteurs relèvent le °e en /ε/ dans les deux mots, ce qui est téméraire ; et, ce faisant, on introduira une nouvelle difficulté non prévue, dans le système : le type sujéssion, concréssion y sera la seule configuration où un +é peut apparaître devant une consonne redoublée. Et si l'on veut effacer cette bizarrerie, c'est tout le plan des inscriptions du °e qu'il faudra remanier. Par exemple, il faudra mettre un +è à concèssion. Et, de proche en proche, il sera nécessaire de traiter de la même manière : cèsser, fèsser, puis mèttre, sèller…

De telles dispositions n'étant pas, de toute évidence, à l'ordre du jour, la seule consigne qu'on puisse donner aux enseignants comme aux étudiants se résume à tirer des alternances tout ce qu'elles peuvent donner, en sachant qu'il y aura de toute façon un résidu de mots à la graphie aléatoire. Un peu de gymnastique sur les radicaux et les dérivés peut indiquer aux enseignants et tous autres pédagogues qu'un écart comme percution est alors beaucoup plus compréhensible que ne le serait institussion. En effet, la graphie reçue percussion contredit la finale de percuter, et c'est l'apprenant qui rétablit la logique en inscrivant percution. Tandis qu'un élève qui écrit institussion montre qu'il n'a fait aucun lien entre institution et instituteur et que, d'une manière générale, il n'a pas conscience de l'existence des séquences °it, °ut, °at.

Conclusion

Toute écriture alphabétique a nécessairement deux caractères obligatoires:

- Elle a un fondement largement analytique; c'est un type d'écriture "qui va jusqu'aux sons" (alors qu'une écriture dite idéographique peut "dessiner les mots"...en gros)

- Elle est liée à une langue donnée, à sa réalité phonologique et, éventuellement, grammaticale. Les caractères peuvent être réutilisés dans plusieurs langues, mais leur utilisation est en fonction de la langue (valeur phonique, convention graphique).

Les types de règles

On peut distinguer deux sortes de règles: les règles majeures ou générales, qui sont toujours à référent phonologique et les règles mineures ou dérogatoires, qui peuvent avoir un référent grammatical, ou de type sténographique.

L'importance des types de règles dans une écriture donnée peut être très variable. Généralement, quand nous disons que l'écriture d'une langue est "très phonétique", nous voulons dire qu'elle nous paraît coller très fort aux sons prononcés. C'est le cas de l'italien; pour d'autres écritures, comme le français ou l'anglais, nous sentons tout de suite que c'est beaucoup plus complexe. Un autre problème est que les écritures (souvent pour des raisons historiques) ne suivent pas toujours leurs propres règles. Il y a donc lieu, alors, de distinguer le réglé et l'aléatoire; c'est très important pour la construction du système. Car ce qui est aléatoire doit pratiquement être appris par cœur et fortement visualisé. L'écriture italienne est réglée (donc: prédictible) à 100/100. En conséquence, l'enfant italien normalement constitué et scolarisé a très peu de "problèmes d'orthographe". L'écriture française présente de nombreux aléas. On estime qu'un enfant francophone prend une année scolaire totale de plus que le jeune italien pour construire son système graphique.

Les règles en français

I Les règles d'inscription directement phonématique.

Ces règles sont du type suivant: lorsque je perçois tel phonème (tel son), je l'écris de telle manière. Dans la didactique, il est bon de prendre conscience qu'il y a aussi deux sous-types d'inscription directement phonématique:

1) la graphie utilise plus d'un caractère pour marquer un son simple. Par exemple, le son /u/ s'écrit ou, / / s'écrit ch.

2) la graphie est différente selon l'entourage phonique (ce que j'appelle la distribution complémentaire graphique). Par exemple, le son /g/ s'écrit gu devant /i,e,eu/, g ailleurs; le son /k/ s'écrit qu devant /i,e,eu/, c ailleurs. Ces règles sont troublées par des aléas.

II. Les règles d'inscription structurelle

Ces dernières font appel à ceci: la phonologie n'est pas seulement ce qu'on entend, mais ce qu'on déduit des divers contextes dans lesquels les éléments phoniques se trouvent. Par exemple, en français, le simple maniement de la langue fait qu'on aboutit à un moment à se dire: il y a des consonnes que nous ne prononçons pas quand elles arrivent en fin de mot". Quand je prononce fondation, fonder, j'en arrive à me faire une image phonologique qui sera *fond*, et je remarquerai que, lorsque je prononce *le fond*, ce °d structurel n'est pas émis. Si l'écriture suit la réalité phonologique structurelle plutôt que la sortie phonématique, on a une règle structurelle.

Les règles structurelles compliquent certainement l'écriture, mais elles restent des règles, qu'on peut maîtriser. Elles ont d'ailleurs certains avantages, comme celui de ne pas casser la structure graphique entre jardinier et jardin, ou encore de ne pas devoir se demander, chaque fois qu'on écrit *trop*, si on a ou non prononcé le p.

Les aléas dans les règles structurelles proviennent de ce que l'écriture ne les respecte pas toujours. Les écarts d'écriture montrent que le scripteur francophone a conscience d'une régularité, et qu'il l'applique même là où l'écriture reçue n'a plus qu'une inscription aléatoire.

III. Les règles dérogatoires

En français, il y a deux types de règles dérogatoires.

1. les règles dérogatoires grammaticalement clôturées.

Voici quelques exemples :

- Dans le verbe, un son /k/ final du thème a toujours une inscription qu, quelle que soit la voyelle qui suit : je pratique, nous pratiquons (même règle pour /g/).
- A une deuxième personne du pluriel du verbe avant une sortie phonématique /e/, l'inscription du /s/ se fait par +z : vous parlez. Par contre, quand il n'y a pas de sortie phonématique /e/, le +s attendu est maintenu : vous faites, vous mangeâtes.
- Par alignement sur la 3° personne du pluriel –ont, les autres 3° personnes du pluriel seront écrites –ent : ils font, ils mangent (Ici, on déroge du structurel : rien n'autorise, dans le français contemporain à poser un élément phonologique °n dans cette 3°p.p.).

2. Les règles dérogatoires « de convenance graphique »

Une première sorte provient de ce que l'écriture, allant au delà du simple phonématique, se trouve « piégée » par des décisions, des conventions antérieures. Un bon exemple me semble être celui-ci : une finale -et, qui contient normalement un °t final structurel précédé d'un °e, est normalement lue /e/ : secret, coffret, volet, cabinet. Si on se demande « pourquoi diable un verbe de première conjugaison n'a-t-il pas de –t final à la 3° ps de l'indicatif présent, alors que, structurellement, ce °t y est, et qu'on est bien obligé de le rétablir avec le sujet inversé : mange-t-il ?, parle-t-elle ?... La réponse est ainsi simple. Essayez d'écrire : il coffret son béton, et vous comprendrez le problème de lecture qui en résultera. On n'écrit pas le t car il en résulterait de graves problèmes de lecture.

Les autres règles de convenance graphique sont plutôt du genre sténographique (effacement de signe). Ainsi, une règle très importante est la suivante : quand deux consonnes finales structurelles identiques ou ne différant que par la sonorité se suivent, on n'inscrit que la première. C'est ce qui donne :

Nous introduis-ons, j'introduis-(s)

La souris, les souris-(s)

Il fond-ait, il fond-(t)

Il perdait, il perd(t)

Nous batt-ons, je bat(t)-s, il bat-(t)

Dans les manuels scolaires, cette règle est en général dispersée en : orthographe d'usage, orthographe grammaticale, orthographe verbale, selon les lieux où elle s'applique ; mais en fait, elle est unique, et facile à rédiger (il vainc apparaît comme un aléa à cette règle).

Peut-on tirer d'une analyse de l'objet "écriture de telle langue", avec ses aspects réglés et ses aspects aléatoires, une didactique? Personnellement, je pense que oui, parce qu'il me semble que toute didactique ne peut que prendre en compte la structuration interne de l'objet.

Table des matières

Maquette de couverture
Valérie JULIA – PUP

Imprimé sur les Presses
OZAPLAN – Marseille

Dépôt légal 4e trimestre 2001
ISBN 2-85399-497-X
ISSN en cours